D. W. Rahmsdorf
Ordnungspolitischer Dissens und europäische Integration

Schriftenreihe EUROPA-FORSCHUNG

herausgegeben von

Dr. Eberhard Grabitz, Professor für öffentliches Recht
und Europarecht, Freie Universität Berlin

Dr. Rudolf Hrbek, Professor für Politikwissenschaft,
Universität Tübingen

Dr. Josef Molsberger, Professor für Volkswirtschaftslehre,
Universität Tübingen

Band 3   1982

Detlev W. Rahmsdorf

Ordnungspolitischer Dissens und europäische Integration

 N. P. Engel Verlag · Kehl am Rhein · Straßburg

CIP-Kurztitelaufnahme der Deutschen Bibliothek

Rahmsdorf, Detlev W.:
Ordnungspolitischer Dissens und europäische Integration / Detlev W. Rahmsdorf. – 1. Aufl. – Kehl am Rhein; Strassburg: Engel, 1982.
  (Schriftenreihe Europa-Forschung; Bd. 3)
  ISBN 3-88357-010-9
NE: GT

1. Auflage 1982
© N.P. Engel Verlag, Kehl am Rhein · Straßburg · 1982.
Printed in Germany. Alle Rechte, auch die des Nachdrucks von Auszügen, der photomechanischen Wiedergabe und der Übersetzung vorbehalten.

meiner Frau MARGUERITE

Inhaltsverzeichnis

Vorwort XI
Einleitung 1

1. Kapitel: Der denkmögliche Erweiterungsspielraum 5
I. **Die Gemeinschaftsverträge – die juristische Debatte** 5
   1. Die vertragsimmanente Flexibilität 6
   2. Kompetenzbestimmung durch Postulierung einer im EWGV niedergelegten Wirtschaftsverfassung 10
II. **Theorien kollektiven Handelns, „Economics of Interdependence" und vor allem „Fiskalföderalismus" – die ökonomietheoretische Debatte** 14
   1. Situationen, die kollektives Handelns erfordern – Suche nach Analogien 14
   2. Effizienzverringerung einzelstaatlichen Handelns in interdependenten Volkswirtschaften 17
   3. Lozierungsregeln bei Viel-Ebenen-Finanzwirtschaften 22
III. **(Neo-)Funktionalismus und andere Ansätze – die politikwissenschaftliche Debatte** 26
   1. Die Modellsicht: Die Europäische Gemeinschaft als (politisches) System 27
   2. Diskussion des Modells: Möglichkeiten und Abgrenzungen 30
   3. Empirische Befunde: Trends und Abwägungen 33

2. Kapitel: Das Kontinuum ordnungspolitischer Grundpositionen 37
I. **Zum Wechselverhältnis politisches – ökonomisches System** 37
II. **Die (neo-)liberale Konzeption – der Markt als freiheitsverbürgendes und wohlfahrtsoptimierendes Grundprinzip** 41
   1. Sicht des Wirtschaftsprozesses 41
   2. Aufgaben des Staates für Ablauf und Rahmengebung ökonomischer Aktivitäten 43
   3. Akzeptanz der Ergebnisse des Wirtschaftsprozesses und des staatlichen Handelns 45
   4. Charakter der Europäischen Gemeinschaft bei Dominanz dieser Konzeption. 47
   5. Verortung im politischen Kräftefeld 49
III. **Das Konzept einer „mixed economy" – der verantwortliche Staat** 50
   1. Sicht des Wirtschaftsprozesses 50
   2. Aufgaben des Staates für Ablauf und Rahmengebung ökonomischer Aktivitäten 53
   3. Akzeptanz der Ergebnisse des Wirtschaftsprozesses und des staatlichen Handelns 55
   4. Charakter der Europäischen Gemeinschaft bei Dominanz dieser Konzeption. 57
   5. Verortung im politischen Kräftefeld 59

IV.	**Die zentralistisch-planwirtschaftliche Konzeption**	61
	1. Sicht des Wirtschaftsprozesses	61
	2. Aufgaben des Staates für Ablauf und Rahmengebung ökonomischer Aktivitäten	62
	3. Akzeptanz der Ergebnisse des Wirtschaftsprozesses und des staatlichen Handelns	64
	4. Charakter der Europäischen Gemeinschaft bei Dominanz dieser Konzeption.	66
	5. Verortung im politischen Kräftefeld	68

3. Kapitel: Die Mischformen der Realität 71

I.	**Begrenzung auf vier Mitgliedstaaten**	71
II.	**Wirtschaftspolitische Traditionen – Prioritätsunterschiede**	71
	1. BR Deutschland	71
	2. Frankreich	74
	3. Großbritannien	77
	4. Italien	79
III.	**Strukturbesonderheiten**	82
	1. Verstaatlichungsgrad	82
	2. Stellung der Zentralbank	85
	3. Organisation der Arbeitnehmer	87
	4. Beteiligung der Sozialpartner an der Wirtschaftspolitik	90
IV.	**Besonderheiten aktuellen wirtschaftspolitischen Verhaltens**	92
	1. BR Deutschland	92
	2. Frankreich	94
	3. Großbritannien	97
	4. Italien	99

4. Kapitel: Auswirkungen auf den Prozeß der Aufgabenerweiterung – die europäische Entscheidungsebene – *103*

I.	**Bedeutung und Funktion ordnungspolitischer Leitbilder**	103
II.	**Globale makroökonomische Krisenstrategien – Zum Themenkomplex Wirtschafts- und Währungsunion –**	106
	1. Die WWU als Ziel auf höchster Gemeinschaftsebene	106
	2. Die Wirtschaftsunions-Komponente	108
	3. Die Währungsunions-Komponente	111
	4. Die Gesamtsicht	114

III. **Sektorpolitiken** 117
  1. Industriepolitik als eigenständiger EG-Handlungsbereich 117
  2. Stahlindustrie 119
  3. Energiesektor 121
  4. Chemiefaserindustrie 124
  5. Textilindustrie 125
IV. **Übergreifende Politikbereiche** 127
  1. Umweltschutzpolitik 127
  2. Regionalpolitik 129
  3. Entwicklungshilfepolitik 131

Zusammenfassung und Ausblick 134
Literaturverzeichnis 136
Autorenregister 147
Abkürzungsverzeichnis 149

Vorwort

Die vorliegende Ausarbeitung stellt eine nur unwesentlich veränderte Fassung einer Dissertation dar, die in der Fakultät für Sozial- und Verhaltenswissenschaften der Universität Tübingen zur Begutachtung durch die Votanten Prof. Dr. Rudolf Hrbek, Direktor des Instituts für Politikwissenschaft, und Prof. Dr. Dr. Norbert Kloten, Präsident der baden-württembergischen Landeszentralbank, eingereicht und angenommen wurde.

Das Interesse an der hier behandelten Thematik wurde durch die Mitarbeit des Verfassers an dem am Zentrum für interdisziplinäre Forschung der Universität Bielefeld angesiedelten „Forschungsprojekt Möglichkeiten und Grenzen einer Europäischen Union" (Leitung Dr. Hans von der Groeben/Prof. Dr. Hans Möller) begründet. Die Teilnahme an zahlreichen Sitzungen der Bielefelder Arbeitsgemeinschaft (BAG) in den Jahren 1974/1975 als Mitglied der „Gruppe Hrbek"* erwies sich als überaus anregender Einstieg in die wissenschaftliche Front der Auseinandersetzungen um die europäische Integration. Gleichzeitig aber erregte das, was man als stillschweigende „Mehrheitsmeinung" der Teilnehmer bezeichnen könnte, kritische Aufmerksamkeit. Um dies zu verdeutlichen, wird in der nachfolgenden Einleitung der integrationspolitische Kontext und die darauf bezogene Fragestellung für die damalige als Vollzeit-Mitarbeiter erlebte Projektperiode rekapituliert.

Ein an die neunmonatige Mitarbeit in der BAG anschließender anderthalbjähriger Auslandsaufenthalt in Großbritannien – an der London School of Economics & Political Science – und Brüssel – in der Generaldirektion Wirtschaft und Finanzen der EG-Kommission – diente der Erweiterung und Vertiefung der Kenntnisse über die ordnungspolitischen Problemzonen des europäischen Einigungsbestrebens. Dieser Zeit ist eine Sicherung der in den folgenden Ausführungen oft nur teilweise erkennbaren, z.T. nur indirekt verwerteten Materialfülle zu danken. Deren Auswertung und die Schlußreaktion des nun vorliegenden Textes erfuhren wegen anderweitiger Verpflichtungen in der Hamburger Einstufigen Juristenausbildung eine leichte Verzögerung, so daß unter Einschluß neuerer Entwicklungen das Manuskript erst Ende 1981 abgeschlossen wurde. Empirisches Material, insbesondere für das dritte Kapitel wurde danach nicht mehr systematisch analysiert und berücksichtigt.

In einem solchen langen Zeitraum häuft sich natürlich eine erhebliche Dankesschuld gegenüber allen beruflichen wie auch privaten „Kontaktpersonen" an. Sie ist auch mit einer Erwähnung an solcher Stelle sicherlich nicht abzutragen. Dennoch sei es in einigen Fällen versucht.

Herrn Hrbek als wissenschaftlichen, aber auch insoweit „privaten", da viel Geduld zeigenden Betreuer, fühle ich mich in der ersten Gruppe zu besonderem Dank verpflichtet; dies umsomehr, als sich auch die Aufnahme dieser Untersuchung in die Schriftenreihe EUROPA-FORSCHUNG durch seine Hilfe pro-

---

* Sie bestand aus Prof. Dr. Rudolf Hrbek, Christian H. Huber sowie dem Verfasser und wurde dem „politikwissenschaftlichen Bein" der Arbeitsgemeinschaft zugerechnet.

blemlos gestaltete. Meinen diversen Ausbildungs- und Berufsstationen folgend, möchte ich für vielfältige Anregungen Paul Taylor, Andreas Lenel, Christian H. Huber [aber nicht nur auf die Londoner Zeit beschränkt!], Eberhard Rhein, Horst Schulmann, Michael Fratianni, Herbert Christie, Charles Kavanagh [also dem Brüsseler „think tank"], meinen Hamburger Kollegen, den Professoren Hans-Bernd Schäfer [der als einziger weiterer Ökonom des Fachbereichs oft präzisierend und motivierend eingreifen mußte] und Helmut Rittstieg ebenfalls gesondert danken. Diverse Schriftwechsel und Gespräche mit dem ehemaligen Kommissionsmitglied Herrn von der Groeben, den Professoren Ralph Dahrendorf, Hans Peter Ipsen, Herbert Krüger, Hans-Otto Lenel, mit dem verstorbenen Andrew Shonfield und seinen damaligen Kollegen am Europäischen Hochschulinstitut in Florenz Wolfgang Hager und Jacques Pelkmans haben in hervorhebenswerter Weise zu meiner Meinungsbildung beigetragen – selbst wenn dieselben sich gar nicht wiedererkennen sollten!

Von erheblicher Bedeutung für den Forschungsprozeß war auch die Einrichtung, der als einziger „Nicht-Person" Dank abgestattet werden soll, der Arbeitskreis Europäische Integration e. V. Dessen Tagungen und Veröffentlichungen stellten eine überaus wichtige Fundstätte für Detailinformationen und Trendbewegungen der europapolitischen Positionsbestimmungen von Institutionen, Gruppen und Schulen dar.

Schließlich möchte ich für technische Dienste Herrn Andreas Brandt, Herrn Volker Manow und vornehmlich Frau Bullert für die stets gleichermaßen schnelle wie zuverlässige Schreib- und Korrekturarbeit danken. Ohne sie wäre der zügige Abschluß nicht denkbar gewesen. Meine Frau und meine Freunde bedürfen der öffentlichen Danksagung nicht; sie wünschen zu Recht konkretere Zeichen des Dankes – mehr Zeit für gemeinsame Unternehmungen.

Hamburg, im August 1982

Einleitung

Auf der Pariser Gipfelkonferenz von 1972 hatten die Staats- und Regierungschefs erklärt, „vor dem Ende dieses Jahrzehnts in absoluter Einhaltung der bereits beschlossenen Verträge die Gesamtheit der Beziehungen der Mitgliedstaaten in eine Europäische Union umzuwandeln". Im Kommuniqué des Gipfels 1974 wurde überdies der damalige Premierminister des Königreichs Belgien, Tindemans, beauftragt, vor Ende 1975 einen zusammenfassenden Bericht über die Gesamtkonzeption einer Europäischen Union zu erstellen. Die Projektleitung der im Vorwort erwähnten BAG hielt eine gewisse Orientierung der Diskussion auf diesen aktuellen politischen Vorgang für angemessen. Zu Recht wurde das auf höchster politischer Ebene naturgemäß nicht allzu präzis formulierte Ziel „Europäische Union" als Ausdruck des politischen Willens gedeutet, das europäische Einigungswerk nicht auf dem gegebenen Niveau einzufrieren, sondern aktiv voranzutreiben.

Folgerichtig wurde zunächst eine Analyse des Integrationsstandes vorgenommen, die im Tenor wenig positiv ausfiel. So war eines der Hauptelemente einer prospektiven Europäischen Union, die Wirtschafts- und Währungsunion, innerhalb des Stufen- und Zeitenschemas des Wernerplans nicht wesentlich vorangekommen. In der Erdölkrise des Jahres 1973 hatte sich die Gemeinschaft als wenig handlungsfähig erwiesen, und auch für die wirtschaftlich prekäre Lage in einzelnen Mitgliedstaaten waren von den EG-Institutionen keine durchsetzbaren erfolgversprechenden Antworten präsentiert worden. Das Unvermögen, auf die genannten und andere „challenges" angemessen zu reagieren, wurde einem allgemeinen Integrationsdefizit zugerechnet, das seinerseits der Explikation bedurfte. Die Ursachenanalyse gestaltete sich angesichts der Komplexität der zu erklärenden Soll-Ist-Differenz naturgemäß als überaus schwierig und führte zu einer Vielzahl von Hypothesen. Sie reichten von einer möglichen Falschkonzeption der EG-Vertragswerke im Grundsatz, ihrer zu weit gefaßten Multivalenz, über den Wegfall externer Förderatoren des Einigungsprozesses im globalen Zusammenhang bis zu veränderten weltwirtschaftlichen Rahmenbedingungen und sogar „mißverstandenen Wechselkurstheorien". Alle Erklärungsvorschläge wiesen in ihrem spezifischen Kontext eine gewisse Plausibilität auf; selbst die letzte, die allerdings nicht nur in dieser Verkürzung etwas exotisch erschien.

Die Heterogenität der Interpretationsversuche konnte nicht befriedigen, zum Teil schien vieles auch zu wenig handlungsorientiert ausgebracht zu sein. Was konnte also der gemeinsame Nenner der in Einzelbereiche aufzuspaltenden Integrationsdefizite sein, lautete die richtig gestellte Frage. Dazu mußten zunächst mögliche Tätigkeitsfelder und Aufgabenbereiche der Gemeinschaft abgesteckt und formuliert werden. Zum Teil ließen sie sich aus den offiziellen Verlautbarungen der Regierungschefs – insbesondere der Pariser Gipfelkonferenz von 1972 – ableiten. Ein anderes methodisches Verfahren nahm die öffentliche Meinung über aktuelle „challenges" der Gemeinschaft zum Ausgangspunkt, wieder andere sprachen sich für ein normatives, d.h. von einer bestimmten festen Vorstellung von einer „rationalen", also „richtigen" Struktur der Handlungsbereiche der EG-Institutionen ausgehendes Vorgehen aus.* Die Ergebnisse waren trotz unterschiedlicher Ansatzpunkte nicht sehr weit auseinanderlaufend; zumindest die „Überschriften" neuer und ausfüllungsfähiger Kompetenzbereiche der Gemeinschaften schienen konsensfähig, wie etwa Regionalpolitik, Energiepolitik, Umweltpolitik, Sozialpolitik, auch: Wirtschafts- und Währungspolitik. Dennoch bewies ein genaueres Hinsehen, daß gerade in den genannten Bereichen in concreto bislang sehr wenig auf Gemeinschaftsebene in Bewegung geraten war. Zum Beispiel ließ sich weder Verbindliches zur Reduzierung der erheblich auseinanderklaffenden Inflationsraten in den Mitgliedstaaten ausmachen, noch war eine gemeinschaftliche Position über präzis problembezogene Instrumente zur Energiefrage erreichbar. Im Gegenteil, nationale Antworten schienen Desintegrationstendenzen auf den von den Politikern ja nicht wegzuleugnenden Problemfeldern zu verstärken. Dabei wurde deutlich, daß auf gleiche Problemlagen teilweise völlig unterschiedlich in den einzelnen Staaten reagiert wurde. Zur Wiedergewinnung „erträglicher" Preissteigerungsraten werden bei den einen direkte Vereinbarungen der Regierung mit den Sozialpartnern gesucht, bei anderen gesetzliche Eingriffe des Lohn- und Preisbildungsprozesses als letzter Ausweg gesehen und bei wieder anderen jegliche Einmischung politischer Instanzen in die bargaining-Prozesse der Arbeits- und Gütermärkte abgelehnt. Auf das Problem unerwünschter Agglomerationen in industriellen Ballungsgebieten und ihrer logischen Entsprechung der Peripherieentleerung reagieren die zu wirtschaftspolitischem Handeln Befugten in einem Land mit der Vergabe/Verweigerung von Investitionsberechtigungszertifikaten, während im Nachbarland entweder das Problem als solches nicht gesehen wird oder durch regional gestaffelte positive monetäre Anreizsysteme Lenkungseffekte erzielt werden sollen. Gleiches galt für die energiepolitische Herausforderung.

Diese und andere Diskrepanzen legten eine Einordnung unter das Rubrum ordnungspolitische Auffassungsunterschiede nahe, das seinerseits freilich auch als analytisch weiter zu zerlegende „black box" zu betrachten war. Ein Blick zurück in die Geschichte der Europäischen Gemeinschaften zeigte, daß diese in der BAG mehrheitlich nicht als eigenständige Problemursache für das unisono beklagte Integrationsdefizit behandelte ordnungspolitische Frage des Umfangs und der Art staatlichen Handelns bei politisch als unzureichend empfundenen Ergebnissen des Wirtschaftsprozesses gleichwohl von eminenter Bedeutung war und auch – so die These dieser Arbeit – weiterhin ist. Sowohl vor der Gründung von EGKS, EURATOM und EWG als auch nach der ersten Arbeitsphase der Europäischen Wirtschaftsgemeinschaft bis in die jüngste Vergangenheit stellt die Markt-Plan-Kontroverse ein in unterschiedlichsten Intensitätsgraden dauerhaftes Konstituens des Einigungsprozesses dar.

Die in dieser Arbeit hervorgehobene Behandlung des integrationspolitischen Hemmnisfaktors ordnungspolitischer Dissens darf freilich nicht als monokausaler Totalerklärungsanspruch gedeutet werden. Vielmehr wird der Versuch un-

---

* Siehe dazu den inzwischen (1980) veröffentlichten Bericht der Arbeitsgemeinschaft (Möglichkeiten und Grenzen einer EU); hier insbesondere den Beitrag von *Möller* (Untersuchungswege).

ternommen, ein unstreitig hyperkomplexes Phänomen, als das der Integrationsprozeß nicht nur vor dem ersten Forschungsschritt bezeichnet werden muß, durch die Sonde dieser Fragestellung erneut aufzurollen und möglicherweise über den Vorschlag einer differenzierten Sichtweise einen Beitrag zum Fortgang des – so die erste Grundprämisse dieser Arbeit – grundsätzlich als richtig eingeschätzten Wegs der europäischen Gemeinschaftsbildung zu leisten.

Darüber hinaus durchzieht ein zweites Grundanliegen diese Arbeit. So sehr der erste Schritt zur Erreichung des Vereinigungsziels in der Form der sog. „negativen" Integration, also der Beseitigung von Hemmnissen für den europaweiten Austausch von Gütern und Dienstleistungen im Rückblick als zeitgemessen und insgesamt erfolgreich beurteilt werden muß, so sehr muß jetzt nach weitgehenderem Vollzug und passivem Gewährenlassen dieses Prozesses den damit veränderten Ausgangsbedingungen Rechnung getragen werden und mit dem Lippenbekenntnis zur „positiven" Integration, also dem Einschluß effizienter Politiken als Reaktion auf jeweils anstehende oder bei Vorausschau erkennbare Problemfelder, ernst gemacht werden. Anderenfalls wird ein Rückfall selbst hinter das riskiert, was vor Beginn des Verflechtungsprozesses durch die Marktkräfte innerhalb der Nationalstaaten an Problemlösungskapazitäten existierte und beansprucht wurde. Denn einerseits reduziert sich ständig für die traditionellen Entscheidungsträger der rechtliche und faktische Handlungsspielraum, während andererseits das freiwerdende Vakuum nicht ausgefüllt wird. Auf die Gefahr derartiger Ungleichzeitigkeiten soll hingewiesen werden.

Die Entfaltung und Vertiefung obiger Grundgedanken wird in vier Schritten geleistet. Im ersten Kapitel soll aus der Perspektive unterschiedlicher Disziplinen der grundsätzlich denkbare Spielraum für Kompetenzerweiterungen der Gemeinschaftsorgane abgesteckt werden. Exakte Grenzziehungen sind naturgemäß nicht möglich, gleichwohl aber lassen sich unterschiedliche Intensitätsgrade notwendiger Aufgabentransfers herausarbeiten. Das zweite Kapitel versucht, das vom Ordoliberalismus teilweise äußerst erfolgreich in das Alltagsverständnis eingelagerte unversöhnliche, dichotomische Alternativenpaar Verkehrswirtschaft (Marktwirtschaft) und zentralgeleitete Wirtschaft (Zentralverwaltungswirtschaft) aufzulösen und dabei insbesondere über die Theorie der Marktdefizienzen darzutun, daß es je nach Sachlage Instrumente ganz unterschiedlicher Systemzuordnung bedarf, um konkret anstehenden „challenges" begegnen zu können. Deshalb auch das Wort vom Kontinuum ordnungspolitischer Grundpositionen. Kapitel III wagt sich an die überaus schwierige Aufgabe, ein Bild noch recht heterogener Schwerpunktsetzung wirtschaftspolitischen Problemlösungsverhaltens einschließlich der sie letztlich determinierenden historisch gewachsenen institutionellen Strukturen in den vier größten Mitgliedsländern zu entwerfen. Da eine größere empirische Studie im Rahmen einer Arbeit wie der vorliegenden nicht durchführbar ist, geschieht dies im Rückgriff auf leider nicht immer auf die hier zu behandelnde Fragestellung unmittelbar orientierte Literatur. Gleichwohl vermag eine auf bestimmte Problemperioden konzentrierte Zeitungsanalyse das unmittelbar faktenbezogene Moment zu verstärken.

Im vierten Kapitel soll an einigen ausgewählten Bereichen demonstriert werden, wie im konkreten Diskussionsprozeß auf EG-Ebene sich diese unterschiedlichen Auffassungen auswirken. So wird u. a. geprüft, inwieweit dieses auf Eukken zurückgehende „Denken in Ordnungen" – als spezifische Argumentationsfigur deutscher Verhandlungsdelegationen auf europäischem wie internationalem Parkett mittlerweile wohlbekannt – nur eine jederzeit sich anbietende Verhinderungsstrategie für unerwünschte Entscheidungen darstellt, die weniger leicht als vordergründige Interessenpolitik denunziert werden kann. Alternativ wird der Behauptung nachgegangen, daß es sich tatsächlich um ein grundsätzliches Anliegen handelt, ein abstrakt zu formulierendes, bestimmten Funktions- und Effizienzkriterien genügendes, möglichst rein zu haltendes Ordnungsgefüge zu schaffen und zu gewährleisten.

Zur Anlage dieser Arbeit als Versuch, interdiziplinär, d. h. rechts-, politik- und wirtschaftswissenschaftlich die gegebene Fragestellung anzugehen, muß angemerkt werden, daß sich die Übertragung der fachwissenschaftlichen, systematisch und kategorial überaus heterogenen Ausformungen der angebotenen Beschreibungs- und Erklärungsansätze in die jeweils fachfremde Betrachtungsweise nicht problemlos gestalten kann. Je nach Spezialisierungs- und Professionalisierungsgrad potentieller Rezipienten wird der eine oder andere Teil des Argumentationsstrangs als mehr oder weniger plausibel oder angemessen aufgenommen werden. Dies ist letztlich in der Kommunikationsstruktur wissenschaftlichen Meinungsaustauschs begründet; stark ausdifferenzierte Sprachspiele hochprofessionalisierter Wissenschaftszweige haben auch gerade durch expansive Abschottungsstrategien (vielfach unbegründete) Reputationserfolge und damit Handlungs- und Entscheidungsspielräume errungen. Meist wird jeglicher Angriff auf solche verfestigten (Macht-)Positionen vehement zurückgewiesen; auch ist der Vorwurf des Eklektizismus meist schnell zur Hand. Jedoch, Kommunikation tut not, vor allem dann, wenn längst überfällige Entwicklungsprozesse blockiert sind.

1. Kapitel
Der denkmögliche Erweiterungsspielraum

I. Die Gemeinschaftsverträge – die juristische Debatte

Fortschreitende Integration heißt bei institutioneller Sichtweise fortschreitende Kompetenzübertragung an die EG-Organe. Dabei gilt eine um so höhere Integrationstiefe erreicht, je mehr das Organ, das in besonderem Maße dem Gemeinschaftsinterese verpflichtet sei, die Kommission, erweiterte Handlungsspielräume zugewiesen erhält. Zwar ist auch der (Minister-)Rat nach Art. 145 EWGV auf die Gemeinschaftsverträge verpflichtet, als das „foederale Organ"[1] der Gemeinschaften werden in ihm jedoch vorrangig die Interessen der Mitgliedstaaten zur Geltung gebracht. Dies zeigt auch die bisherige politische Praxis.

Die Kommission hingegen als „selbständiges Organ der Gemeinschaft mit eigenen Funktionen" kann wegen ihrer Unabhängigkeit von den Mitgliedstaaten als das „supranationale" Gemeinschaftsorgan bezeichnet werden.[2] In diese Richtung weisen auch die verbreiteten kürzelhaften Kennzeichnungen der Kommission als Vertreterin des Gemeinschaftsinteresses, als der „honest broker" oder „mediator"[3], Motor der Gemeinschaften, Hüterin der Verträge u. dergl.[4]

Dem dritten Organ, der Versammlung, kommen derzeit trotz erstmalig erfolgter Direktwahl ihrer Mitglieder und trotz der Neugestaltung des Haushaltsbewilligungsrechts nur geringe Kontroll- und Konsultationsbefugnisse zu. Sicher würden auch hier Erweiterungen im legislativen Bereich als integrationsfördernd zu qualifizieren sein. Gleichwohl wird man unter Berücksichtigung der Praxis in den westlichen parlamentarischen Demokratien sein Hauptaugenmerk vor allem auf die Kompetenzzuordnung an das vom Europäischen Parlament in geeigneter Weise zu kontrollierende Exekutivorgan richten müssen, um Einschätzungen von sachlich-inhaltlichen Integrationsfortschritten machen zu können.

Diese und nicht institutionelle Fragen i. e. S. stehen denn auch im Zentrum der gegebenen Fragestellung. Daher werden auch das vierte Organ, der Europäische Gerichtshof und die im Art. 4 EWGV genannten ergänzenden Einrichtungen Wirtschafts- und Sozialausschuß und der Rechnungshof nicht in den Kernbereich der vorzunehmenden Überlegungen gerückt.

Geht man mit dieser Schwerpunktsetzung an die in diesem Zusammenhang an die (Europa-)Rechtswissenschaft gestellte Frage nach den aus ihrer Sicht möglichen Spielräumen für integrationserhöhende Aufgaben- und Befugniszuweisungen an die EG heran, so wird man – nach einer für Fachfremde nicht allzu kurz bemessenen Eingewöhnungszeit an die nicht immer eingängige Denkme-

---
1 Vgl. statt vieler *Nicolaysen* (Gemeinschaftsrecht), S. 27.
2 ibid., S. 29.
3 Vgl. das weitverbreitete Lehrbuch von *Swann* (Common Market), S. 36.
4 Vgl. auch die Aufzählung bei *Nicolaysen* (Fn. 1), S. 30.

thodik – zwei Diskussionsblöcke unterscheiden können, die ihrerseits in ein integrationshemmendes und ein -dynamisches Spannungsfeld eingebracht sind.

Zum einen handelt es sich um die Debatte über die Elastizität der Vertragswerke der Gemeinschaft mit ihrer schwerpunktmäßigen Anbindung an Art. 235 EWGV[5] und zum anderen um den Streit über die angeblich oder tatsächlich im EWG-Vertrag niedergelegte Wirtschaftsverfassung der Gemeinschaft. Bei beiden Diskussionsfeldern dreht es sich um Kontroversen jüngeren Datums, wenn sie auch jeweils historische Vorläufer unterschiedlicher Zeittiefe aufweisen. Wir werden versuchen, durch Gegenüberstellung der Argumente, die die jeweiligen Pole des oben genannten Spannungsfeldes verstärken, eine Vorstellung über das Problem- und Meinungsspektrum zu gewinnen.

1. Die vertragsimmanente Flexibilität

Der „Normalbürger" assoziiert bei den Worten Recht, Rechtswissenschaft, Jurisprudenz regelmäßig Konservatismus, Beharrungstrend, Status-Quo-Bewahrung. In erster Annäherung an die rechtliche Perspektive des Vergemeinschaftungsprozesses wird man daher zunächst ein Überwiegen dieses Moments erwarten. Darauf deutet bereits das in den Europarechtslehrbüchern hervorgehobene Prinzip der begrenzten Einzelermächtigungen (principe de competence d'attribution)[6] hin. In dem als „klassisches Standwerk" bezeichneten Lehrbuch von Ipsen[7] wird der Limitierungsgedanke bereits durch die Unterabschnittsüberschriften im § 20 Abschn. III hervorgehoben: 1. Begrenzungsprinzip/ 2. Begrenzung nach Handlungsformen / 3. Enumerationsprinzip / 4. Inhaltsbegrenzungen.[8] Zum einen wird dies auf die Formulierungen in den Verträgen zurückgeführt – Organe haben nach „Maßgabe dieses Vertrages" zu handeln[9] –, zum anderen könne die bei souveränen Staaten grundsätzlich gegebene Allzuständigkeit nicht auf die Gemeinschaften übertragen werden.

Es wirkt plausibel, diesen Grundsatz auf doppelte Weise zu rechtfertigen. Erstens macht die klare Abgrenzung zwischen integrierten und mitgliedstaatlich verbliebenen Sachgebieten den Mitgliedstaaten den Verzicht auf eigene Befugnisse überschau- und kontrollierbar – man könnte dies auch als Prinzip klarer Verantwortlichkeit kennzeichnen –, und zweitens muß die rechtsstaatliche Bedeutung der Begrenzung der „Hoheitsgewalt der Gemeinschaften von der Quelle her"[10] für den einzelnen positiv gewürdigt werden: bei Kompetenzüber-

---

5 Vgl. dazu insbesondere das Sonderheft der Zeitschrift Europarecht zum Jahrgang 1976 mit dem Titel „Die Rechtsetzungsbefugnisse der EWG in Generalermächtigungen, insbesondere in Art. 235 EWGV". Es enthält drei Referate, die anläßlich einer Tagung für Rechtsvergleichung der Wissenschaftlichen Gesellschaft für Europarecht von *Everling* (BMWi, Bonn), *Schwartz* (EG-Kommission, Brüssel) und *Tomuschat* (Universität Bonn) gehalten wurden. Dort auch weitere Literaturhinweise.
6 Vgl. statt vieler *Bleckmann* (Europarecht), S. 48.
7 Laut *Beutler et al.* (Rechtsordnung und Politik), S. 26.
8 *Ipsen* (Gemeinschaftsrecht), S. 425 ff.
9 So und in ähnlichem Wortlaut z. B. in Art. 3, 4, 155, 189 EWGV; 115, 161 EAGV; 8, 26 EGKSV.
10 *Nicolaysen* (Fn. 1), S. 43.

schreitungen und -fehlgebrauch ist der Adressat von Rechtsschutzersuchen eindeutig bestimmbar.

Ein in besonderem Maße schlagkräftiges Argument gegen unspezifizierte, schrankenlose Kompetenztransfers an die Gemeinschaftsorgane wird aus dem Demokratieprinzip entwickelt. „Funktional bestimmte Handlungsvollmachten müssen sich auf eingegrenzte Tätigkeitsbereiche beziehen. Andernfalls wäre die ‚zwischenstaatliche Einrichtung' im Sinne des Art. 24 GG nach ihrer Gründung in der Lage, eine von der ursprünglichen Integrationsentscheidung des Gesetzgebers losgelöste autonome Entwicklung anzusteuern, so daß die Legitimationskette nur noch formal, nicht aber der Sache nach auf das demokratische Prinzip zurückgeführt wäre. Freies politisches Ermessen kann lediglich einer parlamentarischen Körperschaft zustehen, nicht aber einem mit Vertretern der nationalen Exekutiven beschicktes Gremium". [11] Solange also keine effektive Kontrolle und Steuerung der Kompetenzausübung durch ein direkt gewähltes Europäisches Parlament ausgeübt wird, muß dem aus nationalen Regierungsmitgliedern bestehenden Rat und auch der durch die Regierungen der Mitgliedstaaten besetzten Kommission ihre doch allzu „gelängte" demokratische Legitimationskette in Erinnerung gerufen werden. Der ansonsten sicherlich als prointegrationistisch einzustufende Rechtswissenschaftler Zuleeg gibt denn auch zu bedenken, daß der Konsens über die Legitimität der Herrschaftsgewalt bei der derzeitigen institutionellen Struktur als „stark verdünnt" [12] gilt. Folgerichtig setzt er sich auch für eine Einengung der „schwammigen Tatbestandsvoraussetzungen" [13] des Art. 235 EWGV ein. Diese sog. „Vertragsergänzungsklausel" lautet:

„Erscheint ein Tätigwerden der Gemeinschaft erforderlich, um im Rahmen des Gemeinsamen Marktes eines ihrer Ziele zu verwirklichen, und sind in diesem Vertrag die hierfür erforderlichen Befugnisse nicht vorgesehen, so erläßt der Rat einstimmig auf Vorschlag der Kommission und nach Anhörung der Versammlung die geeigneten Vorschriften."

Dennoch erweist auch die nähere Analyse der drei Merkmale Erforderlichkeit, Rahmenbezug Gemeinsamer Markt und Zielbezogenheit, daß hier „eigentlich an keiner Stelle fester Boden" [14] dem (juristischen) Exegeten geboten wird. Constantinesco [15] weist darüber hinaus auf eine innere Widersprüchlichkeit hin: einerseits wird auf die beispielsweise durch die englische Fassung deutlicher werdende denkbare Grenze hingewiesen – „in the course of the operation of the common market" – andererseits nennt der Art. 2 EWGV gleichberechtigt zwei Mittel zur Erreichung der Ziele: die Errichtung eines Gemeinsamen Marktes *und* die schrittweise Annäherung der Wirtschaftspolitik der Mitgliedstaaten.

Insgesamt haben daher die „Expansionisten" – wie man die für eine integrationsfreundliche Auslegung plädierenden Rechtswissenschaftler nennen könnte – mindestens ebenso gute Argumente vorzutragen. Sie können auf die bisherige

---

11 *Tomuschat* (Rechtsetzungsbefugnisse), S. 61 f.
12 *Zuleeg* (Der Verfassungsgrundsatz der Demokratie), S. 38.
13 ibid., S. 44.
14 *Tomuschat* (Fn. 5), S. 46.
15 Vgl. *Constantinesco* (Recht der EG I), S. 275 ff.

Praxis verweisen, mit der die „Korrektur des Prinzips der begrenzten Ermächtigungen durch Sonderermächtigung zur Vertragslückenschließung"[16] gelungen ist – laut Everling bis 1975 in 94 Fällen durch einfachen Rekurs auf Art. 235 EWGV.[17] Sie können die im Völkerrecht entwickelte implied-powers-Doktrin[18] bemühen, nach der einer internationalen Organisation die Befugnisse eingeräumt werden müssen, die sie zur Erfüllung ihrer Aufgaben benötigt.[19] Bereits 1956 hat sich der EuGH im vielzitierten Fédéchar-Fall dieses Gedankens bedient und ausgeführt, daß eine Auslegungsregel zulässig ist, „wonach die Vorschriften eines völkerrechtlichen Vertrages oder eines Gesetzes zugleich diejenigen Vorschriften beinhalten, bei deren Fehlen sie sinnlos wären oder nicht in vernünftiger oder zweckmäßiger Weise zur Anwendung gelangen könnten".[20] Erinnert man die vielfach weiten Zielformulierungen in den Vertragspräambeln und in Art. 2, 3 (insbes. lit. i–k) EWGV, so fällt es schwer, in den juristischen Auseinandersetzungen trennscharfe Kriterien zur Selektion rechtlich möglicher von rechtlich nicht möglichen Kompetenztransfers zu erkennen.

1973 wird mit der Errichtung des europäischen Fonds für währungspolitische Zusammenarbeit die allein maßgebliche Dominanz des politischen Willens deutlich. Damals wurden formal über Art. 235 EWGV „hoheitsrechtliche Befugnisse auf einen . . . nicht im Vertrag vorgesehenen Organismus übertragen . . .", und man hat sich „damit auf einen Weg begeben, der nach der bisher wohl herrschenden Meinung versperrt war".[21] Im gleichen Sinne wird man den „Eingriff" der politischen Spitze in das „juristische Handwerk" interpretieren müssen. Im Kommuniqué des Pariser Gipfels von 1972 heißt es: „Sie [die Regierungschefs; d. Verf.] waren sich in der Auffassung einig, daß es insbesondere zur Verwirklichung der in den einzelnen Aktionsprogrammen festgelegten Aufgaben angezeigt ist, alle Bestimmungen der Verträge, einschließlich des Art. 235 EWG-Vertrag, weitestgehend auszuschöpfen".[22] Man wird es daher den nicht der (juristischen) Profession zugehörigen Wissenschaftlern nachsehen müssen, daß sie von dem von Tomuschat lediglich als ersten Eindruck gekennzeichneten Gedanken, daß beispielsweise die Verwendungsfähigkeit des Art. 235 „ausschließlich von politischer Opportunität" bestimmt werde, schwerlich abrücken können. Dies vermag auch das lapidare Dictum, „daß solches Denken einer Fehleinschätzung der Rechtslage gleichkäme", was „in diesem Kreise [den Teilnehmern

---

16 Vgl. die damit angesprochene Systematik bei *Ipsen* (Fn. 8), S. 432.
17 *Everling* (Allgemeine Ermächtigung), S. 22 ff; siehe auch die Beispiele und Kommentierungen bei *Lauwaars* (Flankierende Politiken), S. 113 ff.
18 Erstmalig umfassend *Nicolaysen* (Implied Powers).
19 Vgl. zur Genesis dieses Gedankens auch den § 89 der Einleitung in das Preußische Allgemeine Landrecht: „Wem die Gesetze ein Recht geben, dem bewilligen sie auch die Mittel, ohne welche dasselbe nicht ausgeübt werden kann".
20 RS 8/55, RSpr GH II (1956), S. 299 (312).
21 So immerhin der Generaldirektor des juristischen Dienstes der Kommission *Ehlermann* (Europäischer Fonds für währungspolitische Zusammenarbeit), S. 193. Vgl. auch zum erneuten Rückgriff auf Art. 235 bei der Schaffung des Europäischen Währungssystems (EWS) die Ausführungen von *Seidel* (Europäisches Währungssystem).
22 EA 21/1972, D 508.

einer juristischen Fachtagung; d. Verf.] keiner weiteren Begründung"[23] bedürfe, nicht zu bewirken.

Die Kenntnisnahme des Faktums eines offenbaren Primats der „hohen" Politik sollte indes nicht dazu führen, daß die auf geordnete, „kanalisierte"[24] Verfahren gerichteten rechtswissenschaftlichen Bedenken als unerheblich abgetan werden. Immerhin zielen sie in ihrem Kern auf die Sicherstellung eines wesentlichen Bestandteils des Grundkonsenses der in der Europäischen Gemeinschaft vereinten Völker, der parlamentarischen Demokratie. Soll diese nicht zur bloßen Worthülse verkommen, müssen die sie erst materiell werden lassenden Verfahren gesichert und beachtet werden. Das heißt, bei einer in einem konkreten Anwendungsfall zu erwägenden Bezugnahme auf Art. 235 EWGV ist zu berücksichtigen, daß neben dieser Möglichkeit zur *Vertragslückenschließung* auch ein *Vertragsänderungsverfahren* nach Art. 236 EWGV vorgesehen ist, das mittels der darin vorgeschriebenen Ratifikationspflicht eine Mitwirkung der nationalen Parlamente erzwingt. Dies wird man mit der rechtswissenschaftlichen Literatur immer dann für notwendig erachten, wenn es sich um grundsätzliche politische Strukturentscheidungen handelt.[25] So ist bei den Fachjuristen unbestritten, daß sich beispielsweise eine Wirtschafts- und Währungsunion nicht auf Art. 235 EWGV gründen läßt.[26]

Aktuell wurde diese Problematik bei der Einführung des Europäischen Währungssystems (EWS), das auf Grund des auf dem Bremer Gipfeltreffen der Staats- und Regierungschefs der EG-Mitgliedstaaten verabschiedeten Kommuniqués ins Leben gerufen wurde.[27] Hier lag das „Kernproblem im Urteil über den quantitativen Umfang und die qualitative Substanz der Übertragung währungspolitischer Befugnisse von den Mitgliedstaaten (einschließlich ihrer Zentralbanken) auf die EG".[28] Ganz offensichtlich war hierbei die grundsätzliche, politisch durchaus brisante Strukturfrage des Ausmaßes der Unabhängigkeit und der Größenordnung des autonomen Handlungsspielraums der (noch nationalen) Zentralbank(en) berührt. „Wer für eine extensive Interpretation des europäischen Rechtes im Sinne eines rechtsschöpferischen Prozesses eintritt und wer den Erfolg einer politischen Grundentscheidung nicht gefährdet sehen wollte, mußte das praktizierte Vorgehen billigen", konzedierte ein Mitglied des (deutschen) Zentralbankrats[29], aber „was aufgeschoben wurde, dürfte allerdings bald erneut zur Debatte stehen".[30]

---

23 *Tomuschat* (Fn. 14), S. 48.
24 So *Nicolaysen* (Fn. 18), S. 130 in Darstellung der herrschenden Meinung.
25 In der Fachsprache: „Art. 235 EWGV begründet keine Kompetenz-Kompetenz", *Beutler et al.* (Fn. 7), S. 66.
26 Vgl. etwa *Lauwaars* (Fn. 17), S. 115, *Everling* (Fn. 17), S. 16, *Zuleeg* (Wirtschaftsverfassung der EG), S. 97.
27 Vgl. EA 16/1978, D 457 ff.
28 *Kloten* (Europäisches Währungssystem), S. 116.
29 Vgl. § 6 Abs. 1 Satz 1 des Gesetzes über die Deutsche Bundesbank: „Der Zentralbankrat bestimmt Währungs- und Kreditpolitik der Bank", der deutlich die „Betroffenheit" der höchsten deutschen Währungshüter dokumentiert.
30 *Kloten* (Fn. 28), S. 117.

Auch dieses konkrete Einzelbeispiel der Währungspolitik – ähnliches wäre zur Umwelt- oder Regionalpolitik demonstrierbar – zeigt auf die gesamte Fragestellung möglicher, inhaltlich der EG verantwortlich zu übertragender Sachbereiche bezogen, daß aus dem rechtlichen Bereich keine unüberwindbaren Hindernisse bei sachlich gebotenen und politisch ausreichend konsentierten Kompetenzzuweisungen erkennbar sind. „Art. 235 may thus appear not only as a provision covering the lacunae which later may become apparent, but also as an instrument for the evolution of Community policies. It is both in the nature of the Community commitment and the non-finite nature of the Treaty provisions that permits the conclusion that the Treaty is intended to accomodate different phases of economic policy"[31], resümieren zwei britische Rechtswissenschaftler. Gleichwohl wird man bei zustimmender Kenntnisnahme dessen auch akzeptieren, daß „zu Recht" je nach Grundsatzcharakter der anzustrebenden Aufgabentransfers abgestufte Verfahren unterschiedlicher Partizipations- und damit Zeitdimension zur materiellen Sicherung des Demokratiegebots zu beachten sind.

2. *Kompetenzbestimmung durch Postulierung einer im EWGV niedergelegten Wirtschaftsverfassung*

Der denkmögliche Erweiterungsspielraum für Aufgabentransfers an die EG wird zweifellos auch durch das Grundverständnis von der Rolle des Staates im arbeitsteiligen Wirtschaftsprozeß bestimmt. Man wird insoweit die EG als höchste Ebene eines mehrstufigen „Staats"-Aufbaus betrachten müssen, wobei hier die Problematik der optimalen Lozierung von Staatsfunktionen auf dieser vertikalen „Kompetenzleiter" – ein Thema des später zu behandelnden ökonomietheoretischen Konzepts des „fiscal federalism" – zunächst zurückgestellt werden kann.

In der juristischen Diskussion wird die Grundsatzfrage staatlicher Verantwortung für Wirtschaftsordnung und -ablauf unter dem rubrum „Wirtschaftsverfassung" abgehandelt, so umstritten dieser Begriff selbst auch ist und mit Sicherheit bleibt. Insbesondere wird regelmäßig der dahinterstehende Anspruch höchster normativer Geltungskraft, der Festlegungen mit „Verfassungsrang" reklamieren kann, je nach Interessenlage mit viel Eifer erhoben und meist ebenso eifrig bekämpft. Immerhin werden so aktuelle Streitigkeiten strukturiert und in geordnete Bahnen gelenkt. Das Anknüpfen an den jeweiligen letzten Stand vergangener Verfassungsauseinandersetzungen sichert darüber hinaus die Einbeziehung aller – wenn auch nur retrospektiv – als relevant anzusehender Problemdimensionen.

Obgleich wirtschaftsverfassungsrechtliche Grundsatzdebatten in Hinblick auf Intensität und Häufigkeit eine deutsche Spezialität[32] zu sein scheinen, so blieben

---

31 *Schmitthoff/Page* (Economic Law in the UK), S. 117.
32 Vgl. zusammenfassend *Badura* (Grundprobleme des Wirtschaftsverfassungsrechts); wichtig auch: in Bekräftigung früher eingenommener Positionen das sog. Mitbestimmungsurteil des Bundesverfassungsgerichts vom 1. 3. 1979, nachzulesen in: NJW 1979, S. 699 – 711, insbesondere S. 702.

sie dennoch auch für die Europarechtswissenschaft anderer Mitgliedstaaten nicht ohne Resonanz. Immerhin lautete einer von drei Themenbereichen eines internationalen Kolloquiums 1975 in Utrecht „La Constitution Economique Optimale des Communautés Européennes, compte tenu de la Constitution Economique des Etats Membres".[33]

Im Zentrum derartiger Diskussionen steht das Maß der (Nicht-)Neutralität des EWG-Vertrags in bezug auf die ihm „immanente" Wirtschaftsordnung. Der Gemeinsame Markt, die vier Grundfreiheiten freier Warenverkehr, Freizügigkeit der Arbeitnehmer, freier Dienstleistungs- und Kapitalverkehr und die Wettbewerbsregeln dienen dabei regelmäßig zur Betonung der liberalistischen Komponente der im Vertragswerk vermuteten normativ gesetzten Ordnung des Wirtschaftsprozesses in der Gemeinschaft; die Passagen des Vertrages über die Landwirtschaft, den Verkehr, die Wirtschafts- und Sozialpolitik wie auch der im Wortlaut eindeutige Art. 222 EWGV über die Eigentumsordnung[34] werden demgegenüber für die Rechtfertigung einer plan-/politikorientierten bzw. systemoffenen[35] Interpretation herangezogen.

Nun sind auch bereits in dem wegen seiner systematischen Stellung hervorzuhebenden Art. 2 EWGV als Mittel zur Erreichung der dort der Gemeinschaft vorgegebenen Ziele der „Gemeinsame Markt" *und* die „schrittweise Annäherung der Wirtschaftspolitik der Mitgliedstaaten" gleichberechtigt nebeneinander genannt. Die damit durch den Vertrag nahegelegte instrumentelle Sichtweise erlaubt also nicht nur nicht eine Infragestellung der grundsätzlich marktgesteuerten Regelung des Produktions- und Austauschprozesses von Gütern und Dienstleistungen, sondern auch keine Vernachlässigung oder gar grundsätzliche Negation staatlicher Politikverantwortung.

Der belgische Rechtswissenschaftler van Gerven macht darüber hinaus deutlich, daß auch jede einseitige Begrenzung des staatlichen Zielkatalogs ohne Zustimmung bleiben wird. „Une plus grande coordination est . . . nécessaire, coordination qui doit prendre en considération *non seulement* [Hervorhebung durch van Gerven; d.Verf.] les objectifs classiques de politique économique en matière de croissance, d'emploi, d'évolution des prix et de la balance des paiements, *mais également* [s. o.; d.Verf.] les objectifs sociaux généraux auxquels une priorité est accordée dans tous les Etats membres, tels que l'amélioration des approvisionnements en besoins collectifs (au détriment d'une croissance relativement plus lente de la consommation privées), la protection de l'environnement, une répartition plus équitable des revenus et de la fortune, l'extension de la sécurité socia-

---

33 Das Generalthema dieser Tagung hieß „Das Wirtschaftsrecht der Mitgliedstaaten in einer Wirtschafts- und Währungsunion" siehe (Wirtschaftsrecht in einer WWU) insbesondere S. 39 ff.
34 So der genaue Wortlaut: „Dieser Vertrag läßt die Eigentumsordnung in den verschiedenen Mitgliedsländern unberührt."
35 Vgl. dazu auch *Beutler et al.* (Fn. 7), S. 51: „Eine Wirtschaftsverfassung mit dem Anspruch auf eine umfassende Normierung der Wirtschaftsordnung sind die Gemeinschaftsverträge schon deshalb nicht, weil eines der wichtigsten Elemente der Wirtschaftsverfassung, die Eigentumsordnung, von ihnen nicht geregelt ist".

le, une politique régionale équilibrée, l'aide aux pays en développement".[36]

Er bezieht sich damit auf den 1973 vorgelegten „Synthesebericht"[37], der Darstellungen des Wirtschaftsrechts in Belgien, der Bundesrepublik Deutschland, Frankreich, Italien, Großbritannien und Irland unter einheitlichen Gesichtspunkten beurteilt und zusammenführt. Auch hier wurde erneut unter Rückgriff auf einen noch früheren, den sogenannten „Zijlstra-Bericht"[38] von 1966 von einer doppelten „Staatsaufgabe" in einer „Wirtschaftsordnung gemischten Typs" gesprochen: „Zum ersten umfaßt sie die Aufgabe, für ein gesundes makroökonomisches Klima zu sorgen, worin das Wachstum der effektiven Gesamtnachfrage mit dem Wachstum des gesamten Produktionspotentials in Übereinstimmung steht, so daß weder als Folge einer zu geringen effektiven Nachfrage Arbeitslosigkeit entsteht noch als Folge einer Übernachfrage eine Inflationsspirale in Gang gesetzt wird (...). Zweitens gehört es zu der (...) Aufgabe des Staates, den öffentlichen institutionellen und infrastrukturellen Rahmen, innerhalb dessen sich der ökonomische Prozeß vollzieht, (...) zu formen." [39]

Zum gleichen Ergebnis gelangt die erste deutsche rechtswissenschaftliche Monographie zu diesem Themenbereich aus dem Jahre 1970. Im letzten Unterabschnitt „EWG-Verfassung: Rechtlicher Rahmen für verschiedene Wirtschaftssysteme"[40] heißt es, „in der vertragsmäßigen Ordnung der EWG-Wirtschaft hat sich die Gemeinschaftsgewalt ... nicht jeder wirtschaftslenkenden Betätigung zu enthalten, wie es das liberalistische Leitbild fordert, sondern kann ordnend, gestaltend und verschiedentlich sogar lenkend in den Wirtschaftsablauf eingreifen".[41] Der Rom-Vertrag gibt also nichts her, um einen „Unterschuß" an Staatlichkeit[42] zu rechtfertigen.

In deutlichem Gegensatz dazu und in offener Infragestellung des von Scherer referierten Resultats werden 1978 „Zweifel erhoben", ob die wirtschaftspolitische Neutralität des EWG-Vertrags „der Weisheit letzter Schluß sein kann".[43] Auch explizite Festlegungen werden dort – wenn auch nur in Thesenform – gewagt: „EGKS- und EWG-Vertrag verpflichten zur Ordnungspolitik im Sinne der ordoliberalen Schule".[44]

Darüber hinaus werden sogar Rückwirkungen auf die Spielräume nationaler Wirtschaftspolitik formuliert. Es sei die „Einsicht am Platze, daß der EWG-Ver-

---

36 *van Gerven* (Observations), S. 60; ebenso eindeutig *Scheuner* (Optimale Wirtschaftsverfassung), der vom „Begriff der gemischten Wirtschaftsordnung" (S. 54), vom „gemischten System" (S. 43) und gar von der „Verbindung... einer auf den Wettbewerb gegründeten offenen Wirtschaft mit zentraler Lenkung durch Staat und Gemeinschaft" (S. 43) spricht.
37 *VerLoren van Themaat* (Wirtschaftsrecht der Mitgliedstaaten).
38 *Zijlstra* (Wirtschaftspolitik und Wettbewerbsproblematik).
39 alles aus: *VerLoren van Themaat* (Fn. 37) S. 26.
40 *Scherer* (Wirtschaftsverfassung der EWG), S. 201.
41 ibid., S. 203.
42 *Krüger* (Rechtsstaat – Sozialstaat – Staat), S. 2; dieses Wort ist jedoch dort nicht auf europarechtliche Probleme i. e. S. bezogen.
43 *Zuleeg* (Fn. 26), S. 74.
44 ibid., S. 99 (These 12)

trag eine Wirtschaftsverfassung begründet hat, die stärker als die nationalen Verfassungen die Wirtschafts- und damit auch die Gesellschaftspolitik festlegt."[45]

Dagegen müssen Bedenken angemeldet werden. Solche Formulierungen legen den Verdacht nahe, daß der europäische Integrationsprozeß als ein Mittel zum Zweck benutzt werden soll, nämlich als ein „Schritt auf einem Weg, durch dessen Beschreiten sich die Menschen der Staatlichkeit ihres Zusammenlebens überhaupt zu entledigen hoffen".[46]

Dieser Weg ist allerdings nicht durch bloßes Abwarten zu versperren. Einerseits wird nämlich durch den vorangegangenen und weiterhin tagtäglich sich vollziehenden ökonomischen, nahezu rein marktgesteuerten Integrationsprozeß die Effizienz nationalstaatlichen Handelns reduziert, andererseits aber wird die Vorstellung von Staat und Staatlichkeit, die sich, wie überzeugenderweise von deutschen Staatsrechtlern ausgeführt, konkreten Ziel- und Zweckbestimmungen entzieht[47], nicht im gleichen Maße automatisch auf die Europäische Gemeinschaft *als Ganzes* übertragen. Bei Status-Quo-Prognose würde sich insoweit im wahrsten Sinne des Wortes der Marktprozeß „freie Bahn" verschaffen. Es ist wohl Aufgabe der (Europarechts-)Wissenschaft, dies deutlich zu machen, um eine für die Europäische Gemeinschaft bewußte und damit erst stabile (politische) Ordnungsentscheidung zu ermöglichen und – im Anschluß daran – zu befestigen.

Die dazu notwendige rechtswissenschaftliche Diskussion wird indes mit ziemlicher Sicherheit nicht mit einem ordnungspolitischen Leitbild abschließen, das einen engen Rahmen für staatliches Handeln zieht. Denn auch weiterhin scheint das Dreifach-Argument gegen die These von der klaren wirtschaftsverfassungsrechtlichen Aussage[48] des EWG-Vertrags Bestand zu haben, wie der Diskussionsbericht[49] zu dem diese Position begründenden Referat des bereits erwähnten deutschen Europarechtswissenschaftlers aufzeigt:
– zum ersten ist unstreitig, daß zur Zeit der Unterzeichnung der Romverträge keine konsentierte Vorstellung über die Schaffung eines bestimmten Wirtschaftsmodells bestand[50]; insofern zieht die bei nicht rein innerstaatlichen Verträgen aus einsichtigen Gründen bevorrechtigt heranzuziehende Willenstheorie oder subjektive Theorie[51] einer spezifischen Vertragsauslegung enge Grenzen,

---

45 ibid., S. 93.
46 *Krüger* (Allgemeine Staatslehre) S. 197; auf diesen Gedanken weist *Ipsen* (Fn. 8), S. 990 hin.
47 „weil sie jedweder Aufgabe und Lage gerecht werden müssen", so *Ipsen*, ibid., S. 990 unter Bezugnahme auf *Krüger* (Fn. 46), S. 256.
48 Vgl. die schon genannte These 12 des Referats von *Zuleeg* (Fn. 26), S. 99 und These 29, ibid., S. 100, „Die europäische Gemeinschaftsverfassung ist nicht durch wirtschaftspolitische Neutralität gekennzeichnet".
49 (Wirtschafts- und gesellschaftspolitische Ordnungsprobleme), S. 101 ff.
50 ibid., S. 101, S. 102, S. 105, Diskussionsbeiträge *Nicolaysen, Hrbek, Schneider*; ebenso eindeutig *von der Groeben* (Wettbewerbsregeln und Wettbewerbspolitik), S. 107.
51 *Larenz* (Methoden), S. 302.

– zweitens erlaubt eine Einzelanalyse der Vertragsbestimmungen keine deutlich bevorzugende Sichtweise markt- oder plan-/politikbezogener Elemente; so etwa wegen der erwähnten gleichberechtigten Nennung der im Art. 2 EWGV genannten Mittel zur Erreichung der Vertragsziele, der unangetasteten Dispositionsfreiheit der Eigentumsordnung nach Art. 222 EWGV oder der expliziten Benennung von Politikbereichen im Vertrag,
– drittens muß aus rechtspolitischen Gründen eingewandt werden, daß eine zu enge Festlegung im Sinne der vorgebrachten These als „integrationshemmende Barriere"[52] wirken muß, die die notwendige Zustimmung bedeutender politischer Kräfte gefährden würde.

Somit ist trotz wiederholter gegenteiliger Versuche weder derzeit noch vermutlich zukünftig mit einem Ergebnis einer rechtswissenschaftlichen Grundsatzdebatte zu rechnen, das vorab enge Spielräume für staatliche Politikverantwortung und damit für Kompetenzübertragungsmöglichkeiten an die EG absteckt.

II. Theorien kollektiven Handelns, „Economics of Interdependence" und vor allem „Fiskalförderalismus" – die ökonomietheoretische Debatte

Der oben bezeichnete, sich vielfältig überlappende Theorienset aus den vor allem anglo-amerikanischen Wirtschaftswissenschaften wird in jüngster Zeit verstärkt als „Steinbruch" für integrationstheoretisch verwendbare Argumentationskomplexe genutzt. Durch exemplarischen Vortrag daraus ableitbarer Integrationsimpulse unterschiedlichen Abstraktionsgrades soll nicht nur gezeigt werden, daß dieser Weg weiterhin produktiv beschritten werden kann und sollte, sondern daß auch ein nicht geringes Begründungspotential für weitere Kompetenztransfers an die Gemeinschaft vorliegt.

1. Situationen, die kollektives Handeln erfordern – Suche nach Analogien

Olsons Dictum[53], daß Gruppen von Individuen – hier zu übertragen auf Staaten – nicht automatisch ihr gemeinsames Gruppenziel erreichen, wenn sie nur rational ihr individuelles Interesse verfolgen, sei durch zwei zum einen von Tullock, zum anderen von Cooper vorgelegte Beispiele illustriert:

a. Der Sumpf-Spraydosen-Fall.[54]

Ein Sumpf unweit eines Dorfes sei die Quelle einer Mückenplage. Die offensichtlich beste und insgesamt kostengünstigste Methode zur Bekämpfung der Mücken ist das Austrocknen des Sumpfes. Weniger effiziente Methoden beste-

---

52 (Wirtschafts- und gesellschaftspolitische Ordnungsprobleme), S. 102; Diskussionsbeitrag *Dactoglou*.
53 *Olson* (Kollektives Handeln), S. 1.
54 Vgl. im einzelnen *Tullock* (Private Wants-Public Means), S. 3 – 28; hier wurde die Kurzdarstellung aus *Herder-Dorneich/Groser* (Politischer Wettbewerb), S. 75 f übernommen.

hen im Abbrennen von Feuern im Garten, Anwendung von Sprays etc. Jeder weiß, wenn er die Kosten der Austrocknung des Sumpfes übernimmt, werden sich die anderen möglicherweise nicht an den Kosten beteiligen. Sein Einsatz brächte unter Umständen ihm nur Kosten, den Nutzen hätten neben ihm auch die anderen (Free-Rider-Problematik). Für diese Ausstrahlung des Nutzens hat die Ökonomie den Begriff der positiven externen Effekte geprägt. Möglicherweise erscheint nun jedem das Risiko zu groß, die Kosten zu übernehmen und die anderen zur Beteiligung aufzurufen. Es erscheint dann individuell rational, im eigenen Bereich zu versuchen, der Mücken Herr zu werden. Die individuelle Rationalität hat gesiegt.

Die kollektive Rationalität ist auf der Strecke geblieben.

M. a. W., selbst bei völligem Konsens der Beteiligten über das Notwendige kommt das gewünschte Ergebnis nicht automatisch zustande; es bedarf eines Ortes, eines Verfahrens, das nach Austausch der unterschiedlichen Auffassungen gewährleistet, daß eine Entscheidung, die für alle verbindlich ist, getroffen und nach ihr gehandelt wird.

Vergleichbaren Situationen sahen und sehen sich wiederholt die in der Europäischen Gemeinschaft vereinten Staaten gegenüber. An dieser nicht empirischen Nachweisen gewidmeten Stelle sei dazu nur ein sicherlich denkbares, wenn auch grob vereinfachtes Szenario aus dem Bereich der Energiepolitik skizziert:

Nach übereinstimmender Aussage aller Experten sei für den europaweiten Energiemarkt eine erhebliche Verbrauchsreduzierung des wichtigsten von kartellmäßig organisierter Anbieterseite nahezu ausschließlich gelieferten Hauptenergieträgers nötig. Dies sei in marktgesteuerten Wirtschaftssystemen am besten über eine kontinuierliche, kalkulierbare Verteuerung dieses Produkts im System der relativen Preise zu erreichen: Unter dem Schutzschirm eines solchen staatlich festzusetzenden Mindestpreises könnten Alternativenergien entwickelt werden. Diese Substitutionsstrategie könne auch bei gegebenem erheblichen Preissenkungsspielraum der Kartellgegenseite (Verhältnis Förderkosten zu Endverkaufspreis sei 1:25), dessen Ausnutzung Investitionsruinen in den Alternativentwicklungen erheblichen Ausmaßes mit sich bringen würde, nur dann gesichert werden, wenn die staatliche Preissetzung verbindlich von allen Staaten der EG effizient durchgesetzt würde. Nach langen Diskussionen sei selbst im politischen Raum der Nationalstaaten dies als eine prinzipiell auch national gesehen optimale Strategie akzeptiert. Insoweit sei mithin zunächst Übereinstimmung individueller (hier natürlich einzelstaatlicher) und kollektiver (hier also gemeinschaftlicher) Rationalität gegeben.

Leider besteht das hohe Risiko, daß auch hier der Olson-Effekt zum Tragen kommt. Wenn nicht davon ausgegangen werden kann, daß eine starke und sanktionsbewehrte Zentralinstanz die erwünschte Preisgestaltung für diesen Energieträger auf dem EG-weiten Markt voll durchsetzt, ist es für den einzelnen Staat durchaus rational, erneut zu kalkulieren: Erreicht auch nur die überwiegende Mehrheit der sich an das gemeinsame Konzept Haltenden eine Verbrauchsreduzierung, werden diese Energieressourcen insgesamt gestreckt, wahrscheinlich steigen auch die Bezugspreise erheblich langsamer. Gibt ein einzelnes Land diesen Vorteil zeitlich längerer und billiger zu beziehender Energie an seine Verbraucher – gegebenenfalls in versteckter Form – weiter, streicht es Wohlfahrtsgewinne (soweit die Endverbraucher betroffen sind) und Wettbewerbsvorteile (soweit die industriellen und sonstigen Abnehmer betroffen sind) ein.

Je mehr dies für die anderen offenbar wird, um so mehr verfällt auch deren Disziplin. So bleibt auch hier die kollektive Rationalität auf der Strecke.

b. Der Zuschauer-Zehenspitzen-Fall (sog. „tip-toeing-effect") [55]

Selbst wenn es zunächst für den einzelnen Zuschauer einer Menschenmenge, die am Straßenrand einem Karnevalsumzug zuschaut, sinnvoll sein kann, auf den Zehenspitzen zu stehen, so wird doch im Endergebnis, nachdem einer nach dem anderen dies auch tut, die gesamte Menschenmenge unbequemer, nämlich auf Zehenspitzen stehen, ohne daß auch nur einer besser sieht als vorher.

Auch hier dreht es sich um die Demonstration der Nachteile unkoordinierten Einzelhandelns, das für sich betrachtet rational erscheint, insgesamt aber, wenn alle in gleicher Weise verfahren, die Vorteilseffekte für den Einzelakteur sogar ins Negative umschlagen lassen.

Als gemeinschaftsbezogenes Beispiel können sog. „Subventionswettläufe" in je nach Krisenlage wechselnden Industriezweigen herangezogen werden. Bei einer im Verhältnis zur Gesamtnachfrage wesentlich erhöhten Kapazität einer Branche ist es bei *Gesamt*betrachtung ganz offensichtlich wenig sinnvoll, durch erhebliche Mittel aus den – heute ohnehin hochgradig schuldenfinanzierten – nationalen Staatshaushalten Konkurrenzvorteile erringen zu wollen. Hohe Subventionierungen gleich welcher Art (Direktzuschüsse, Kredithilfen, Beschäftigungsprämien, Steuernachlässe etc.) werden den insgesamt verteilbaren Auftragskuchen nur unwesentlich beeinflussen, und den einzelnen EG-Mitgliedsregierungen wird es in der Tat ergehen „like the members of a crowd rising to their tip-toes to see a parade better but in the end merely standing uncomfortably on their tip-toes". [56]

Letzten Endes laufen diese und andere Beispiele – „Panik im Kino", Investitions- und Konsumverhalten der privaten Wirtschaftssubjekte in Krisenzeiten [57] u. ä. – auf die grundsätzliche, wenn auch nicht immer beachtete Erkenntnis hinaus, daß Einzel- und Gesamtrationalität nicht immer zusammenfallen müssen.

---

55 Vgl. *Cooper* (Economics of Interdependence), S. 171.
56 so die genaue Formulierung bei *Cooper*, ibid., S. 171.
57 Erläutert sei dies am einzelwirtschaftlichen Investitionsverhalten der Unternehmen in einer sich abzeichnenden Rezession, die durch unausgelastete Kapazitäten und steigende Arbeitslosigkeit gekennzeichnet sei: Für das einzelne Unternehmen entspricht es durchaus seiner alles determinierenden Überschußerzielungsnotwendigkeit, alles zu tun, um die Schere zwischen Kosten (Arbeits- und Kapitalkosten) und Erträgen nicht größer werden zu lassen, also nicht bei sinkenden Erlösen aufgrund einer allgemein nachlassenden Nachfrage mehr zu investieren und mehr Arbeitskräfte einzustellen. Gesamtwirtschaftlich indes läßt sich so eine Kehrtwendung im Trend der Gesamtnachfrageentwicklung nicht erreichen: Investitionsrückgang und eine Dämpfung der privaten Nachfrage verlangt nach Hilfen eines außerhalb dieses dezentralen „Informationsverarbeitungssystem Privatwirtschaft" stehenden handlungsfähigen Akteurs.

Inwieweit dieser Satz für bestimmte, zeitbezogene „Problem-Lagen"[58] der Europäischen Gemeinschaft einschlägig ist, bedarf indes ständiger faktenbezogener Prüfung.

2. Effizienzverringerung einzelstaatlichen Handelns in interdependenten Volkswirtschaften

Der Theorieansatz der „Economics of Interdependence"[59] geht von der These aus, daß durch zunehmende marktintegrative Verflechtung der Volkswirtschaften die erfolgreiche Verfolgung nationaler ökonomischer Ziele erschwert wird. Dies geschehe auf dreierlei Weise:[60]
— zum einen nehmen Häufigkeit und Größenordnung von Zahlungsbilanzungleichgewichten weltweit zu, was wiederum Aufmerksamkeit und wirtschaftspolitischen Instrumenteneinsatz auf die Wiederherstellung der „external balance" (ab-)lenkt,
— zum zweiten verlangsamen sich die Zielerreichungsprozesse auf nationaler Ebene erheblich („slow down")
— drittens muß mit gegenläufigen, sich gegebenenfalls neutralisierenden Aktionen („counteracting motions") als Antwort auf den erhöhten Interdependenzgrad gerechnet werden, die ihrerseits alle Länder schlechter stelle, als es notwendig wäre.

Diese Schwierigkeiten wiederum werden durch den Umstand potenziert, daß die für diese verstärkte ökonomische Integration notwendigen Vereinbarungen die Anzahl der verfügbaren Politikinstrumente der nationalen Entscheidungsträger verringert haben. Bei unveränderten Zielverpflichtungen der (national-)staatlichen Politikinstanzen ergibt sich dann ein Ungleichgewicht im Ziel-Mittel-System, ein Verstoß also gegen die fundamentale wirtschaftspolitische Tinbergen-Regel, daß die Zahl der Politikinstrumente mindestens so groß sein muß wie die Zahl der Ziele.[61] „In summary successful economic policy requires an adequate number of policy instruments for the number of economic objectives and it requires that these objectives be consistent with one another. If either of these conditions fails, policy makers are bound to be frustrated in their efforts."[62]

Ein EG-bezogenes, die Gefährdung der ersten Erfolgsbedingung illustrierendes Beispiel nennt der deutsche Sachverständigenrat in seinem Jahresgutachten 1972/73, als er sich mit dem „stabilisierungspolitischen Spielraum"[63] der Mitgliedstaaten der Gemeinschaft befaßt. Durch die volle Verwirklichung der Zollunion steht die Zollpolitik den einzelnen EG-Ländern nicht mehr zur Verfü-

---

58 Vgl. die um diesen Begriff rankenden, allerdings nur auf die BR Deutschland bezogenen Überlegungen bei *Krüger* (Fn. 42), S. 11 et passim.
59 Grundlegend das 1968 erschienene Werk von *Cooper* (Fn. 55), insbesondere Kapitel 6
60 im einzelnen, ibid., S. 148.
61 Neuerdings (1978, Wirtschaftsdienst) auch wieder im deutschen Schrifttum Lorenz (Liberalisierungshandel), S. 284.
62 *Cooper* (Fn. 55), S. 157.
63 SVR JG 72/73, Ziff. 3.

gung, „so hat ein einzelnes Mitgliedsland nicht mehr die Möglichkeit, etwas für die Geldwertstabilität durch den Abbau von Einfuhrschranken zu tun."[64] Die Gemeinschaft – repräsentiert durch den Ministerrat – war indes in der damals zur Debatte stehenden Frage einer linearen Außenzollsenkung nicht handlungsfähig. Daher, so das damalige Resumé, klaffe wegen dieser und weiterer genannter Beschränkungen des Instrumentenkastens „eine empfindliche Lücke zwischen dem, was die Gemeinschaft stabilitätspolitisch schon tun kann, und dem, was die einzelnen Länder nicht mehr zu tun vermögen."[65]

Eine systematische und umfängliche Analyse dieser Grundgedanken liefert Cooper in seinen Wicksell Lectures von 1973. Das III. Kapitel „Erosion and Transformation of National Economic Policy with the Internationalization of Markets"[66] bietet theoretisch wie empirisch vielfältig auf die EG Übertragbares an, wie die folgenden drei Problemillustrationen verdeutlichen sollen.

a. Versickerungseffekte fiskalpolitischer Stabilisationsmaßnahmen

Die Begrenzung größerer konjunktureller Ausschläge zählt in allen (westlichen) Ländern zum Aufgabenkatalog der Regierungen. Schwankungen im Auslastungsgrad des Produktionspotentials werden durch endogen und exogen verursachte Bewegungen der volkswirtschaftlichen Gesamtnachfrage erzeugt. Diese stellt den generellen strategischen Ansatzpunkt für gegenläufige Maßnahmen staatlichen Gegensteuerns dar. Insoweit als auf das Arsenal fiskalpolitischer Instrumente zurückgegriffen wird,[67] bieten sich zum einen direkte, die Gesamtnachfrage durch Staatsausgaben für Güter und Dienstleistungen unmittelbar erhöhende Aktionen und zum anderen indirekte, den Ausgabenspielraum der Privaten erweiternde Maßnahmen, wie Steuersenkungen oder Transferzahlungen an private Haushalte, an.

Die in beiden Fällen zu erwartenden Nachfrageimpulse treffen zunächst naturgemäß je nach Verwendungsart der eingesetzten Gelder auf unterschiedliche Gütermärkte. Es hängt vom Verflechtungsgrad dieser Märkte ab, wie schnell (zeitliche Dimension) und vor allem wo (räumliche Dimension) sich die intendierten (primär Beschäftigungs-)Effekte einstellen. Eine graphische Darstellung[68] mag dies verdeutlichen:

---

64 ibid., Ziff. 18.
65 ibid., Ziff. 24.
66 *Cooper* (Economic Mobility) S. 16.
67 Ähnliche Überlegungen lassen sich ohne Schwierigkeiten auch auf Maßnahmen der Geldpolitik übertragen, vgl. *Cooper*, ibid., S. 11 f und S. 25 ff.
68 Nach *Cooper*, ibid., S. 19; für eine algebraische Exposition vgl. ibid., S. 60 ff.

Fig. 1

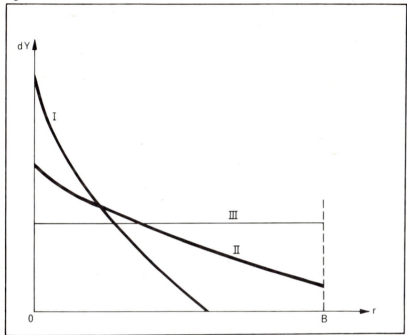

Auf der Ordinate ist dabei der durch eine gegebene Staatsausgabenerhöhung bewirkte Zuwachs des Volkseinkommens (dY), auf der Abszisse die ökonomische Distanz (r), „i. e. distance measured in terms of economic impact",[69] abgetragen. Es sei angenommen, die staatliche Ausgabe würde im Punkt 0 getätigt. Der weitest entfernte Punkt ökonomischer Aktivität sei B, „the farthest boundary of the country". Die Kurven I, II und III repräsentieren drei unterschiedliche Grade der Marktintegration eines Landes. Im Falle I haben wir es mit einer stark fragmentierten Marktsituation zu tun, so daß ein lokal konzentrierter Nachfrageschub sehr starke Auswirkungen in diesem Gebiet hat, aber die Diffusion im Rest des Landes gering bleibt. Demgegenüber zeigt Situation III eine marktmäßig stark verflochtene Volkswirtschaft, in der nach einiger Zeit, die der Anpassungsprozeß beansprucht, in allen Teilen des Landes ein gleich großer Einkommenserhöhungseffekt zu verzeichnen ist. Kurve II stellt eine dazwischenliegende Situation dar; Marktverflechtungen sind gegeben, die marginale „Import"-Neigung gegenüber dem Rest des Landes ist positiv, aber nicht sehr hoch. Soweit die Darstellung bei einer geschlossenen Volkswirtschaft. Im Falle einer offenen Volkswirtschaft sehen die „consequences of opening this country to trade with the rest of the world"[70] wie folgt aus:

---

69 ibid., S. 17, dort auch die Folgezitate.   70 ibid., S. 20.

Fig. 2

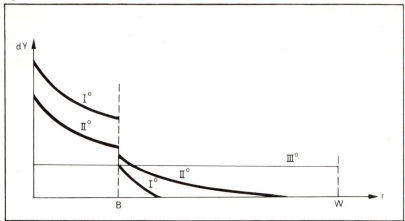

Ein gewisser Prozentsatz der Zusatznachfrage wird im Ausland ausgegeben. Das Ausmaß der „dissipation" – Cooper ersetzt bewußt wegen der jetzt anderen Sichtweise das Wort Diffusion – hängt natürlich wiederum von der marginalen Importneigung[71] dieses Landes ab.

Im Falle I⁰ ist der Unterschied zur „closed economy" gering, wenig Nachfrage überschreitet die Grenze B. Dort ist eine deutliche „Diskontinuität" erkennbar, die aufgrund starker nationaler Präferenzen für einheimische Güter, hoher Zollsätze oder anderer, nichttarifärer Handelshemmnisse wie auch beispielsweise wegen instabiler Wechselkursverhältnisse bestehen mag. Fall III⁰ stellt wiederum das „Kontrastprogramm" dar, eine Unterscheidung zwischen „foreign" und „domestic" ist sinnlos. Kurve II⁰ bezeichnet eine mittlere Interdependenzsituation.

Für die meisten europäischen Länder dürfte Situation II⁰ repräsentativ sein. Kleinere Länder, wie etwa die Niederlande, müßten bei unilateralen Aktionen gar mit nahezu vollständigen Effizienzverlusten rechnen, denn „the national impact of fiscal action may be totally dissipated through leakages to the rest of the world", hier natürlich insbesondere in die anderen EG-Länder, mit denen die höchste Handelsintensität besteht.

Rein modellhaft,[72] und somit formallogisch betrachtet, können bei unabgestimmten fiskalpolitischen Maßnahmen einzelner Länder Verstärkungs-, Abschwächungs- und Neutralisierungseffekte entstehen, die natürlich nicht in jedem Falle negativ zu bewerten wären. Aber das Problem liegt im Ausmaß der Kenntnis von der Stabilität der Rahmenbedingungen, unter der die Entscheidungsträger zielbezogen handeln müssen. Ist sie gering, wird das sich einstellende Ergebnis zufälliger Natur sein. Von rationaler (Wirtschafts-)Politik würde man nicht reden dürfen.

---

71 Da es sich jetzt tatsächlich um Einfuhren aus dem Ausland handelt, bedarf es keiner Verwendung von Anführungszeichen mehr.

72 Siehe im einzelnen *Cooper* (Policy Adjustment) / *Lindbeck* (Dependence and Interdependence).

b. Nivellierungsprozesse staatlicher Regelungen bei unkontrollierter Marktintegration

Der marktwirtschaftliche Produktions- und Austauschprozeß bedarf zu seiner geordneten Durchführung der kanalisierenden staatlichen Rahmensetzung. Dazu gehört auch die laufende Kontrolle der beteiligten Akteure, inwieweit sie die vielfältigen Normen und Standards aus dem sog. „Datenkranz"[73] sozialer, technischer, kulturell-ethischer u. ä. Provenienz beachten. Cooper nennt dies das „regulatory framework for economic and social transactions",[74] das staatlicherseits zur Verfügung gestellt werden muß; Umweltschutznormen, Arbeitszeitregelungen, Mitbestimmungsvorschriften, strafrechtliche Bestechungsverbote sind dafür sinnfällige Beispiele unterschiedlichster Art.

Leider drohen bei hoher internationaler Wettbewerbsintensität nationale Regulationen sehr schnell in das Dispositionsfeld zu geraten: insoweit als solche Beschränkungen kosten- oder ertragswirksam sind – und das sind sie fast immer –, werden sehr leicht um der Gewinnung kurzfristiger Wettbewerbsvorteile willen solche gesellschaftspolitische Konsense repräsentierende Schutznormen abgeschmolzen, ausgehöhlt und „den Realitäten geopfert". Zur Illustration solcher Deteriorationsprozesse seien folgende instruktive Lektionen aus dem Assimilationsprozeß der früher relativ autonomen Gesetzgebung der einzelnen Bundesstaaten in den USA genannt.[75]

Die im 19. Jahrhundert erfolgten enormen Verbesserungen der Transport- und Informationssysteme (Eisenbahn, Dampfschiffahrt, Telegraphie) erhöhte die Mobilität von Unternehmen in einem Maß, daß sie eine echte Wahl hatten, wo sie sich niederließen. Das bewirkte eine zwar langsame, aber kontinuierliche Erosion der anfänglich überaus strengen Gesetzgebung für Unternehmen (corporation statutes), die den staatlichen Behörden erhebliche Eingriffs- und Kontrollrechte zuwiesen (z. B. persönliche Haftung von Direktoren bei betrügerischem Bankrott; Bestätigung der Bewertung von Aktiva und Passiva durch einen „state commisioner of corporations" usw.). Auch die Körperschaftssteuer war zunächst in allen Staaten sehr hoch. Bis Anfang der 30er Jahre durch Bundesregelung (Securities and Exchange Act) eine notwendige Kehrtwendung eingeleitet wurde, hatten nach Wirkweise des Greshamschen Gesetzes sich durch den sog. „Interstate"-Wettbewerb die großzügigsten Steuer- und Kontrollregelungen durchgesetzt (euphemistische Formulierung: „Liberalisierungswelle"). Bis heute gibt es laut Cooper in den Vereinigten Staaten „perennial cries for greater coordination ... to eliminate the pointless competition among states ... Even state tax commissioners and others who might be supposed to be jealous of states rights have called on the federal government to impose uniformity on state taxation of corporations engaged in interstate commerce".[76] Dieser Grundgedanke läßt sich zweifellos auf Publizitätsvorschriften für Unternehmen, Mitbe-

---

73 Vgl. zur methodischen Bedeutung dieser Sichtweise im ökonomischen Denken z. B. *Ott* (Preistheorie), S. 27.
74 *Cooper* (Worldwide versus Regional Integration), S. 44.
75 Nach *Cooper* (Fn. 66), S. 45 ff.
76 ibid., S. 48.

stimmungsregelungen, Umweltschutznormen u. ä. übertragen. So sieht beispielsweise auch ein Bericht des britischen Forschungsinstituts Federal Trust von 1974 damit ein Betätigungsfeld der Gemeinschaft „towards problems such as the environment, participation in industry, the quality of life, etc.", als gegeben an. Denn „the Community could modify, so far as internal trade was concerned at least, the competitive pressures which tend to bring about the neglect of these social problems". [77]

c. Reduktion der Effizienz redistributiver Maßnahmen

Die vertraglich festgelegte Zielbeschreibung der rechtlichen Garantie und faktischen Herbeiführung der vier Grundfreiheiten in der europäischen Gemeinschaft ermöglicht einen hohen Grad an Mobilität der Bürger der Gemeinschaft, auch in ihrer Eigenschaft als Arbeitnehmer, freiberuflich Tätige oder Unternehmer. Mobilitätschancen bieten indes auch Ausweichchancen. Akzeptiert man die These, daß die sich am Markt ergebende Primärverteilung gesellschaftspolitischen Gerechtigkeitsvorstellungen nicht voll entspricht und der Korrektur durch staatliche Umverteilungsmaßnahmen bedarf, so muß man die Auswirkungen erhöhter Mobilität auf deren Effizienz beachten. Weicht die Zurverfügungstellung öffentlicher Güter – ein Beispiel redistributiver Politik – in ihrer Gewährungsstruktur erheblich von der zu ihrer Finanzierung notwendigen Besteuerungsstruktur ab, ist es denkbar, daß die hoch Besteuerten dieses Gebiet verlassen, was ja nur möglich ist, wenn echte Ausweichmöglichkeiten in benachbarten Regionen bzw. Staaten bestehen. „The mobile will leave the taxman, leaving the immobile to bear the taxburden". [78] Der „Immobile" ist freilich nahezu immer der, der in den Genuß der Umverteilungsmaßnahmen gelangen sollte. Das ist natürlich dann – bei einer zu unterstellenden soliden Finanzpolitik – nicht mehr durchführbar.

3. Lozierungsregeln bei Viel-Ebenen-Finanzwirtschaften

Einen integrationstheoretisch vielversprechenden Ansatz liefert die angloamerikanische Finanzwissenschaft mit ihrem Konzept vom „Fiskalföderalismus" (fiscal federalism). Es ist der Frage gewidmet, welche Optimalitätskriterien heranzuziehen sind, um das Problem der Zuordnung fiskalischer Verantwortlichkeiten in einem mehrstufigen System staatlicher Handlungsebenen (hier: EG – Nationalstaat – Regionen – Kommunen) lösen zu können. Man wird dabei „fiskalisch" nicht im engeren Sinne nur auf zahlungswirksame Vorgänge, also auf staatliche Einnahmen und Ausgaben beziehen müssen, sondern generell hierunter Kompetenzzuordnungsfragen behandeln können und auch von den Vertretern dieses Ansatzes behandelt sehen. Ein Streit darüber wäre ohnehin akademisch, denn jegliche staatliche Tätigkeit findet ihren Niederschlag auch in den finanzwirtschaftlichen Aufzeichnungen der verschiedenen Staatsebenen, den öffentlichen Haushalten.

---

77 (EMU in Europe), S. 7.
78 *Cooper* (Fn. 66), S. 33.

Der wissenschaftssystematische Kontext des Fiskalföderalismus bedarf zum Verständnis des Konzepts und seiner möglichen praktischen Übertragbarkeit auf die EG der Ausleuchtung. Die Bestimmung der „Grundsätze einer föderativen Finanzwirtschaft"[79] findet in der einschlägigen Literatur erst *im Anschluß* an die Bestimmung der „klassischen Funktionen öffentlicher Finanzwirtschaft"[80] statt. Diese werden in der Regel in der triadischen Organisationsgliederung Allokations-, Distributions-, Stabilisationsabteilung eines „imaginären Staatswesens"[81] gebündelt und in handlungsbezogene Ziel-Mittel-Systeme umgesetzt. Insoweit sind diese Fragen *Voraussetzung* einer Debatte um die optimale „division of fiscal functions among levels of Government",[82] wie eine einleitende Bemerkung in einem diesem Themenbereich zuzuordnenden Aufsatz deutlich macht: „Though economic theory provides a good basis for decisions about which functions ought to be performed through free markets and which by collective or governmental action, it does not tell us what type of government or institution should perform those actions that require collective action. It does not tell us whether a function should be performed by a local, state or central government, by an ad hoc authority or organization, or by some other type of institution".[83]

Der Transfer dieser Gedanken wurde erstmals umfänglich durch eine von der EG-Kommission eingesetzten Gruppe unabhängiger Sachverständiger versucht, die die „Rolle der öffentlichen Finanzen bei der europäischen Integration"[84] untersuchen sollten. Die Vorgehensweise der Gutachter läßt sich durch folgendes Schaubild verdeutlichen.

---

79 So der Titel von Kapitel 29 (bei insgesamt 34) im auch in Deutschland weitverbreiteten Lehrbuch von *Musgrave/Musgrave/Kullmer* (Die öffentlichen Finanzen/4), S. 131; grundlegend auch *Oates* in (Fiscal Federalism)
80 *Denton* (Finanzföderalismus), S. 13.
81 Vgl. dazu im schon „klassischen" 1959 erstmalig aufgelegten finanzwissenschaftlichen Standardwerk von *Musgrave* „The Theory of Public Finance" bzw. in der deutschen Fassung (Finanztheorie), S. 5.
82 Abschnittsüberschrift in *Oates* (Economist's Perspective), S. 5.
83 *Olson* (Fiscal Equivalence), S. 479.
84 So der Titel des sog. „*MacDougall*-Reports" des Jahres 1977.

Methodik / Analyserichtung	theoretisch	empirisch
horizontal	II Staatsaufgabenbegründung im finanzwissenschaftl. Schrifttum (Allokation/Distribution/Stabilisation)	I Ländervergleiche (Umfang des staatlichen Sektors, Branchenanalysen bzgl. staatl. Marktinterventionsfunktionen)
vertikal	III Lozierungsregeln des Fiskalföderalismus (Zentralisierungs-/Dezentralisierungskriterien)	IV faktische Funktionsaufteilungen in föderierten und (formal) nichtföderierten Staaten der westlichen Welt

Übersicht 1: Interpretation Vorgehensweise MacDougall-Report

Die Schrittfolge der Analyse der Gutachter des MacDougall-Reports war dabei:
- (IV) „Betrachtung von oben nach unten", i. e. eine Untersuchung der „regionalen makroökonomischen Rolle der öffentlichen Finanzen im Rahmen der vollzogenen wirtschaftlichen Integration einer Anzahl von Regionen. Die Ergebnisse einer derartigen Analyse können zur Veranschaulichung in den Gemeinschaftsrahmen hineintransponiert werden, ..."[85]
- (II/I/III) „Betrachtung von unten nach oben", i. e. zunächst werden „die spezifischen Funktionen des öffentlichen Sektors im Zusammenhang mit der Bereitstellung öffentlicher Güter und Dienstleistungen"[86] theoretisch und empirisch[87] untersucht, ebenso die „allgemeinen Funktionen wie Einkommensverteilungspolitik, Stabilisierungs-, Beschäftigungs- und Wachstumspolitik";[88] *anschließend* wird „jede Funktion ... unter Zugrundelegung von Kri-

---

85 (*MacDougall*-Report/I), S. 25.
86 ibid., S. 25.
87 ibid., S. 59 (Beispiele aus Agrarbereich, Fischerei, Stahl und Öl).
88 ibid., S. 25.

terien untersucht, die anzeigen, ob die Gemeinschaft die für ihre Durchführung geeignetste Regierungs*ebene* ist".[89]

Als Hauptkriterien für die Zentralisierungs-/Dezentralisierungs-Frage (III) werden (a) Kostenersparnisse durch zentrale Bereitstellung und (b) territoriale Begrenzung der Nutzeninzidenz öffentlicher Güter genannt. Aus der theoretischen modellhaften Darstellung beider Merkmale für die „optimale Gruppengröße bei gegebenem Dienstleistungsniveau" – so die auf Buchanan zurückgehende Formulierung der Fragestellung im Lehrbuch von Musgrave für (a)[90] – und der Berücksichtigung der räumlichen Begrenztheit von Vorteilen konkreter öffentlicher Güter – genannt werden für (b) als illustrierende Pole Straßenbeleuchtung als öffentliche Dienstleistung mit lokalem Charakter und Landstraßen als Beispiele für die Begründung regionaler Zuständigkeiten[91] – lassen sich zunächst keine automatischen Transfernotwendigkeiten in die eine oder andere Richtung entnehmen. Wie viele ökonomische Modelle so sind nämlich auch diese als „trade-off"-Überlegung konzipiert: Im Falle (a) stehen etwa den fallenden marginalen Dienstleistungskosten pro Kopf steigende marginale Ballungskosten gegenüber. Bei (b) muß den Vorteilen zentralisierter Bereitstellung bestimmter öffentlicher Güter die Verringerung des Auswahlspielraums unterschiedlich zusammengesetzter Bürger- bzw. Konsumentengruppen in bezug auf öffentliche Güter gegenübergestellt werden.

Bei einem ersten Versuch, diese Gedanken auf die EG zu übertragen, wird indes deutlich, daß erhebliche unausgeschöpfte Transfermöglichkeiten von öffentlichen Aufgaben in Richtung EG-Ebene auszumachen sind. Michael Emerson, Mitglied des aus Beamten der Generaldirektion Wirtschaft und Finanzen der EG-Kommission zusammengesetzten Sekretariats zur Unterstützung der Mac-Dougall-Sachverständigengruppe, zählt dazu in seinem 1976 vorgelegten Konferenzbeitrag „The Finances of the European Community: A Case Study in Embryonic Fiscal Federalism" konkrete Beispiele im Abschnitt „Economies of Scale and Spillover"[92] auf, in der beide Kriterien teils für sich genommen, teils gleichzeitig Perspektiven aufzeigende Hinweise für Gemeinschaftsaktivitäten geben; so etwa im Transportwesen (spektakulärstes Beispiel das Ärmelkanalprojekt zur Verbindung Großbritanniens mit dem Kontinent), im Erziehungsbereich (kostenaufwendige Ärzteausbildung bei voll realisierter Niederlassungsfreiheit, allgemein: „brain-drain-Problematik"), in der Umweltschutzpolitik (grenzüberschreitende Auswirkungen umweltbelastender Industrieaktivitäten) und auch in der Forschungsförderung (Vermeidung von Parallelkosten in der Luftfahrt- oder Kernkraftindustrie). Weiteres wurde im MacDougall-Bericht hinzugefügt und in eine Tabelle eingebracht, die in den Zeilen Funktionen des öffentlichen Sektors in drei Hauptgruppen auflistete (Allgemeine öffentliche

---

89 ibid., S. 26 (Unterstreichung im Originaltext); der Verfasser hält aus methodischen und systematischen Gründen die Reihenfolge I, II, III, IV für geeigneter. Es ist indes zu berücksichtigen, daß ein internationales Gutachter-Gremium unter besonderen Rahmenbedingungen zu Ergebnissen gelangen muß.
90 Vgl. *Musgrave/Musgrave/Kullmer* (Fn. 79), S. 135.
91 ibid., S. 133.
92 *Emerson* (Embryonic Fiscal Federalism), S. 141 ff.

Dienstleistungen, Soziale Dienste und Wohlfahrt, Wirtschaftsförderung) und in den Spalten die genannten Kriterien (a) und (b) sowie das in diesem Kontext nicht einschlägige Merkmal „Politische Homogenität" einbrachte.[93] Im Ergebnis ergab sich auch in dieser vom „fiskalischen Föderalismus" inspirierten Analyse ein erheblicher Funktionserweiterungsbedarf für die EG.

III. (Neo-)Funktionalismus und andere Ansätze – die politikwissenschaftliche Debatte –

Sammelbegriff aller wissenschaftlichen Bemühungen der Zunft der Politologen, den europäischen Gemeinschaftsbildungsprozeß zu beschreiben, zu erklären und dessen Fortgang zu prognostizieren, ist der der Integrationstheorie(n).

Der Hinweis auf den Plural ist insoweit notwendig, als es – so der zunächst wenig zum „Nachstoßen" ermutigende Befund – kein weitgehend konsentiertes und wenigstens auf der begrifflichen Ebene vereinheitlichtes Interpretationsschema der uns hier interessierenden Phänomene gibt. Selbst als „klassische Integrationstheorien"[94] gekennzeichnete „Ansätze", wie sie mittlerweile heißen, werden von kompetenten Kennern der Materie nicht in gleichlautender Weise abgegrenzt und zusammengefaßt. Der Berichterstatter einer diesem Themenkreis gewidmeten Tagung legt etwa die Liste Föderalismus, Funktionalismus, Neofunktionalismus, Kommunikationstheorie[95] vor. Ein anderer langjähriger Beobachter der Theorieentwicklungen unterscheidet den föderalistischen, neoföderalistischen, funktionalistischen, neofunktionalistischen und schließlich den systemtheoretischen Ansatz.[96] Ein nordamerikanischer Systematisierungsversuch gliedert in „pluralist approach", „functionalism", „neofunctionalism" und „varieties of federalist theory" auf.[97] Sicherlich könnten diese Klassifikationsübungen bei Existenz einer zur Terminologievereinheitlichung fähigen internationalen, fachwissenschaftlichen Vereinigung mit entsprechender Autorität ineinander übergeführt werden. Dann ließe sich beispielsweise verhindern, daß die Überlegungen eines der herausragendsten Integrationstheoretiker, K. W. Deutsch,[98] zum einen unter „pluralist approach", zum anderen unter Kommunikationstheorie, zum dritten unter lerntheoretisches oder kybernetisches Modell konfigurieren;[99] auch etwa, daß die gleichermaßen die Diskussion höchst befruchtenden Ausführungen von Lindberg/Scheingold einmal unter Neofunktionalismus und ein anderes Mal unter systemtheoretischer Ansatz vorgestellt

---

93 Vgl. (MacDougall-Report/I), S. 54 wie auch die Kommentierungen von Biehl (Öffentliche Finanzen) und *Denton* (Reflections on Fiscal Federalism).
94 So in einem Tagungsbericht über „Neue Entwicklungen von Integrationstheorien" *von Häckel* in: integration, Heft 2/1979, S. 87.
95 ibid., S. 87.
96 *Hrbek* (Neue Politische Infrastruktur?), S. 347 ff.
97 *Pentland* (Theory and European Integration), S. 27 ff.
98 Insbesondere hier einschlägig (North Atlantic Area) und (Analysis of International Relations).
99 Vgl. dazu bei den genannten Autoren *Häckel, Hrbek, Pentland*, bei *Senghaas-Knobloch* (Frieden durch Integration) 174 f und auch bei *Schneider* (Integration), S. 13.

werden.[100] Das irritiert – gelinde gesagt – den sich um Sachkunde bemühenden, disziplinfremden Leser. Darüber hinaus laden auch Etikettierungen und Resumés von Mitgliedern der Profession wie „Pleite der Integrationstheorien", „Konkursmasse" der genannten Klassiker, „integrationstheoretisches Jammertal"[101] und „beträchtliches Defizit an wissenschaftlicher Orientierungshilfe"[102] nicht gerade zu weiterem vertieften Eindringen in die fachwissenschaftlichen Analyseversuche ein.

Ein unvoreingenommener Fragesteller wird von der „Wissenschaft von der Politik" – so die früher gebräuchliche Bezeichnung der ihre Eigenständigkeit betonenden Disziplin – erwarten, daß er von ihr die sich ihm zunächst diffus erscheinenden Vorgänge im Vorfeld und innerhalb des institutionellen Gefüges des „politischen Systems", also des Inbegriffs öffentlicher Handlungs- und Entscheidungsbereiche, nachvollziehbar erläutert und auch denkbare Abläufe mit Wahrscheinlichkeitswerten prognostiziert bekommt. So wird er an das politische Kräftefeld im weitesten Sinne, also an Parteien, Arbeitgeberverbände, Gewerkschaften, landwirtschaftliche Interessenorganisationen und dergleichen denken. Nur dann, wenn die vorgeschlagenen Begriffssysteme der politikwissenschaftlichen Theorieansätze ausreichende Subsumtionsmöglichkeiten für diese der Alltagserfahrung – etwa der Zeitungslektüre – entnommenen Grundbegriffe politischer Allgemeinbildung bieten, werden sie auf größere Weiterverbreitung und nachhaltigere Aufnahme hoffen können.

Eine in diesem Sinne durchaus verwertbare Systematisierungshilfe hat indes zwar nicht die europäische (!), aber doch die nordamerikanische Politikwissenschaft vorgestellt.[103] Lindberg/Scheingold's auf Easton zurückgehender systemanalytischer bzw. neofunktionalistischer (s. o.) Ansatz bietet ein immerhin nachvollziehbares Analyseschema an.

1. Die Modellsicht: Die Europäische Gemeinschaft als (politisches) System

Reale Phänomene sind komplex. Bereits jeder Beschreibungsversuch von „Wirklichkeiten" – ganz abgesehen von kausalanalytischen oder gar prognostischen Funktionen wissenschaftlicher Realitätsbetrachtungen – muß Reduktionen vornehmen. Erst das gewährleistet Überschaubarkeit als Voraussetzung zweckorientierten Handelns. Vollständige Wiedergabe wäre wörtlich zu neh-

---

100 Vgl. etwa *Pentland* (Fn. 97), S. 106 und *Hrbek* (Fn. 96), S. 355.
101 Alles Tagungsbericht *Häckel* (Fn. 94), S. 87 und S. 89.
102 *Schneider* (Integration), S. 14.
103 Vgl. *Schneider* (Theorie der Gemeinschaft), S. 23, der 1969 feststellt: „Wollte man sagen, das Interesse der deutschen Politikwissenschaft an den Problemen der Integration sei vergleichsweise geringer, so wäre das eine sehr zurückhaltende Formulierung. Die Integrationspolitik stand bisher noch nie auf der Traktandenliste einer wissenschaftlichen Plenartagung der Deutschen Vereinigung für Politische Wissenschaft". Das fast ein Jahrzehnt später ausgesprochene Wort *Schneiders* (Fn. 102, S. 44) vom „beträchtlichen Defizit an wissenschaftlicher Orientierungshilfe" läßt nicht auf eine Trendwende schließen.

mende sinnlose Realitätsverdoppelung und darüber hinaus unmöglich. Der vielschichtige europäische Integrationsprozeß bietet für diese allgemeine Erkenntnis nur eine besonders einleuchtende Illustration.

Lindberg/Scheingold's „Reduktionsvorschlag" sieht nun in diagrammatischer – und damit im übrigen auch verkürzter – Form wie folgt aus:

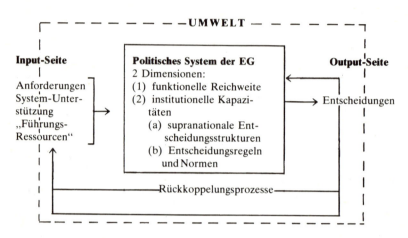

Übersicht 2: Die EG als Politisches System [104]

Im Zentrum der Darstellung finden wir die – wenn wir die Computersprache bemühen – „processing unit" [105] EG ausdifferenziert in zwei Richtungen, Tätigkeitsbereiche („functional scope") und institutionelle Ausstattung („institutional capacities"). Letztere wird ihrerseits nach Struktur bzw. Regel- und Normenset aufgegliedert. Mit den Begriffen Input und Output wird die technisch-nüchterne an Wirtschaftsunternehmen erinnernde Sichtweise dieses Ansatzes deutlich: Forderungen („Kaufwünsche") werden an die Organe der EG mit dem Hinweis auf entsprechend „auszustoßende" Entscheidungen gerichtet, „bezahlt wird mit (politisch-legitimatorischer) Unterstützung dieser „Entscheidungsproduktionsmaschine" sowie durch die Zurverfügungstellung von (personalen) „Führungsressourcen". Dynamisierende Rückkoppelungsprozesse, deren Intensität und Richtung von der Güte der „Produktion" bestimmt ist, finden ebenfalls ihren modelltheoretischen Platz. Natürlich ist alles in eine „Umwelt" eingebettet, ein Merkposten dafür, daß die EG auch globale Zusammenhänge berücksichtigen muß, ja sogar aus diesem Kontext selbst wieder Rückwirkungen auf sie selbst möglich sind. Integrationsfortschritt bedeutet in dieser Sichtweise dann

---

[104] Nach *Lindberg/Scheingold* (Europe's Would-Be Polity), S. 113. Zu den Problemen politikwissenschaftlicher Theoriebildung zum europäischen Vergemeinschaftungsprozeß vgl. die Vorstudie von *Lindberg* (Construction of a Model).
[105] Vgl. auch Figure 4.2 bei *Lindberg/Scheingold*, ibid., S. 111.

„system growth", [106] abzulesen an der Trendrichtung der genannten beiden Dimensionen, also Erweiterung der Aufgabenbereiche der Gemeinschaftsorgane und Verbesserung ihrer institutionellen Ausstattung. [107]
Lindberg/Scheingold haben für alle Kernbegriffe ihres Modells operationalisierungsfähige Indikatoren entwickelt oder wenigstens plausible Erläuterungen und Beispiele geliefert, die die überaus technisch klingende Sprache der Systemtheorie als auf die Alltagsebene prinzipiell „herunterholbar" erweist. Bei den Aufgaben („scope") wird eine Liste von 22 „Functions performed by government in a typical western polity", gebündelt in vier Funktionsgruppen, [108] vorgelegt:
- Auswärtige Beziehungen (darunter Handelsbeziehungen, die Schaffung und Nutzung diplomatischen Einflusses in „world affairs")
- politisch-konstitutionelle Funktionen (darunter Aufrechterhaltung des Rechtssystems, demokratische Mitbestimmungsrechte)
- sozial-kulturelle Funktionen (Erziehungswesen, Forschung, Sozialpolitik, u. ä.)
- ökonomische Funktionen (von Konjunkturpolitik bis Aufrechterhaltung des freien Marktverkehrs).

Ebenso werden die Struktur des Institutionsgefüges der Europäischen Gemeinschaften mit ihren vier Hauptorganen, ihre personelle und budgetäre Ausstattung, wie auch die sich in diesem Rahmen abspielenden Entscheidungsprozesse (Beispiel „package-deal-Technik") einschließlich der jeweiligen Rollenzuweisung der Organe ausführlich behandelt. [109]

Weiterhin legen sie eine „Matrix of Support" [110] vor, in die zwei Arten von Datengruppen eingehen: „attitudinal" (Interview- und Umfrageergebnisse) und „behavioral indices" (Handelsströme, Studentenreisen, Postverkehr, Tourismus etc.). Diese werden ihrerseits unter „identitive" (in welchem Ausmaß identifizieren sich die Völker der EG miteinander) und „systemic support" (also auf das politische System der Gemeinschaft bezogen) eingeordnet. Eine weitere Unterscheidung in „utilitarian" und „affective" versucht, eine mehr rationale, auf den unmittelbaren Vorteil der Gemeinschaftsbildung für den einzelnen bezogene Dimension von einer mehr emotionalen zu trennen. Eine Differenzierung des „systemic support" als einerseits auf die Gemeinschaft als Ganzes abhebende und andererseits auf die die supranationalen EG-Institutionen im speziellen bezogene Unterstützung soll das Bemühen abrunden, ein fein verästeltes Bild von Zustand und Perspektiven dieses Inputfaktors des Integrationsprozesses jederzeit liefern zu können. Soweit die überaus geraffte Kurzdarstellung der Vorgehensweise von Lindberg/Scheingold. Sie ist im folgenden, da es hier nicht um eine generelle Beurteilung oder Vorzugswürdigkeit dieser gegenüber anderen Ansätzen geht, auf Verwertbarkeit für die Fragestellung des ersten Kapitels zu prüfen und gegebenenfalls zu ergänzen.

---
106 ibid., S. 99.
107 Vgl. dazu die zu Beginn dieses Kapitels vorgenommenen Bemerkungen über das dieser Arbeit zugrundeliegende Verständnis von Integrationsfortschritt, S. 5.
108 Im einzelnen *Lindberg/Scheingold* (Fn. 104) S. 67.
109 ibid., S. 82 ff.   110 im einzelnen, ibid., S. 38 ff.

2. Diskussion des Modells: Möglichkeiten und Abgrenzungen

Uns interessieren hier die dynamischen Komponenten des Modells, um zu prüfen, ob die nach den vorigen Abschnitten zu vermutende langfristig positive Trendrichtung des europäischen Vergemeinschaftungsprozesses eine weitere Bestätigung erfährt. Daß es einer solchen politikwissenschaftlichen Untermauerung bedarf, hat Hrbek im Abschlußbericht der interdisziplinär zusammengesetzten „Bielefelder Arbeitsgemeinschaft" für das Forschungsvorhaben „Möglichkeiten und Grenzen einer Europäischen Union" deutlich gemacht. In eindeutiger Abgrenzung zu einer engen fachdisziplinären Sichtweise stellt er fest, „daß der Versuch, allein aus dem Vorhandensein von (vermeintlichen) Sachnotwendigkeiten auf Integrationsfortschritt zu schließen – weil dieser ‚Sachbedarf‘ zwingend Integrationsimpulse geben, Integrationsschübe auslösen würde – zu kurz greift".[111] Man habe dann nämlich „... die Rechnung ohne den Wirt gemacht. Der Wirt: das sind die Kräfte und Faktoren des System-Umfelds – ... auch politisches Kräftefeld genannt – die ... als Ermöglichungsbedingungen oder Restriktionen zu verstehen sind."[112] Alt- und, wenn auch in abgeschwächter Form, Neofunktionalismus neigen zur Überpointierung der „Sachzwänge"; nur in ihnen wird das eigentliche Movens von Integrationsprozessen gesehen. Die „funktionale Logik" oder „spill-over"-Automatik[113] stellt das dynamisierende Element ihres Credos dar. Dies dokumentiert auch der von Mitrany,[114] dem wichtigsten Vertreter der „older functionalists", geprägte Merksatz „form follows function".

Für eine Welt, in der sachrationale Argumente überwiegen und allein diese die Entscheidungen determinieren, mag eine solche Sichtweise passen. Sie zu fordern ehrt, sie als Modellprämisse zu unterstellen, erscheint indes realitätsfremd. Die EG als „Gemeinschaft" im Tönnies'schen Sinne[115] zu sehen, kann angesichts der Art und der „Lösung" interner Querelen nicht überzeugen. Wenn also

---

111 *Hrbek/Schneider* (EU im Werden), S. 353.
112 ibid., S. 349.
113 Zur Erläuterung dieses Grundgedankens siehe insbesondere Kapitel 8 „The expansive Logic of Sector Integration" bei *Haas* (Uniting of Europe), S. 297 ff.
114 Die Grundzüge seines wissenschaftlichen Ansatzes werden in seinem 1943 erschienenen Werk „A Working Peace System" ausgebreitet.
115 Vgl. die Kurzerklärung der *Tönnies*'schen Begrifflichkeit in einem Werk über internationale Integrationsprozesse: „‚Gemeinschaft‘ in *Tönnies*‘ view contained people who were bound together by common loyalties and sympathies; they performed tasks for their group out of a sense of duty: they had a feeling of kinship with each other and treated relationships with other members as more important than those with non members. ‚Gesellschaft‘ on the other hand was characterized by a far greater competitiveness: membership was maintained by individuals through the efficient performance of tasks which served the group; and actions resulted from contacts rather than a sense of duty. A Gesellschaft was therefore much more like a business firm ..., while a Gemeinschaft was more like a church or a nation." In: *Paul Taylor* (International Cooperation Today) S. 4.

die Analyse eher Hobbes'scher als Locke'scher Provenienz [116] ist, muß – in der Tendenz – die Schaffung eines Leviathan als Ziel angesteuert werden. Und das bedarf der Unterstützung der politischen Kräfte.

Diese zu „zähmende" – wenn wir der Tönnies'schen Dichotomie weiter folgen – „Gesellschaft" muß, da sie nicht von der heilen Welt der Konfliktlosigkeiten ausgeht, mindestens konsentierte Konfliktregelungsverfahren, einen „procedural code" ausprägen. Nur so können die zentrifugalen Tendenzen eines auf die hervorgehobene Rolle des „self-interest" bauenden politischen Gemeinwesens wieder eingefangen werden. Die Neofunktionalisten haben sich daher – vor allem durch Haas – in diesem Punkt von ihren Vorgängern abgegrenzt [117] und die (politischen) konfliktregelnden Institutionen einschließlich der in ihnen arbeitenden Menschen, der „people in key institutional settings" [118] in das Zentrum ihres Räsonnements gerückt. Dies kommt insbesondere auch in der hier vorgestellten systemtheoretischen Darstellungsweise der Haas-Schüler Lindberg und Scheingold zum Ausdruck. Damit mußte nicht ein überzogener Primat der Politik für den Integrationsablauf anerkannt werden, wie es auf der anderen Seite die Föderalisten mit ihrer spezifischen Vorstellung einer durch einen einmaligen politischen Akt zu schaffenden Verfassung für Europa getan haben. Immerhin hatte dies schon einmal wegen zu unterschiedlicher Auffassungen einen integrationspolitischen dead-lock bewirkt, so daß selbst die eher an konstitutionellen Fragen orientierte deutsche Staatsrechtslehre zur Lösung der nicht entscheidbaren Staatenbund-Bundesstaat-Debatte mit dem Begriff des „Zweckverbands funktioneller Integration" [119] denselben (Aus-)Weg wie Haas et al. eingeschlagen hatte.

Man wird dies heute unter veränderten Bedingungen erneut überdenken müssen. Der auf den Ländern der Gemeinschaft lastende Problemdruck ist hoch; mit einer Politik der kleinen Schritte („incrementalism"), wie sie die funktionalistische Denkweise vorschlägt, vermochte man in den letzten Jahren diesen „system overload" [120] weder nationalstaatlich noch auf Gemeinschaftsebene abzubauen. So ist derzeit die Rede von einer „überholten Integrationsphilosophie", es fehle „auch die neue Konzeption, eine neue bestechende Idee, eine neue politische Strategie für die achtziger Jahre. Schlimmer noch: es gibt keine spontane Grundssatzdiskussion, nicht einmal den Versuch, sie zu führen. Kaum eine Plattform steht zur Verfügung, was angesichts des Fehlens einer politischen Tradition und damit einer politischen Kultur allerdings wenig erstaunt." [121]

---

116 Vgl. *Groom/Taylor* (Functionalism); zur Ideengeschichte *Euchner* (Demokratietheoretische Aspekte), S. 46 ff.
117 Man sollte indes den zeitlichen Kontext – vor, nach und während des Zweiten Weltkriegs – der Ausprägung der Spezifika der neofunktionalistischen Schule sehen, um den Versuch, alles „Politische" wegzudefinieren, angemessen würdigen zu können.
118 *Taylor* (Alternative Approaches), S. 1.
119 Vgl. *Ipsen* (Fn. 8), S. 196 ff.
120 Zur Begriffsbildung vgl. *Lindberg* (Fn. 104), S. 344.
121 So immerhin eine Stimme aus dem technokratischen „Problemlösungszentrum" der EG-Institutionen (Generaldirektor im Sekretariat des EG-Ministerrats *Ulrich Weinstock*) in: EG-Magazin Heft 1/1981, S. 6.

Die Wichtigkeit eines politischen Gestaltungswillens, die bremsenden – erinnert sei an die durch de Gaulle ausgelöste 66er Krise – und aktivierenden Charakter haben kann – das also, was heute gesucht wird –, wurde auch von Haas in seinem Vorwort zur 2. Auflage seines Hauptwerks [122] selbstkritisch aufgezeigt. Sie schließt die Frage des „Wozu" ein, (auch) Integration ist kein Selbstzweck. Die Befriedigung kleinkrämerischer Interessen wird der historischen Dimension der Aufgabe nicht gerecht; „pragmatic interests because they are pragmatic and not reinforced with the deep ideological or philosophical commitment, are ephemeral",[123] schreibt Haas als Warnung vor einer unkritischen Verwendung der Gedanken seiner eigenen Schule. Auch der Funktionalismus hatte seine größte Zeit, als er mit der Zielorientierung, stabilen Frieden schaffen [124] zu wollen, das Hauptanliegen einer Epoche des Unfriedens in sein Konzept einband.

Eine solche langfristige Perspektive kann indes nur bei sorgfältiger und systematischer Analyse des gesamten politischen Lebens in der Gemeinschaft entwickelt werden. Wer die große Vision, den „Grand Design" [125] gleichzeitig auf realistischer Basis, wie auch auf das Noch-Nicht-Seiende, naturgemäß Unbekannte, einbeziehender Weise, gleichsam „ertasten" will, muß dies auch durch kontinuierliche Betrachtung der vielfältigen Bewegungen alles „Politischen" leisten. Konkret heißt dies etwa, für alle Länder der EG über einen längeren Zeitraum hinweg Äußerungen und Handlungen der politischen Akteure nach gleichartigen Kriterien zu verfolgen. So unterscheidet Hrbek in seinem Beitrag zu dieser Debatte bei den Akteuren in Regierungen, politische Parteien, Interessenverbände, Wirtschaftssubjekte (er meint hier insbesondere die multinationalen Unternehmen), die Bürokratie (im nationalen und multinationalen Bereich) und den „Gemeinschaftsbürger". [126] Zweifellos ist dies dem Lindberg/Scheingold-Modell nachgebildet und insofern von der höchst abstrakten Ebene der Systemtheorie – wie oben gefordert – auf eine konkretere, empirisch überprüfbare Ebene „heruntergeholt". Auch die „demands" dieser Gruppen von Akteuren werden in konkrete „Herausforderungen" [127] umgesetzt. Beispiele werden genannt. Was indes fehlt, ist immer noch der Teil der systematischen Analyse, der stabilere Trendbeurteilungen zuläßt: die langfristige, gleichartige Beobachtung der Daten. Hier ist ein Forschungsdefizit offenkundig, das im Rahmen dieser Arbeit eines einzelnen nicht gelöst werden kann. Immerhin vermag die sechsjährige Verfolgung europapolitisch bedeutsamer Ereignisse durch den Verfasser nach einem ähnlichen Schema wie das von Hrbek vorgelegte Richtungsgebungen zu skizzieren. [128]

---

122 *Haas* (Uniting of Europe), S. xxii.
123 ibid., S. xxiii.
124 Man beachte neben dem Titel des genannten Hauptwerks Mitranys auch etwa den von *Inis Claude* (Swords into Plowshares).
125 Zu deren Bedeutung in den siebziger Jahren vgl. *Taylor* (Confederal Phase), S. 354 ff; die vorhergehenden werden als die „federal phase" (nach *A. Spinelli*, 1950 – 1954) und die „neofunctionalist phase" (nach *E. Haas*) bezeichnet.
126 *Hrbek/Schneider* (Fn. 111), S. 353 ff.
127 ibid., S. 377 ff.
128 Insbesondere durch Zeitungsanalyse (Süddeutsche Zeitung, Frankfurter Allgemeine, The Economist).

3. Empirische Befunde: Trends und Abwägungen

In dieser Arbeit wird der Integrationsbegriff eng im Sinne der systemischen Sicht Lindberg-Scheingold's abgegrenzt. Zu Beginn dieses Kapitels hieß es, fortschreitende Integration bedeute fortschreitende Kompetenzübertragung an die EG-Organe als das „EG-System". Diese Arbeitsdefinition ist notwendig, um überhaupt eine sinnvolle Abhandlung der im Titel der Arbeit steckenden These zu ermöglichen. Wird das explanandum – die „Integration" – zu diffus, kann das explanans – der „ordnungspolitische Dissens" – auch ein nicht mehr ansatzweise erkennbar abgegrenztes Bezugsfeld finden; daher also ein Festhalten an „sichtbaren" Entwicklungen im politischen Institutionengefüge und eine gewisse Vernachlässigung des „sociopolitical context". [129] Welche – wie uns die Theorie nahelegt im Grundsatz integrationsfördernden – „demands" werden nun aus dem politischen Kräftefeld an das Entscheidungs- und Handlungssystem EG gerichtet?

Der Forderungskatalog der Wirtschaftsverbände ist seit Jahren unverändert, aus ihrer Interessenstruktur verständlich und nur in der Prioritätensetzung von aktuellen insbesondere weltwirtschaftlichen Sonderentwicklungen abhängig. Allerdings ist die auf die Beförderung eigener Interessen gerichtete instrumentelle Sicht der EG bei entsprechender politischer „Großwetter-Lage" durch darüber hinausweisende, verallgemeinerungsfähige Zielorientierungen überformt. So hatten vor der Pariser Gipfelkonferenz im Oktober 1972 die in der UNICE zusammengeschlossenen Spitzenverbände der industriellen Erzeuger in der Gemeinschaft die „schnelle Verwirklichung der Wirtschafts- und Währungsunion" als ihr „wichtigstes Anliegen" [130] bezeichnet; und 1974 erklärt der BDI, Mitgliedsverband von UNICE, er bekenne sich „uneingeschränkt zu Europa. Nur ein politisch und wirtschaftlich geeintes Europa kann die ihm zukommende Position im weltpolitischen Kräftespiel wahrnehmen." [131] Im Jahresbericht 1979/80 hingegen findet die EG im Abschnitt Außenwirtschaft und Integration (Hauptabteilung IV) nur bescheidene Erwähnung. „EG-Handelspolitik auf Sparflamme", [132] heißt es dort, und unter der Unterschrift „Mitarbeit in internationalen Organisationen" (!) ist die EG nur eine von mehreren „Adressaten des BDI". [133]

Es empfiehlt sich daher, sich auf die unmittelbar einleuchtenden Interessentenwünsche zu konzentrieren und die „High-Politics"-Elemente [134] der öffentlichen Meinungsäußerungen der Wirtschaft als zeitbezogenes Beiwerk zu verstehen. Einsichtig sind etwa

---

129 So die Formulierung im Abschnitt „Dimension of support" bei *Lindberg/Scheingold* (Fn. 104), S. 38; ihm räumt *Hrbek* unter einer viel weitergefaßten Fragestellung – „Europäische Union im Werden" – unter Rückgriff auf *Deutsch* eine wesentlich größere Bedeutung ein, vgl. *Hrbek/Schneider* (Fn. 111), S. 401 ff; dort auch der Versuch, eine vollständige Sequenz von Integrationsschritten idealtypisch zu beschreiben, ibid., S. 409.
130 Nach dem Jahresbericht des BDI 1972, S. 160.
131 Memorandum zur Europapolitik vom 12. 1. 1974, S. 23, These I.
132 Jahresbericht 1979/80 des BDI, S. 174.
133 ibid., S. 175.
134 Im Sinne der Definition von *Stanley Hofmann*.

- die Forderungen nach einer EG-Exportbank („Rückendeckung für die europäischen Exporteure") [135]
- Forderungen des Großhandels nach Einfuhrförderung [136]
- die Forderung nach Sicherung der Energieversorgung
- Forderungen zur Stabilität der Währungsbeziehungen, [137] um den Unternehmen sichere Kalkulationsgrundlagen zu geben.

Sie ergeben sich aus der unmittelbaren Interessenlage der jeweiligen Petenten und auch aus ihrer Funktion, die ihre Mitglieder in einem arbeitsteiligen Wirtschaftssystem zu erfüllen haben.

Ähnliches ergibt sich für die Gewerkschaften, wenngleich bei ihnen die allgemeinpolitische Überformung weit geringer ausgebracht ist. Der spätere Vorsitzende des EGB erklärt zum gleichen Zeitpunkt des Erscheinens des erwähnten BDI-Memorandums nüchtern: „Die europäischen Gewerkschaften machen also ihre weitere Unterstützung des Integrationsprozesses von dem Beitrag abhängig, den die Europäische Gemeinschaft und ihre Institutionen zur Lösung der drängendsten wirtschaftlichen und sozialen Probleme leisten können." [138]

Dieser Problemkatalog ist auch bei den Gewerkschaften seit Jahren unverändert; lediglich Formulierungen und Rangfolge weisen marginale Variationen auf:
- Beseitigung der Arbeitslosigkeit
- Kontrolle multinationaler Unternehmen und – damit zusammenhängend –
- Ausbau der Wirtschaftsdemokratie

sind die drei Hauptforderungen, die durch dann jeweils aktuellere Sonderforderungen ergänzt werden. [139] Daher beteiligen sich EGB und nationale Gewerkschaften z. B. intensiv an der Diskussion um ein einheitliches Statut für die Europäische Aktiengesellschaft (EAG) zur Durchsetzung entsprechender Mitbestimmungsregelungen, [140] an sogenannten „Dreierkonferenzen" über geeignete

---

135 So die Überschrift eines Berichts im Handelsblatt v. 20. 8. 1975, S. 4; darin auch ein Unterabschnitt „Kein Wettlauf um bessere Konditionen", also ein illustrierendes Beispiel zum tip-toeing-Effekt, der im Rahmen der ökonomietheoretischen Debatte vorgestellt wurde (S. 27).

136 Vgl. Südd. Zeitung v. 3. 6. 1975, S. 10 und im Handelsblatt v. 3. 7. 1975, S. 4: „Der Außenhandelsausschuß des Europäischen Handelsverbandes (COCCEE) bezeichnete eine Verordnung der Brüsseler EG-Kommission an den Ministerrat, die umfangreiche Textileinfuhrbeschränkungen enthalte, als beschämendes Instrument des Neoprotektionalismus". Allerdings dürften heute in einer Zeit hoher Leistungsbilanzdefizite der EG-Länder solche Forderungen weniger lautstark vorgetragen werden.

137 Vgl. Südd. Zeitung v. 24. 2. 1981, S. 18: „EG-Industrie fordert stabilere Kurse"; diese Meldung bezog sich auf eine Stellungnahme des Währungsausschusses der UNICE.

138 *H.O. Vetter* damals für den DGB in EG-Magazin Heft 3/1974, S. 2.

139 Vgl. Aktionsziele des EGB 1976 – 1979 (hrsg. v. EGB), angenommen vom 2. satzungsmäßigen Kongress, London, 22. – 24. April 1976 und Aktionsprogramm – Allgemeine Entschließung und Einzelentschließungen 1979 – 1982 (hrsg. v. EGB), angenommen vom 3. satzungsmäßigen Kongress, München, 14. – 18. Mai 1979.

140 Vgl. Handelsblatt v. 6. 5. 1975, S. 2: „Das Statut der Europa-AG sieht Drittelparität vor – DGB begrüßt den Brüsseler Entwurf als vorbildlich".

Strategien zur Verringerung der Arbeitslosigkeit [141] und an der kritischen Beobachtung der Entwicklung und des Verhaltens multinationaler Konzerne. [142] An „demands" besteht somit auf allen Seiten [143] kein Mangel. Daraus jedoch automatisch sich einstellenden „system growth" abzuleiten, wäre verfehlt. Die Einzelanalyse bestimmter Problemfelder zeigt nämlich, daß die bloße Existenz heterogener Forderungen nichts über ihre Kompatibilität aussagt. Dauerhaft enttäuschte [144] Erwartungen können Umorientierungen bewirken, wenn der Forderungsadressat sich handlungsunfähig erweist. Aus der Interessenpolarität des hier beispielhaft genannten Teils des politischen Kräftefeldes ergeben sich naturgemäß auch sehr häufig Blockierungen. Die Forderung nach genereller Arbeitszeitverkürzung um 10 % stößt „auf massiven Widerstand der Unternehmerverbände". [145] Und die Forderung des EGB auf eine „wirtschaftliche und industrielle Planifikation auf europäischer Ebene" [146] im Bereich der Investitionen und der strukturellen Anpassung wird von den Arbeitgebern, die ihre unternehmerische Dispositionsfreiheit so wenig wie möglich eingeschränkt sehen möchten, „naturgemäß" mit großer Skepsis betrachtet. Bei derart „realen" Interessendivergenzen wird es auch für die EG-Institutionen als Vertreter des Allgemeinwohls schwer, einen gemeinsamen Nenner, eine gemeinsame Strategie zur Problemlösung zu entwickeln. Eine Automatik des Gelingens zu konstatieren, würde nicht überzeugen.

Dennoch dürften mittel- und langfristig die gegenwärtig zu verzeichnenden Blockierungstendenzen nicht überwiegen; die Fordernden haben nämlich eigentlich keine Adressatenalternative. Theoretisch wären nur – nehmen wir das Beispiel Arbeitslosigkeitsbekämpfung durch Arbeitszeitverkürzung – die nationalen Regierungen oder eine weltweite [147] Institution – etwa die OECD – für derartige verbindliche Vereinbarungen als Alternativebenen denkbar. Bei beiden kann man jedoch erhebliche Zweifel an ihrer Geeignetheit erheben müssen. Die nationalen europäischen Regierungen, soweit sie überhaupt – einen gesetzlichen oder auch nur informellen – Einfluß haben, werden sich schwer bei der de facto gegebenen hohen EG-internen Marktverflechtung dem Argument der Wettbewerbsverzerrung durch ungleiche Arbeitszeitordnungen entziehen können. Was die „Weltebene" anbetrifft, für die das Wettbewerbsargument wesent-

---

141 Vgl. Süddeutsche Zeitung v. 10. 11. 1978, S. 25: „Kein EG-Rezept gegen die Arbeitslosigkeit / ‚Dreier-Konferenz' ohne Beschlüsse / Gewerkschaften fordern geringere Arbeitszeit und Gesamtplanung".
142 Vgl. Tätigkeitsbericht 1976 – 1978 (hrsg. v. EGB), vorgelegt auf dem 3. satzungsgemäßen Kongress in München, 14. – 18. Mai 1979, S. 86 Ziff. 4 und S. 87 Ziff. 7.
143 Ähnliches ließe sich auch aus der Sicht von Parteien, Regierungen, der öffentlichen Meinung etc. belegen.
144 Vgl. Süddeutsche Zeitung v. 11. 11. 1978, S. 35: „Der Vorsitzende des EGB äußerte sich enttäuscht über das Ergebnis der vierten EG-Sozialkonferenz in Brüssel. Der Wunsch der Gewerkschaft nach einer verbindlichen Erklärung – insbesondere über eine Verkürzung der Arbeitszeit – sei nicht erfüllt worden."
145 ibid.
146 Nach Süddeutsche Zeitung v. 10. 11. 1978, S. 25.
147 gemeint ist natürlich nur die westliche Welt.

lich begrenzter durchschlägt, so wird hier die politische Durchsetzbarkeit der entscheidende Hemmfaktor sein; Vetorechte souveräner Staaten und geringe Sanktionsbewehrtheit weltweiter Institutionen lassen zumindest für die absehbare Zukunft keine positive Prognose zu.

Insgesamt scheint dem Verfasser an dem EG-System als der für viele durch das politische Kräftefeld definierte Probleme geeigneten institutionellen Ebene kein Weg vorbei zu gehen. Es mangelt indes an einer ausdifferenzierten inhaltlichen und verfahrensmäßigen Konzeption, in der diese Problembereiche in wohlgeordneter Form ,,vorkommen" und mit glaubwürdigen Lösungsvorschlägen behandelt werden. Dem dient nun aber die Debatte um angemessene ordnungspolitische Konzeptionen für die Gemeinschaft.

2. Kapitel
Das Kontinuum ordnungspolitischer Grundpositionen

I. Zum Wechselverhältnis politisches – ökonomisches System

Zur Bestimmung der Spannweite denkbarer Ordnungsentwürfe bedarf es eines Orientierungsrasters. Da der Begriff „Ordnungspolitik" nicht „unbesetzt" ist und der Vorwurf der Vorabfestlegung durch eine entsprechende Terminologiewahl schwer zu vermeiden wäre,[148] empfiehlt sich, hier eine in dieser Hinsicht „wertfreie" systemtheoretische Strukturierungshilfe zu verwenden. Ein einfaches, vielfach verwendetes Schema zur Analyse differenzierter Gesellschaftssysteme hat Offe vorgelegt:[149]

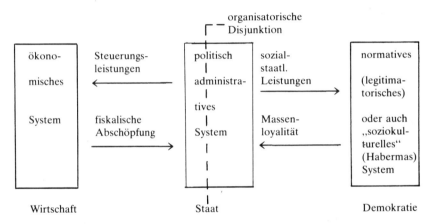

Übersicht 3: Strukturierungshilfe zur Konzeptionsbeschreibung

Es ist wie folgt zu interpretieren. Drei voneinander getrennte, der Tendenz nach autonome „Subsysteme" sollen das „Gesamtsystem Gesellschaft" vollständig abbilden. Das politische nimmt dabei gegenüber dem ökonomischen und legitimatorischen (oder „soziokulturellen") System eine übergeordnete Stel-

---

148 Vgl. *Riese* (Ordnungsidee und Ordnungspolitik), S. 33: „Verdacht erregen muß bereits, daß das Klassifikationsschema vom Begriff der Ordnungspolitik her erweitert wird. Denn der Gehalt einer Theorie ist nicht gleichgültig gegenüber der Art der Begriffsbildung". *Riese* kritisiert damit den Versuch, die Kategorien des Ordoliberalismus Euckenscher Prägung Mitte der 60er Jahre mit denen des angelsächsischen Zweck-Mittel-Denkens keynesianischer Provenienz zu verbinden.
149 *Offe* (Krisen des Krisenmanagements), S. 213, Aufnahme bei *Habermas* (Legitimationsprobleme), S. 15 u. v. Alemann (Demokratisierung der Gesellschaft), S. 21.

lung[150] ein. Mit diesen ist es auf vierfache Weise verbunden, was durch Pfeile kenntlich gemacht wird: Steuerungsleistungen zur Sicherung des ordnungsgemäßen Funktionierens des Wirtschaftsprozesses werden durch Abschöpfung (Steuern) eines Teils der dabei erzeugten Werte entgolten; die Zustimmung der Staatsbürger („Massenloyalität") wird gewissermaßen durch sozialstaatliche Leistungen „erkauft". Von einer „organisatorischen Disjunktion" spricht Offe wegen der Notwendigkeit der gegenseitigen Abschottung von Problemen, die auf der linken Seite (ökonomische Funktionsstörungen) und der rechten Seite des Schemas (politische Konflikte) entstehen können. Bei voller Problemvermischung wäre ein (Gesamt-)Systemzusammenbruch wegen Überlastung (Chaos) wahrscheinlich. Allerdings bedeutet diese Aufspaltung des Zentrums wiederum eine gewisse Aufhebung des Autonomiegedankens der triadischen Gliederung und schränkt damit die analytische Differenzierungsleistung wieder ein. Man kann dies aber immerhin als eine Widerspiegelung politischer Auseinandersetzungen im Theorie-Gewande interpretieren; so behauptet beispielsweise die Agenturtheorie der sog. „Stamokap"-Anhänger die vollständige Verschmelzung wirtschaftlicher und politischer Macht.[151]

Einzelheiten und insbesondere die vermuteten mittel- und langfristigen Krisentendenzen dieser und jener Art interessieren jedoch an dieser Stelle nicht. Sie würden ihrerseits zu Recht den Vorwurf der indirekten Festlegung auf bestimmte Beurteilung der noch zu entwickelnden Haupttypen von Ordnungssystemen nach sich ziehen. Hier geht es lediglich darum, eine Strukturierungshilfe für die Darstellung derselben aus diesem Ansatz herauszuziehen. Das soll auch die den systemtheoretischen Analyseversuch zweifellos vergröbernde Zeile Wirtschaft – Staat – Demokratie deutlich machen. Auch für das (Aus-)Maß von Differenzierung gilt das erste Gossensche Gesetz vom abnehmenden Grenznutzen.

Diese Vereinfachung meint schlicht, in jeder Gemeinschaft von Menschen muß die Güter- und Dienstleistungserzeugung gewährleistet werden (Wirtschaft). Darüber hinaus bedarf es eines institutionellen Orts, in dem die Momente ihren Platz finden, die den Menschen als homo socialis kennzeichnen (Staat); und schließlich ist es – so die Hoffnung – auch durch alle Lager hindurch unstreitig, daß dies nicht per autoritärer Setzung, sondern unter Beteiligung aller in geeigneten Verfahren zu geschehen habe (Demokratie). Daß zwischen diesen drei Momenten ein klärungsbedürftiger Beziehungszusammenhang besteht, ist nicht nur bei den hier zur Strukturgebung herangezogenen systemtheoretisch vorgehenden Autoren, die neo-marxistische Deutungsversuche bevorzugen, deutlich geworden. Auch der herausragende Denker der Ordoliberalen im

---

150 Vgl. *Habermas* (Fn. 149), S. 15; ebenso bezüglich der Rangfrage mit einer ganz anderen Begrifflichkeit operierend der Staatsrechtler *Krüger* (Gemischte Wirtschaftsverfassung), S. 15: „Der Ausdruck ‚Wirtschafts-Verfassung' legt den Irrtum nahe, es handle sich hier um ein Stück der Politischen Verfassung, mit der Folge, daß die Wirtschaftsverfassung den gleichen Rang genösse und über denselben Grad von Verbindlichkeit verfügte, wie die Politische Verfassung ... [Es] ist gesichert: Das Institut der ‚Wirtschaftsverfassung' ist von anderer Art und von geringerem Rang als die Politische Verfassung."
151 Vgl. dazu auch *Habermas*, ibid., S. 85 und *Kromphardt* (Konzeptionen), S. 219.

Nachkriegsdeutschland, Franz Böhm, stellte (1950) die Frage: »Gibt es gewisse Entsprechungszusammenhänge zwischen Staatsverfassung und Wirtschaftsordnung?«[152]

Die sich herausschälende Gliederung zur Präsentation der folgenden drei ordnungspolitischen Grundpositionen sieht damit wie folgt aus:

(1) Skizzierung des ökonomischen Systems; wie läuft der Wirtschaftsprozeß ab?

(2) Skizzierung des politischen Systems; welche Rolle spielt der Staat für Rahmengebung und Ablauf des Wirtschaftsprozesses

(3) Skizzierung des legitimatorischen Systems; wie sieht es mit der notwendigen Legitimation (= Akzeptanz) staatlichen Handelns und der sich faktisch ergebenden Verteilung der zwar arbeitsteilig individuell, aber damit auch gemeinschaftlich erzeugten Güter- und Dienstleistungen aus; schließlich muß der Transfer auf die europäische Dimension vollzogen werden mit den beiden Punkten:

(4) Skizzierung des Charakters der Europäischen Gemeinschaft bei Dominanz der betreffenden Konzeption; welche institutionellen Folgerungen, Kompetenzabgrenzungen und dergleichen müssen gezogen und vorgenommen werden?

(5) Hinweise zur Verortung der jeweiligen Konzeption im politischen Kräftefeld der EG; wer vertritt vornehmlich diese Positionen?

Wie gelangt man nun zu den mit dieser „checklist" zu untersuchenden Konzeptionen?

Im Grundsatz lassen sich drei Wege beschreiben, die einander natürlich nicht ausschließen. Ordnungspolitische Prinzipen lassen sich zum einen abstrakt aus der Doppelnatur des Menschen, zugleich Einzel- und Gemeinschaftswesen zu sein, ableiten. Damit befinden sich alle Konzeptionen über geeignete Wirtschaftssysteme zwischen zwei extremen Polen, vollständige Verwirklichung des Individualprinzips oder vollständige Verwirklichung des Sozialprinzips. Insoweit wird – wenngleich hoch abstrakt – das maximale Möglichkeitsspektrum abgesteckt. Eine plastische Darstellung dazu bietet Schachtschabel[153] an:

---

152 *Böhm* (Wirtschaftsordnung und Staatsverfassung), S. 54.
153 *Schachtschabel* (Wirtschaftspolitische Konzeptionen), S. 20.

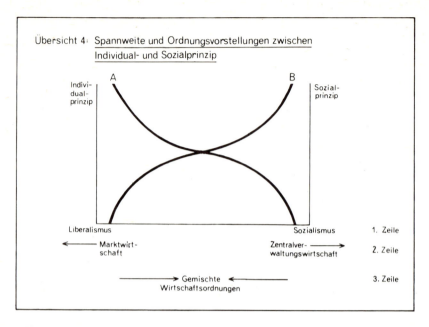

Zweitens ließen sich aus der Nachzeichnung entsprechender Auseinandersetzungen in gleichgelagerten historischen Situationen Hinweise über die Modell-Alternativen gewinnen. In besonderem Maß geeignet erscheinen die politischen – siehe Grobalternative Übersicht, 1. Zeile – und (wirtschafts-)wissenschaftlichen – 2. Zeile – Kontroversen in der Gründungs- und Anfangsphase der Bundesrepublik Deutschland. Sie haben aufgrund ihrer Intensität ein – weit über das in obigem Schema dargestellte hinaus – ausgesprochen hohes Differenzierungsniveau der Befassung bewirkt, wenngleich dieses sich nicht dauerhaft befestigt und durchgesetzt hat. Weder die Distinktion Wirtschaftsordnung/-system [154] noch die verfeinerten Untergliederungen der beiden Extremtypen Verkehrswirtschaft und Zentralverwaltungswirtschaft [155] wird schulenintern noch -extern konsequent durchgehalten [156] bzw. aufgegriffen.

Diese Vorgehensweise birgt bei einer auf die Europäische Gemeinschaft bezogenen Fragestellung den Nachteil in sich, daß Besonderheiten nationaler Entwicklungen in der ja im Wortsinne „gemeinschaftlich" zu bewerkstelligenden Konzeptionsgewinnung bevorzugt werden und darüber hinaus sachliche Konsense durch terminologische Unbeweglichkeiten verhindert werden könnten. Daher sollen Begriffssysteme bevorzugt werden, die bereits einen hohen Inter-

---

154 Obwohl wir hier in der Trennung der Kapitel II und III in der Sache der *Eucken*'schen Unterscheidung zwischen idealtypischen „Wirtschaftssystemen" und realtypischen „Wirtschaftsordnungen" folgen, so wird die in diesem Sinne durchgängig saubere Verwendung der beiden termini auch in dieser Arbeit nicht eingehalten.
155 z. B. *Klotens* Versuch einer (Typenlehre).
156 Feststellung auch bei *Kromphardt* (Fn. 151), S. 3.

nationalisierungsgrad aufzuweisen haben. Dies heißt nicht, relevante Differenzierungsmomente aus den nationalen Diskussionen von vornherein auszublenden. Es ist indes eine ausgesprochen heilsame Kontrolle für streckenweise rein akademisch-esoterische Terminologiestreitigkeiten, ob sie sich in einem anderen sprachlichen Kontext bewähren.

Die internationale eindeutig die englische Sprache bevorzugende Diskussion – dies also der dritte Problemzugriffsversuch – rankt sich um den Terminus „mixed economy", der in „private and public sector" aufgeteilt wird und sich im Spannungsfeld zwischen „market economy" und „command economy" bewegt.[157] Die Einsichten und Frontlinien dieser Debatten[158] müssen realistischerweise vorrangig in die Deskriptionsversuche des folgenden einbezogen und mitgedacht werden.

II. Die (neo-)liberale Konzeption – der Markt als freiheitsverbürgendes und wohlfahrtsoptimierendes Grundprinzip

1. Sicht des Wirtschaftsprozesses

Art und Ausmaß der wirtschaftlichen Aktivitäten einer Volkswirtschaft werden über eine Vielzahl von Teilmärkten entschieden (Konsumgütermärkte, Produktionsmittelmärkte i. e. S., Arbeitsmärkte, Geld- und Kapitalmarkt etc.). Angebot und Nachfrage werden dezentral über den alle Informationen einbeziehenden Preismechanismus ausgeglichen, der alle zufriedenstellt, da alle frei – privatautonom – über ihre Entscheidungsparameter verfügen. Diese Entscheidungsträger sind in zwei Hauptgruppen unterteilt, Haushalte und Unternehmen. Für beide wird rationales Verhalten unterstellt; gegebene Ziele werden mit dem geringstmöglichen Mitteleinsatz angestrebt bzw. wird mit gegebenen Mitteln ein maximaler Zielerreichungsgrad angesteuert. Für die Haushalte nennt man die konkrete Ausprägung dieses allgemeinen Rationalitätsprinzips Nutzenmaximierung, für die Unternehmen Gewinnmaximierung. Das Formalkalkül ist in beiden Fällen identisch.

Nehmen wir als Beispiel die Haushalte, sie müssen im wesentlichen 3 Entscheidungen treffen:

(a) Entscheidung über die Verwendung ihrer Produktionsfaktoren (Arbeit und Kapital), d. h. entweder Angebot (Lohnarbeit bzw. Kapitaleinsatz) oder Eigenverwendung („Muße" bzw. Liquidhalten des Kapitals)

(b) Entscheidung über die Verwendung des Einkommens
Aufteilung in Konsum und Sparen (Konsum „heute" oder Konsum „morgen")

---

157 Vgl. z. B. die Lehrbücher von *Samuelson* (Economics) und *Gill* (Economics).
158 Berücksichtigenswert sind in diesem Sinn internationale Tagungen und Projekte multinationaler Wissenschaftler-Gruppen.

(c) Verwendung der Konsumsumme [159]
Entscheidung über die Art der zu kaufenden Güter.

Daraus ergeben sich formal 3 Nutzenfunktionen

(a) N(x,m) wobei x = Güterbündel, m = Muße
(b) N(x,x*) x,x* Güterbündel „heute" und morgen
(c) N(x,y) 2 Güter x,y

Sie sind jeweils unter Berücksichtigung von Nebenbedingungen (Zeit und Einkommen) zu maximieren. So gilt dann

ad (a) $Z = N(x,m) + \lambda((\bar{a}-m)l - xp_x)$

ad (b) $Z = N(x,x^*) + \lambda(E - p_x x - \dfrac{p_x x^*}{1+i})$

ad (c) $Z = N(x,y) + \lambda(E - p_x x - p_y y)$

wobei $\bar{a}$ = maximale zur Aufteilung in Arbeit und Muße zur Verfügung stehende Zeit

E = Einkommen

und – das ist für die Lösung des Entscheidungsproblems wichtig und für die Bedeutung des Marktmechanismus relevant – „Preise":

l = Lohnsatz (Preis für Arbeit und „Mußeverzicht")
i = Zinssatz (Preis für „Konsumverzicht heute")
p_x, p_y = Marktpreise für Konsumgüter

[Zur Beachtung: λ ist lediglich eine rechentechnische Größe; x und p_x haben in den Z-Funktionen unterschiedliche Sinninhalte.]

Alle diese Preise „entnimmt" der einzelne Haushalt den Märkten, sie bilden für ihn „Daten" in seinem Entscheidungskalkül; Rückwirkungen seines Verhaltens auf diese Preise werden ausgeschlossen. Er ist ja nur „einer von vielen".

---

[159] Eigentlich müßte das symmetrische Problem der optimalen Verwendung der Sparsumme ebenso behandelt werden (portfolio selection); wir halten dies indes aus lebenspraktischen Erwägungen – vergleichsweise wenige stehen vor dieser Frage – für vernachlässigbar.

Auch die Unternehmen führen den Kombinationsprozeß von Produktionsfaktoren nach diesem Grundgedanken durch und beachten die aus der Formalanalyse ableitbaren Optimalbedingungen (Minimalkosten-Kombination etc.). Sie treffen bei ihrem Handeln dann auf den Märkten auf die Haushalte: am Arbeitsmarkt, wenn sie Leute einstellen wollen; am Konsumgütermarkt, wenn sie ihre Produkte verkaufen wollen, auf der Bank, wenn sie Kredite für Investitionen benötigen.

Diese – allerdings hochvereinfachte – Analyse nennt man neoklassisch und wohlfahrtstheoretisch [160] angelegt. Die implizite Annahme eines grundsätzlich möglichen stabilen Gleichgewichts auf allen Märkten wird üblicherweise durch ein sogenanntes mikroökonomisches Totalgleichgewichtsmodell vom Walras-Typ verdeutlicht. [161] Es gilt für den güterwirtschaftlichen Bereich, der vom monetären unabhängig ist; und zwar in dem Sinne, daß die Preisverhältnisse – die „relativen Preise" – ausschließlich durch Angebot und Nachfrage bestimmt werden. Lediglich die absoluten „konkreten" Preise werden durch Geldmenge und ihre Umlaufgeschwindigkeit determiniert. Im Ergebnis legt das deutlich in zwei Teilmodelle aufgegliederte Gesamtsystem dieser dem reinen Marktgedanken verpflichteten Theorie den Schluß nahe: das „reale" Sozialprodukt und die dafür notwendige Beschäftigungshöhe wird ausschließlich durch das autonome Verhalten der Marktteilnehmer bestimmt. Der monetäre Sektor, institutionell gesehen die für die Geldversorgung im technischen Sinne zuständigen Instanzen, hat darauf allenfalls kurzfristig – im Preisanpassungsprozeß [162] bei exogener Störung – einen Einfluß.

Damit ergeben sich auch Schlußfolgerungen wie diese:
„Unfreiwillige Arbeitslosigkeit existiert nicht, da sich die Preise (einschließlich des Geldlohnsatzes) immer so einregulieren, daß auf allen Güter- und Faktormärkten (also auch auf dem Arbeitsmarkt) Angebot und Nachfrage gleich groß sind«. [163]

2. Aufgaben des Staates für Ablauf und Rahmengebung ökonomischer Aktivitäten

Die spezifische Sicht wirtschaftlicher Vorgänge als privatautonom gesteuerte Austauschprozesse von Gütern, Dienstleistungen und Produktionsfaktoren mit einer inhärenten Tendenz zu stabilem – auch dynamischem [164] – Gleichgewicht bedingt eine ebenso spezifische Sicht staatlicher Handlungsnotwendigkeiten. „Handlung" muß dabei insoweit relativiert werden, als es nicht um ständiges Agieren, sondern mehr um die durch dauerhafte Arrangements insbesondere

---

160 Einzelheiten in einer verbalen Darstellung bei *Giersch* (Wirtschaftspolitik), S. 97 – 134 im Kapitel „Die Theorie des sozialökonomischen Optimums"; zur Technik der für den Ungeübten komplizierten formalen Darstellung etwa bei *Scheele* (Einkommensverteilung), S. 301 ff.
161 vgl. *Jarchow* (Geldtheorie), S. 190 ff.
162 Zu diesem „*Don-Patinkin*"-Problem vgl. ebenfalls *Jarchow* (Fn. 161), S. 198 ff.
163 ibid., S. 203.
164 Vgl. dazu auch etwa die neoklassische Wachstumstheorie, Darstellung etwa in *Rose* (Wachstumstheorie), S. 67 ff.

rechtlicher Art gesicherte Rahmengebung der privatwirtschaftlichen Tauschakte geht. Das do-ut des-Prinzip bedarf der (recht-)staatlichen Absicherung, da bei mangelnder Sanktionsfähigkeit eines Vertragspartners im Falle des nichtkonsentierten „Aussteigens" der anderen Seite lediglich Geschäfte ganz kurzfristiger Art denkbar sind. Marktprozesse benötigen also einer gewissen verfahrensmäßig stabil kalkulierbaren rechtlichen Einbettung, die nicht aus ihnen selbst heraus generiert wird. Eucken nennt denn auch unter den 7 konstituierenden Prinzipien seiner ordoliberalen Wettbewerbsordnung [165] mit der Notwendigkeit der Sicherung des Privateigentums, der Vertragsfreiheit, der Durchsetzung von Haftungsregeln und der Offenhaltung von Märkten einen durchaus umfänglichen Katalog rechtlicher Voraussetzungen einer sich selbst steuernden privatwirtschaftlichen Ordnung. Der Ordoliberalismus muß indes bereits als eine vergleichsweise „aufgeklärte" Variante liberalistischer Konzeptionen gesehen werden; dies zeigen auch die 4 „regulierenden" Prinzipien Euckens, die immerhin einen systematischen Ort für Problemphänomene einer völlig sich selbst überlassenen laisser-faire-Wirtschaft anbieten. So wird das „Monopolproblem in der Wettbewerbsordnung" gesehen und im Abschnitt „Einkommenspolitik" über den Sinn der Steuerprogression nachgedacht, werden Zuordnungsprobleme von Kosten in die „Wirtschaftsrechnung" (III. Abschnitt) der Einzelwirtschaften thematisiert und unter „anomales Verhalten des Angebotes" Besonderheiten des Arbeitsmarktes behandelt. [166]

Zu den staatlich zu gewährleistenden Rahmenbedingungen zählt auch eine stabile Währungsordnung. Nach dem „wirtschaftsverfassungsrechtlichen Grundprinzip" der „Herstellung eines funktionsfähigen Preissystems vollständiger Konkurrenz" wird als zweites Postulat seines siebengliedrigen Schemas der „konstituierenden Prinzipien" der „Primat der Währungspolitk" betont. Insoweit entspricht die verbale Präsentation Euckens der neoklassischen, die formale Sprache der Mathemaik bevorzugende Begründung einer von der realwirtschaftlichen Sphäre gedanklich getrennt zu haltenden monetären Ordnung. Institutionell führt dies auch zur regelmäßig von liberaler Seite vorgebrachten Forderung einer weitestmöglichen Autonomie der nationalen Notenbank gegenüber den Trägern der Regierungsveranwortung. Die Zentralbank soll daher auch nahezu ausschließlich auf eine am Ziel der Währungssicherung orientierte Politik der Inflationsvermeidung verpflichtet werden. [167]

Zweifel an der Glaubwürdigkeit des Wunsches nach konsequenter Durchführung des ohnehin begrenzten staatlichen Aufgabenkatalogs der (neo- bzw. ordo-)

---

165 Vgl. *Eucken* (Grundsätze), S. 254 ff.   166 Alles *Eucken* ibid., S. 291 ff.
167 Vgl. etwa die Formulierung im § 3 (Aufgabe) des Gesetzes über die Deutsche Bundesbank: „Die Deutsche Bundesbank regelt mit Hilfe der währungspolitischen Befugnisse, die ihr nach diesem Gesetz zustehen, den Geldumlauf und die Kreditversorgung der Wirtschaft mit dem Ziel, die Währung zu sichern, und sorgt für die bankmäßige Abwicklung des Zahlungsverkehrs mit dem In- und Ausland." Daneben aber auch § 12 (Verhältnis der Bank zur Bundesregierung): „Die Bank ist verpflichtet, unter Wahrung ihrer Aufgabe die allgemeine Wirtschaftspolitik der Bundesregierung zu unterstützen", und dann direkt anschließend wieder die Rückenstärkung: „Sie ist bei der Ausübung der Befugnisse, die ihr nach diesem Gesetz zustehen, von Weisungen der Bundesregierung unabhängig."

liberalen Konzeption werden allerdings regelmäßig dadurch erzeugt, daß sowohl Beiträge wissenschaftlicher wie auch tagespolitischer Art aus dem Umfeld dieser Denkrichtung selbst diese Minimalia eines geordneten Gemeinwesens infragestellen.

Zwar heißt es bei Eucken zur „Interdependenz der Wirtschaftsordnungspolitik": „Alle Prinzipen – die konstituierenden und die regulierenden – gehören zusammen . . . Jedes einzelne Prinzip erhält nur im Rahmen des allgemeinen Bauplanes der Wettbewerbsordnung einen Sinn . . . Die einzelnen Prinzipien ergänzen einander, sind komplementär." [168]

Dennoch wird von den sich sonst auf die liberale Schule berufenden Kreisen häufig versucht, in der konkreten Ausgestaltung und Durchführung – beispielsweise des Wettbewerbs- [169] oder des Haftungsrechts [170] – einzelne Momente des Gesamtsystems aus Opportunitätsgründen herauszubrechen und dabei mit einem undifferenzierten soupçon gegen jeglichen staatlichen Begrenzungsversuch privatwirtschaftlichen Ausbrechens aus dem Freiheiten gewährenden, aber auch Pflichten kennenden Gesamtkonzept operiert. Die Zweifel werden verstärkt, wenn aus wissenschaftlicher Sicht neuerdings selbst das staatliche Monopol für die geordnete Geldversorgung infragegestellt wird. [171]

Aus alledem läßt sich die Tendenzaussage deduzieren, daß die liberale Schule, wenn auch mit unterschiedlicher Intensität innerhalb ihrer einzelnen Unterströmungen – den „Rest"-Bereich staatlicher Verantwortung gering halten will.

3. Akzeptanz der Ergebnisse des Wirtschaftsprozesses und des staatlichen Handelns

Da der autonom entscheidende, nur seinem eigenen Willen folgende homo oeconomicus nur insofern in seinem Handeln begrenzt wird, als er dadurch andere Individuen in deren Wohlbefinden nicht beeinträchtigen und Veränderungen gegebener wirtschaftlicher Bedingungen nur bei ebenso freier Zustimmung potentiell Betroffener bewirken darf, [172] wird ein auf diesen Prinzipien beruhen-

---

168 *Eucken* (Fn. 165), S. 304.
169 Erinnert sei an die Diskussion und die endgültigen Ergebnisse der Einführung des Gesetzes gegen Wettbewerbsbeschränkungen in der Bundesrepublik Deutschland (Scheitern des sog. *Josten*-Entwurfs); ebenso an die Vorschläge *Hoppmanns* zur „Wettbewerbsfreiheit" und ihre praktischen Konsequenzen, dazu *Tolksdorf* (*Hoppmanns* neoklassische Wettbewerbstheorie).
170 Hier ist auf die Haftungsvermeidungsstrategien bei der Wahl „legaler" (sic!) Rechtsformen von Betrieben zu verweisen. Vgl. z. B. bei *Wöhe* (Betriebswirtschaftslehre), S. 133 zur sog. GmbH & Co im engsten Sinne: „Durch diese Konstruktion wird erreicht, daß die als Gesellschafter beteiligten natürlichen Personen ihre Haftung auf ihre Einlagen beschränkt haben und die Gesellschaft dennoch eine Kommanditgesellschaft ist und steuerlich als solche behandelt wird." Diese Formulierung findet sich leider in späteren Auflagen nicht mehr wieder – man hat die Entwicklung akzeptiert (hier 10. Aufl. als unveränd. Nachdruck der 7. Aufl. von 1967).
171 Vgl. *v. Hayek* (Entnationalisierung des Geldes) und die kritische Kommentierung von Timm (Entnationalisierung des Geldes?).
172 Vgl. dazu die Definition des *Pareto*-Optimums (einschließlich des *Kaldor-Hicks*-Kompensationskriteriums) in der „Wohlfahrtsökonomik"; siehe unter diesem Stichwort im (Handwörterbuch der Volkswirtschaft), S. 1707 ff.

des Austausch- und Produktionssystem als unmittelbar freiheitsverbürgend angesehen und seine Ergebnisse als gerecht akzeptiert. Der aristotelischen Unterscheidung folgend, nennt man diese Gerechtigkeit eine kommutative (i. Ggs. zur distributiven), d. h. eine „Entlohnung nach dem Wert, den unsere Leistungen tatsächlich für unsere Mitmenschen haben und der sich in dem Preis ausdrückt, den andere für diese Leistungen zu zahlen bereit sind", gilt als angemessen. [173]

Staatliches Handeln hat sich demgemäß auf die Gewährung und Sicherung des dazu notwendigen Regelwerks zu beschränken und wird auch nur in dieser Limitierung hingenommen. Eine solche nach Oakshott nomokratische (durch Gesetz beherrschte) Ordnung sei einer teleokratischen (zweckbeherrschten) Ordnung vorzuziehen. [174] Kollektiven Zwecksetzungen traut der Liberalismus nicht, er hält sie für praktisch unmöglich und sogar für gefährlich. Dem menschlichen Bedürfnis nach Geordnetheit des sozialen Umfelds wird durch das eigentümliche Paradoxon der „spontanen Ordnung eines Marktes" entsprochen, die v. Hayek als „Katallaxie"[175] bezeichnet. Im Schrifttum hat sich dies allerdings nicht durchgesetzt. [176]

Da Leistungsorientiertheit und Leistungsbelohnung (markt-)systemimmanent sind, ergibt sich aus dieser Sicht auch automatisch ein Wohlfahrtsoptimum, das genau zu beschreiben nicht angestrebt wird. Denn die konkreten Zwecke menschlichen Handelns wechseln; sie festzulegen, hieße in die Entscheidungsfreiheit des einzelnen einzugreifen.

Immerhin, „der Liberalismus erkennt auch an, daß es gewisse andere Leistungen gibt, die aus verschiedenen Gründen von den spontanen Ordnungskräften des Marktes entweder gar nicht oder nur unvollkommen geboten werden, und hält es deshalb für wünschenswert, der Regierung fest abgegrenzte Mittel zu übertragen, mit deren Hilfe sie derartige Leistungen für die Gesamtheit der Bürger erstellen kann."[177] Diese „gewissen Leistungen" stehen indes nicht im Zentrum des Räsonnements liberaler Autoren.

In deren Aufmerksamkeitsspektrum steht vielmehr regelmäßig die „Grenzziehung" an vorderster Stelle. Beispielhaft dafür war die bundesrepublikanische Debatte um Regelbindungskonzepte für die Konjunkturpolitik Ende der sechziger, Anfang der siebziger Jahre. [178] Sie wurden als „Gegenkonzepte" zur (da-

---

173 *v. Hayek* (Freiburger Studien) 6, im Aufsatz „Wirtschaft, Wissenschaft und Politik", Erstveröff. 1962.
174 ibid. (in den „Grundsätzen einer liberalen Gesellschaftsordnung", Erstveröff. 1966), S. 111.
175 ibid., S. 112.
176 Wer nicht wie der Liberalismus Markt und Freiheit ineins setzt und das Spannungsverhältnis zwischen Freiheit und Ordnung sieht, wird davon nicht überrascht sein. Vgl. dazu auch *Leipold* (Wirtschafts- und Gesellschaftssysteme), S. 5, der dies systemtheoretisch so formuliert: „... mehr Ordnung heißt weniger Freiheit der Elemente, beliebige Zustände anzunehmen und beliebige Beziehungen mit anderen Elementen einzugehen ... Da einem eingeengten Bereich an möglichen Aktivitäten definitionsgemäß ein hoher Ordnungsgrad entspricht, besteht zwischen Ordnung und Freiheit im Verständnis der Systemtheorie ein widersprüchliches Verhältnis. Ordnung ist für die Bildung und Erhaltung von Systemen notwendig."
177 *v. Hayek* (Fn. 173), S. 113.   178 Dazu *Beyfuss* (Regelmechanismen).

mals neuen Staatskompetenz) antizyklischer Globalsteuerung mit der Zielrichtung vorgetragen, den damit erweiterten politischen Handlungsspielraum der Regierung wieder einzuengen. Mit der Übernahme der Formel „rules-versus-authority" wurde im Gefolge der Friedman'schen „New Economis" [179] eine Gegenbewegung eingeleitet, die an praktischen Problemen der Konjunktursteuerung keynesianischer Provenienz anknüpfen konnte. Erkenntnis-lag, Entscheidungs-lag, Handlungs-lag und Wirkungs-lag stellten die „Überschriften" für die Kritikpunkte dar, die im Ergebnis gipfelten, daß der Staat selbst die Hauptschuld an den Konjunkturschwankungen trage. [180] Daß für die technokratischen, entpolitisierten Regelbindungskonzepte weitgehend dieselben Grundprobleme wie für die sog. „diskretionäre" Politik verantwortlichen Staatshandelns bestand, wurde nicht berücksichtigt; die dafür notwendige Auswahl geeigneter (Konjunktur-)Indikatoren, eine gesicherte Wirkungsanalyse alternativer Instrumente und die Bewertung von Nebenwirkungen insbesondere distributionspolitischer Art ist ein bis heute ungelöstes Problemfeld.

Aus dieser Perspektive wird jedenfalls staatliches Handeln nur dann akzeptiert, wenn es sich auf die „Sachnotwendigkeiten" beschränkt. Diese lassen sich eben auch durch „Sachverstand", d. h. sorgfältige und rationale Analyse wirtschaftlicher Gegebenheiten herausfinden; für besondere Freiräume demokratischer Entscheidungsprozesse besteht kein Bedarf. Demokratie ist insofern eine Frage der Bestellung und Bestätigung zu derartigen Analysen befähigter Politiker. Folgt man dem siebengliedrigen Positionsspektrum von v. Alemann, [181] wird man sowohl Elemente der „rechtskonservativen" wie auch der „altliberalen Argumentation" für hier einschlägig halten. Gleichermaßen wird man nämlich die Sätze „Demokratie dient hier als ein Mittel und vielleicht nur als ein zeitgemäßes Hilfsmittel der repräsentativ-plebiszitären Absicherung des Rechtsstaats" und „der Staatsbegriff hat unbedingten Primat vor dem Demokratiebegriff" [182] als auch die Bedenken der „Altliberalen" gegen einen Transfer demokratischer Verfahren zur Entscheidungsfindung in andere als dem staatlich-politischen Bereich [183] zu dem bisher Gesagten als passend empfinden.

4. Charakter der Europäischen Gemeinschaft bei Dominanz dieser Konzeption

In diesem „marktwirtschaftlichen Europa" würde die Sicherung und der Ausbau der vier Grundfreiheiten als einer der drei Pfeiler des Gemeinsamen Marktes [184] Hauptaufgabe der EG-Organe sein. Im freien Warenverkehr müßten die

---

179 ibid., S. 5.
180 So *Desters* (Regelmechanismen statt konjunkturverschärfender Staatseingriffe); vgl. auch die daran anschließende Diskussion in der Wirtschaftswoche, Hefte 48/70, 8/71, 14/71 und 18/72.
181 *v. Alemann* (Fn. 149).
182 ibid., S. 7.
183 ibid., S. 8, „Eine Übertragung auf andere Bereiche sei von der Natur der Sache her problematisch, weil etwa in Familie, Schule, Universität und Betrieb grundsätzlich Ungleichheit der Voraussetzungen und Kompetenzen herrsche."
184 Gliederung nach dem 1. Bericht der BAG (Verfassung oder Technokratie für Europa), S. 27 ff.

(Zollbeschränkungen häufig substituierenden) nichttarifären Handelshemmnisse dauerhaft beseitigt werden, die Freizügigkeit der Arbeitnehmer hätte durch geeignete Maßnahmen im Sozialversicherungsrecht und anderen Bereichen weiter gefördert zu werden, die Beschränkungen der Niederlassungsfreiheit und des freien Dienstleistungsverkehrs wären weiter zurückzudrängen, und auch die periodisch nach allgemeiner Wirtschaftslage und Zahlungsbilanzsituation üblichen Behinderungen des Zahlungs- und des Kapitalverkehrs wären aus Gründen der Allokationseffizienz vollständig aufzuheben. Nach Maßgabe des Ziels, Wettbewerbsverzerrungen zu verhindern, wären die Steuersysteme weitestmöglich zu vereinheitlichen (2. Pfeiler);[185] und drittens müßte eine konsequente Wettbewerbspolitik nach Maßgabe der Wettbewerbsregeln der Römischen Verträge durchgeführt werden. Die für den reibungslosen EG-weiten Güter- und Dienstleistungsaustausch notwendige einheitliche Währung hätte durch ein (vom politischen Entscheidungszentrum) unabhängiges Zentralbanksystem emittiert und kontrolliert zu werden. Auch innerhalb des Entscheidungsgefüges einer solchen Europäischen Notenbank wären Regelorientierungen der Rücksichtnahme auf aktuelle politische Entwicklungen vorzuziehen; Konzepte wie die einer potentialorientierten Geldmengensteuerung dürften einer konjunkturbezogenen Geldpolitik geringe Chancen geben. Dies würde im übrigen auch für die Haushaltsgestaltung sowohl der EG als auch der nachfolgenden Staats-, Regional- und Gemeindeebene gelten. Regelsysteme in der Art des „konjunkturneutralen Haushaltes"[186] des deutschen Sachverständigenrats zur Begutachtung der gesamtwirtschaftlichen Lage würden der Gestaltung des Budgetniveaus durch die politischen Kräfte wenig Spielräume lassen. Selbst die Strukturgestaltung öffentlicher Haushalte könnte durch Expertenratschlag weitgehend vorgezeichnet sein; investive könnten gegenüber konsumtiven Ausgaben als geeigneter dargestellt werden und durch Definition der beiden Ausgabenkategorien etwa Personaleinstellungen im öffentlichen Dienst durch „Sachargumentation" außer Betracht erscheinen lassen.[187] Demgemäß bestünde kein hoher Bedarf an „Politik" und damit umfänglicher demokratischer Verfahren. Sicher müßte es an der Spitze der mit gewichtigen, aber begrenzten Funktionskatalogen versehenen Exekutivorgane[188] Politiker geben, die dem durch sie repräsentierten Volk (bzw. den europäischen Völkern) das rational Ermittelte „nahebringen". Das Politikberatungsmodell durch die Wissenschaft wäre aber wohl das sog. „technokratische" (i. S. v. J. Habermas).

---

185 dies wird als die „normativ-funktionale Methode der Integration" bezeichnet; ibid., S. 64 f mit Hinweis auf deren Problematik.
186 Siehe etwa die Darstellung bei *Biehl* (Schätzung konjunktureller Effekte), S. 59 ff; er gliedert in Ausgabenregeln, Steuereinnahme-, Verschuldungs-, Basisjahr-, Preisniveau-, marginale Haushaltsausgleich- und Indikatorregel.
187 Beispiel dafür: das Gutachten des Wissenschaftlichen Beirats beim Bundesministerium für Finanzen „Zum Begriff der öffentlichen Investitionen – Abgrenzungen und Folgerungen im Hinblick auf Artikel 115 Grundgesetz" vom 20. Mai 1980, insbes. S. 69.
188 Deren interne Ressortgliederung wäre sicher an der „klassischen" Aufteilung in Inneres, Äußeres, Finanzen, Justiz und Verteidigung orientiert.

Zwar wäre auch das Europäische Parlament im dazu notwendigen Institutionengefüge nicht wegzudenken. Es hätte aber insbesondere mehr als allgemeines Kontroll- und Rekrutierungsorgan für die politischen Spitzenfunktionen denn als Stelle der Erarbeitung ausdifferenzierter Handlungsprogramme für die politische Führung zu dienen. Es versteht sich von selbst, daß die dann (untergeordneten) nationalstaatlichen Handlungsinstanzen auf den Einsatz einer Reihe von Instrumenten zur indirekten Wirtschaftslenkung (Subventionen, Exportförderungen etc.) wegen des genannten tip-toeing-Effektes verzichten müßten.

5. Verortung im politischen Kräftefeld

Gliedert man das Parteienspektrum in den Ländern der Europäischen Gemeinschaft mit Norbert Gresch in 5 Hauptströmungen auf, [189] und zwar in
(a) Kommunisten und linksextreme Splittergruppen
(b) Sozialisten und Sozialdemokraten
(c) Liberale
(d) christliche und konservative Demokraten
(e) antiklerikale und nationale Rechtsparteien, Partikularisten, Separatisten, Protestbewegungen

so wird man die genannten Skizzenelemente vor allem von den unter (c) und (d) genannten Richtungen der europäischen Parteienfamilien vorgebracht und auch über längere Zeiträume im nationalen und transnationalen Bereich vertreten finden. Zwar kann dies nur eine Tendenzaussage sein, weil sowohl innerhalb der nationalen Parteien als auch der transnationalen Parteienkooperationen die Spannbreiten zwischen den „Flügeln" nicht unerhebliche Ausmaße angenommen haben und derzeit eher eine zunehmende als abnehmende Entwicklung zu verzeichnen zu sein scheint. [190] So bietet die in sog. „correnti" untergliederte italienische DC (Democracia Christiana) nicht gerade ein Bild der Geschlossenheit, und auch die Einschätzung der Größenordnung und Notwendigkeit sozial- und/oder konjunkturpolitischer Staatsaktivitäten dürften etwa zwischen deutscher CDU/CSU und der holländischen KVP (Katholische Volkspartei) erheblich differieren. [191]

Man wird indes auf gleicher Ebene vergleichen müssen, d. h. wenn z. B. im Europäischen Parlament Grundsatz-, aber auch aktuelle Handlungsentscheidungen zu treffen wären, wird man liberale sowie christliche und konservative Demokraten eher in die Richtung dieser Konzeption gemeinsam votierend erleben als die unter (a) und (b) genannten Gruppierungen. Sicher wird man das derzeit (noch) nicht überinterpretieren dürfen, da nationale Loyalitäten konzeptionelle Identitäten immer wieder überlagern. Dennoch, das generelle Vertrauen in den

---

189 im Anhang zu (Zusammenarbeit der Parteien in Westeuropa), S. 396 f; dort auch die im Einzelfall nicht immer einfache Zuordnung der (nationalen) Parteien.
190 Vgl. dazu auch *Hrbek* (Fn. 96), S. 370 ff über Homogenität und Kohärenz beteiligter Parteien.
191 Dazu (Europäische Parteien der Mitte); die KVP ist 1977 im CDA (Christen-Demokratisch Appèl) aufgegangen.

Marktmechanismus [192] und seine aus dieser Sicht automatisch Freiheit und (Leistungs-)Gerechtigkeit gewährende Funktionsweise, das gleichstarke Mißtrauen gegenüber staatlichen Eingriffen in den Wirtschaftsablauf, die Forderung nach autonomen Währungsbehörden und die Konzentration auf die dauerhafte Vereinheitlichung von Rechtsregeln unter primär Wettbewerbsgleichheitsgesichtspunkten ist so viel intensiver als bei den anderen politischen Grundströmungen ausgeprägt, daß sich dies mittel- und langfristig als stark determinierender Entscheidungsfaktor herausbilden dürfte. Noch weniger wird man auf der Ebene der Interessenorganisationen relativieren müssen. Formulierungsvergleiche zwischen programmatischen Aussagen der beiden Hauptgruppen Wirtschaftsverbände und Gewerkschaften zeigen spiegelbildlich Zutrauen bzw. vorsichtiges Abwarten bis Ablehnung freier Marktpreisbildung und Vorsicht bzw. Skepsis bis konsequente Ablehnung staatlicher (Wirtschafts-)Aktivitäten. Besonderheiten des Einzelfalls, wie (i) Textilunternehmer X ruft kurz vor dem Konkurs mit Unterstützung der lokalen Gewerkschaft nach staatlichen Zuschüssen von der ihm politisch nahestehenden Landesregierung, oder (ii) deutsche Gewerkschaft Y mit Verantwortung im mitbestimmten hochproduktiven, da jüngst rationalisierten Stahlunternehmen Z spricht sich gegen Subventionen für die Stahlindustrie in EG-Ländern aus, dürfen dabei nicht als Grundlage zur Bestimmung mittel- bis langfristiger Grundpositionen herangezogen werden. Dazu sind vielmehr die Endergebnisse innerverbandlicher Meinungsbildung heranzuziehen.

Was die legitimatorische Komponente, die Demokratievorstellung dieser Konzeption anbetrifft, so wird sie deutlich von den Gewerkschaften abgelehnt: „... es [ist] in freiheitlich-demokratischen Gesellschaften nicht länger annehmbar, demokratische Mitwirkungs- und Mitspracherechte auf den staatlich-politischen Bereich zu beschränken...", insbesondere müsse „der Unternehmensbereich eingeschlossen werden". [193] Dem schließen sich naturgemäß die Unternehmen und die sie repräsentierenden Verbände nicht so ohne weiteres an.

III. Das Konzept einer „mixed economy" – der verantwortliche Staat

1. Sicht des Wirtschaftsprozesses

Die (neo-)liberale bzw. (neo-)klassische Sichtweise einer inhärenten Stabilität des Martksystems ist sowohl in theoretisch-modellhaften Analysen wie auch durch Verweise auf tatsächliche wirtschaftliche Gegebenheiten vielfältig infragegestellt worden. Dies impliziert nicht, den Marktmechanismus in toto für nicht anwendbar zu erklären, sondern heißt lediglich, über die Grenzen seiner Zweckgeeignetheit zur Erreichung wirtschafts- und gesellschaftspolitischer Ziele nachzudenken. Marktdefizienzen – in der angloamerikanischen Lehrbuchsprache

---

192 Siehe die vergleichende Darstellung bei Hrbek (Parteibünde), S. 307: „Die ELD bezeichnet als ihr Grundziel die freie soziale Marktwirtschaft" und „Die EVP legt ein klares Bekenntnis zur sozialen Marktwirtschaft ab".
193 Vgl. Aktionsziele des EGB 1976 – 1979 (hrsg. v. EGB), angenommen vom 2. satzungsgemäßen Kongreß, London, 22. – 24. April 1976, Abschnitt II. 1.

"market failure" [194] genannt – durch systematische und empirische Analyse aufzuzeigen, bedeutet dann aber auch, Verantwortungsbereiche demjenigen Handlungsträger zuzuweisen, der gleichsam exterritorial als endogen angesehene Störungen des privatwirtschaftlichen Steuerungsmechanismus zu kompensieren bzw. zu beseitigen hat, nämlich dem Staat. Er muß für diejenigen eine glaubwürdige Appellationsinstanz sein, die die Folgen von Fehlfunktionen unmittelbar zu tragen haben.

Für das mögliche, wohlgemerkt aber damit noch lange nicht im Einzelfall konkret belegte defiziente Funktionieren des sich selbst überlassenen Marktsystems werden in der Regel folgende Gründe vorgebracht: [195]

a. *makroökonomisches Instabilitätsargument*

Durch empirisch-statistische Belege (Weltwirtschaftskrise von 1929, Konjunkturschwankungen in allen Staaten der westlichen Welt) wie auch insbesondere durch mit dem Namen Keynes in Verbindung zu bringende theoretische Analysen (Konjunkturmodelle vom Multiplikator-Akzelerator-Typ [196]), sei hinreichend als sicher anzunehmen, daß ein schwankungsfreier Auslastungsgrad des Produktionspotentials i. w. S., also einschließlich der menschlichen Arbeitskraft, in einem rein liberalkapitalistischen System nicht zu erwarten ist.

b. *mikroökonomisches Instabilitätsargument*

Angeregt durch tatsächliche Abläufe auf bestimmten Märkten (erstmals landwirtschaftlicher Schweinezyklus) ergibt die theoretische Modellbetrachtung sog. Cobwebprozesse, [197] daß bei speziellen Angebots-/Nachfragekonstellationen eine Bewegung hin zum stabilen Gleichgewicht nur *eine* von mehreren Prozeßverläufen darstellt.

c. *organisatorisch-technisches und motivationales Selbstaufhebungsargument*

Die aus unterschiedlichen Gründen (alle Unterformen der „economies of scale" [198]) gegebene Existenz von Produktionen bei abnehmenden Grenz- und Durchschnittskosten kann Wettbewerbsmärkte von innen heraus ge-

---

194 So in *Musgrave/Musgrave* (Public Finance), S. 6; grundlegend *Bator* (Anatomy of Market Failure).
195 Systematisierung durch den Verfasser in nahezu gleicher Form erstmals 1980 in (Zweite Euro-ORDO-Debatte), S. 163 f.
196 Vgl. die didaktisch gelungene, formale Präsentation der Modelle von *Samuelson* und *Hicks* bei *Ott* (Dynamische Wirtschaftstheorie), S. 186 ff.
197 ibid., 143 ff für eine formale Darstellung; für eine verbale vgl. *Streit* (Theorie der Wirtschaftspolitik), S. 60 f. Dort auch als Beispiel – und damit von aktuellem Interesse – Rohstoffmärkte. Für *Streit* ist die Interpretation eindeutiger: die genannten Probleme deuten auf „wirtschaftspolitischen Lenkungsbedarf" hin (S. 39).
198 Genannt seien zwei technische Gründe: (1) Fläche-Volumen-Beziehung (wenn das Volumen eines Öltankers um x^3 erhöht werden soll, muß der ihn umgebende „Mantel" nur um x^2 größer werden); (2) „overhead-Kosten" für die Konzeptionierung eines Flugzeugs, Autos etc. sind unabhängig von der tatsächlichen Ausbringungsmenge.

fährden; darüber hinaus droht die durch die Überschußerzielungsnotwendigkeit erzeugte Motivationsstruktur der Unternehmen, bei diesen Risikominimierungsstrategien auszubilden, die wettbewerbszerstörende Konzentrationsprozesse im vertikalen (Lieferanten und Abnehmer) wie horizontalen Sinne (Konkurrenten) verstärken.

d. *„public-goods"-Argument*

Öffentliche Güter, die durch die Merkmale Versagen des Ausschlußprinzips und nichtrivalisierender Konsum gekennzeichnet sind (Standardbeispiel Leuchttürme), werden durch das Risiko der Einnahme von „free-rider-Positionen" durch den privatwirtschaftlichen Herstellungs- und Austauschprozeß nicht in ausreichendem Maße zur Verfügung gestellt.[199]

e. *„externalities"-Argument*

Externe Effekte im Produktions- und Konsumtionsbereich beeinträchtigen das im Grundsatz wohlfahrsoptimierende Zusammenspiel von Nutzen- und Gewinnmaximierungskalkül der Haushalte und Unternehmen, da vielfach eine individuelle bzw. einzelwirtschaftliche Zurechnung von Nutzen bzw. Kosten und Erträgen nicht möglich ist, oder sich nicht von allein einstellt.[200]

f. *Risikoübernahmeargument*

Bei unsicheren, riskanten Investitionen, deren Erträge bei Erfolg möglicherweise nicht einmal genau zurechenbar bleiben (z. B. Grundlagenforschung), besteht die hohe Wahrscheinlichkeit, daß sie, obwohl gesamtwirtschaftlich notwendig, nicht privatwirtschaftlich getätigt werden.[201]

g. *Zeitpräferenzargument*

Die öffentliche kann von der privaten Zeitpräferenzrate abweichen. Vorgezogene Konsumwünsche können ein für alle besseres, hohes (Aus-)Bildungsniveau infragestellen, da ein wesentlich frühzeitigeres Berufseintrittsalter bei reiner Individualentscheidung erwartbar ist.

h. *Redistributionsargument*

Aus dem Umstand, daß die im Marktsystem gegebenen Einkommenserzielungschancen sich nur auf den Besitz produktiver Ressourcen gründen können, deren Ausgangsverteilung und effektiver Wert auch durch andere als lei-

---

199 Für eine weitere Untergliederung in spezifisch-öffentliche und – umstrittene – meritorische Bedürfnisse vgl. *Musgrave* (Fn. 81), S. 10 ff.
200 Für vielfältige Illustrationen negativer externer Effekte im Produktionsbereich vgl. das schon „klassische Werk der Umwelt-Ökonomie" – so der Untertitel – von *Kapp* (Soziale Kosten der Marktwirtschaft), das erstmals 1950 erschien.
201 Dazu erneut der Wissenschaftliche Beirat beim Bundesministerium für Wirtschaft in seinem Gutachten „Staatliche Interventionen in der Marktwirtschaft" im Jan. 1979, S. 46: „Das marktwirtschaftliche Anreizsystem begrenzt (...) die Innovationsbestrebungen auf marktnahe Lösungen. Die Grundlagenforschung mit ihren einerseits besonders hohen Risiken und ihren – im Erfolgsfall – andererseits besonders hohen positiven externen Effekten kommt dabei zu kurz."

stungsbezogene Faktoren determiniert sein können, wie Erbübergang, Knappheitsrenten aufgrund nichtzurechenbarer Sonderentwicklungen etc., kann die sich ergebende Primärverteilung als gesamtgesellschaftlich ungerecht empfunden werden.

2. Aufgaben des Staates für Ablauf und Rahmengebung ökonomischer Aktivitäten

Rein oberflächlich gesehen könnte von einer „mixed economy" immer dann die Rede sein, wenn es einen öffentlichen und einen privaten (Produktions-)Sektor gibt. Zwar wird dieser Begriff durchaus meist in diesem rein vordergründig phänomenologischen Sinne verwandt; hier indes soll der Versuch unternommen werden, diesen international verbreiteten Begriff konzeptionell zu verdichten. Er soll für das stehen, was J. K. Galbraith unlängst in Ermangelung einer solchen terminologischen Festlegung einfach den „Konsens" nannte, den er als derzeit zwar gefährdet, aber als in allen Industrieländern der westlichen Welt seit dem Zweiten Weltkrieg existent ansieht.[202] Diese Grundübereinstimmung läßt sich in allgemeinster Form mit J. M. Keynes so ausdrücken: „The most important Agenda of the state relate not to those activities which private individuals are already fulfilling but to those functions which fall outside the sphere of the individual, to those decisions which are made by no one if the state does not make them. The important thing for government is not to do them a little better or a little worse: but to do those things which are not done at all."[203] Dies trifft teils unmittelbar, teils mittelbar für alle zuvor genannten Punkte (a) – (h) zu.

Keynes betonte denn auch, daß gleichsam „für den wirtschaftlichen Alltag" auf die Vorteile des Marktmechanismus nicht verzichtet werden kann. Ihm ging es nur um das Niveau der Wirtschaftsaktivitäten, nicht um deren Struktur, wie aus den „concluding notes" im letzten Kapitel seines Hauptwerks hervorgeht: „When 9 000 000 men are employed out of 10 000 000 willing and able to work, there is no evidence that the labour of these 9 000 000 men is misdirected ... It is in determining the volume, not the direction of actual employment that the existing system has broken down".[204] Diesen Überlegungen verdanken wir die heute übliche Trennung von Mikro- und Makroökonomie.[205]

Die Keynes'sche Analyse stellt jedoch den zuvor beschriebenen dualen Denkansatz der Neoklassik infrage. Sonderentwicklungen im monetären Sektor können sehr wohl schwere Störungen und Blockierungen im realwirtschaftlichen Bereich erzeugen. So könne es einen über längere Zeit oberhalb der sog.

---

202 In „Die Zeit" v. 27. 2. 1981, S. 26.
203 *Keynes* (End of Laissez-Faire), S. 47; übrigens auch zustimmend zitiert bei dem – liberalen – *Robbins* (Political Economy), S. 9. Allgemeine Sätze haben oft auch den Nachteil, daß man sich zu leicht auf sie einigen kann.
204 *Keynes* (General Theory), S. 379.
205 So umstritten sie auch ist; vgl. einerseits die kritischen Bemerkungen v. *Hayeks* zum „Aufstieg der Makro-Ökonomie" durch *Keynes'* „General Theory" in seinem Aufsatz „Persönliche Erinnerungen an *Keynes* und die ,*Keynes*'sche Revolution' "; in (Fn. 173), S. 91 ff und andererseits den *Huffschmid*schen Angriff aus einer dazu vollkommen konträren Position (Politik des Kapitals), S. 121 f.

„Grenzleistungsfähigkeit des Kapitals" liegenden (Markt-)Zinssatz geben, der die Finanzierung „realer" Investitionen (i.Ggs. zu „Finanz-Investitionen") erschwert. Der daraus resultierende Nachfrageausfall im güterwirtschaftlichen Bereich würde über eine unerwünscht lange Zeitperiode ein ..Gleichgewicht" bei Unterbeschäftigung ermöglichen. Daher muß in solchen Situationen eine aktive Zinssenkungspolitik direkt (Diskontpolitik) oder indirekt (Offenmarktpolitik)[206] betrieben werden.

Aber selbst diese kann u. U. nicht mehr ausreichend sein: „Furthermore, it seems unlikely that the influence of banking policy on the rate of interest will be sufficient by itself to determine an optimum rate of investment. I conceive therfore a somewhat comprehensive socialisation of investment will prove the only means of securing an approximation to full employment".[207] Damit weist Keynes eine geradezu dauerhafte Verantwortung für das generelle Investitionsniveau dem Staat zu. Die konkrete Ausprägung derselben läßt er jedoch offen: „... this need not exclude all manner of compromises and of devices by which public authority will cooperate with private initiative".[208]

Keynesianismus ist zwar heute für viele ein Sammelbegriff für alle wissenschaftlichen Bestrebungen, theoretisch mögliche wie auch tatsächlich auftretende negative Auswirkungen ungesteuerter Marktprozesse zu benennen und konstruktiv anzugehen, dennoch stand bei Keynes selbst die in globalen Größen operierende Gesamtbetrachtung eines marktwirtschaftlichen Systems im Vordergrund. Auch die danach zum Handeln verpflichteten wirtschaftspolitischen Entscheidungsträger Regierung und die von ihr „an die Zügel" zu nehmende Notenbank hätten sich aus Trendentwicklungen der Großaggregate Gesamtnachfrage (Konsum, Investition, jeweils staatlich und privat) und Gesamtangebot den Handlungsbedarf zu begründen. Dies deckt Punkt (a) unserer Gliederung. Mit den anderen Argumenten, die

für (b) eine staatliche (Einzel-)Marktstabilisierungspolitik in bestimmten Branchen (z.B. Agrarwirtschaft; Stahl- und Aluminium-Industrie),

für (c) entweder eine strenge Wettbewerbspolitik (sei es durch Marktstruktur-, Markterhaltungs-, Marktergebniskontrolle) oder eine aus technischen Gründen notwendige Überwachung der Preis- und Konditionsgestaltung bestimmter Unternehmen,

für (d) die Zuverfügungstellung zahlreicher öffentlicher Dienste (wozu man auch geordnete Pflichtversicherungssysteme für den schon aus Zeitgründen zur freien Wahl nicht fähigen Normalbürger zählen muß),

für (e) den Schutz der Umwelt durch strenge staatliche Rahmensetzungen,

für (f) die Durchführung staatlich organisierter Großforschung,

für (g) ein effizientes öffentliches Bildungssystem und

---

[206] Ein gut nachvollziehbares Beispiel für den „Transmissionsmechanismus" monetärer Maßnahmen in den güterwirtschaftlichen Bereich gibt *Jarchow* für den Fall einer durch Wertpapierankäufe der Zentralbank bewirkten Geldmengenerhöhung in seiner (Geldtheorie), S. 235 f.

[207] *Keynes* (Fn. 204), S. 378.

[208] ibid., S. 378.

für (h) ein wirksames Umverteilungssystem vornehmlich durch Besteuerung nahelegen, hat sich Keynes selbst weniger intensiv befaßt. Daher soll all dies unter dem Begriff „mixed-economy" und der parenthetischen Beifügung „der verantwortliche Staat" zusammengefaßt werden.

3. Akzeptanz der Ergebnisse des Wirtschaftsprozesses und des staatlichen Handelns

Aus dem Blickwinkel dieser Konzeption werden die Ergebnisse des marktmäßigen Distributions- und Produktionsprozesses nicht ohne weiteres hingenommen. Die von der Neoklassik unterstellte Allmacht des Kunden, der durch seine Kaufentscheidungen die Struktur des Produktionsprogramms steuere, wird mit dem durch J. K. Galbraith[209] geprägten Begriff der Produzentensouveränität erheblich relativiert. Darüber hinaus müssen realistischerweise auch Abstriche am Bild des auf allen Ebenen seines Seins freien und gleichen Tausch- und Kontraktpartners gemacht werden. So ist im Einzelfall in der Tat sehr sorgfältig zu klären, ob ungleiche Machtpositionen den Gedanken vom gleichberechtigten Aushandeln der jeweiligen Inhalte von Arbeits- oder Kaufverträgen eher absurd erscheinen lassen. Zu einer solchen Analyse gehört daher immer auch die Prüfung der Existenz/Nichtexistenz von Ausweichmöglichkeiten auf der jeweils gegenüberstehenden Kontraktseite.

Für Kritiker und insbesondere durch die tatsächlichen Ergebnisse von Marktprozessen negativ Betroffenen ist der Staat oft die einzige Stelle, die ihnen gegensteuerungsfähig erscheint. Zwar gibt es im vorstaatlichen Raum Möglichkeiten, durch Selbstorganisation in Gewerkschaften[210], Verbraucherverbänden, auch – im innerwirtschaftlichen Austausch – Einkaufs- und Verkaufsgenossenschaften und dergl. Schutzpositionen aufzubauen. Soweit dies jedoch lediglich zur permanenten Einnahme von Kampfpositionen führt, von denen aus jede Seite herauszuholen versucht, was herauszuholen ist, sind die Reibungsverluste und Kosten für die auch immer indirekt betroffene Allgemeinheit zu hoch. Daher bedarf es – subsidiär – eines Staates, der glaubwürdig getrennt[211] von den spezifischen Interessengruppen verallgemeinerungsfähige Grundprinzipien öffentlich formuliert und nach ihnen handelt. Daran wird er gemessen werden und seine Legitimation erfahren oder bestritten erhalten.

Zu effizientem Handeln in diesem Sinn gehören als Voraussetzungen ausreichende Informationen und Diskursfähigkeit zur Ermittlung solcher verallge-

---

209 In der Darstellung der Sichtweise des neoklassischen Modells beschreibt er dies so: „Thus the economic system places the individual – the consumer – in ultimate command of itself". In: (Economics and the Public Purpose), S. 19; im folgenden dann die Kritik.
210 *Galbraith* hat dies früher (1952) zum Konzept der „Countervailing Power" entwickelt; Kurzdarstellung und -kritik bei *Peters* (Theoretische Ansätze in der Wettbewerbspolitik), S. 378 und S. 380.
211 Zu Recht wird bei einer Realanalyse dies sehr oft infrage gestellt; man sollte jedoch nicht aufgrund dieser Sein-Sollens-Differenz auf diese Norm, dieses Ideal verzichten. Dessen ständige Denunziation schwächt auf die Dauer auch diejenigen, denen diese Vorstellung immer eine Orientierungsmarke für konkretes Handeln bietet, oder – früher wenigstens – geboten hat.

meinerungsfähiger Interessen.[212] Daher ist der „Demokratiebedarf" oder – modernistischer – die Partizipationsnotwendigkeit[213] der Beteiligten am Entscheidungsprozeß staatlicher Stellen sehr hoch; daß er Grenzen hat, ist offensichtlich, daß diese oft zu früh gezogen werden, ebenso.[214]

Dies gilt insbesondere für die vielfältigen wirtschaftspolitischen und -gestalterischen Aufgaben unseres zuvor entwickelten Katalogs. Maßnahmen der Globalsteuerung verlangen die Berücksichtigung distributiver Nebenfolgen einer konjunkturell notwendigen Investitionsanreizpolitik, Marktstabilisierung über Preisfestsetzung die Rücksichtnahme auf Verbraucherinteressen, eine anzuratende Fusionsuntersagung die Abschätzung der Folgen für die Beschäftigung, die Zurverfügungstellung öffentlicher Güter die Kontrolle der inneren Effizienz der staatlichen Ausführungsorgane und ihrer Kosten (dies trifft ebenso für öffentliche Bildungs- und Forschungseinrichtungen zu), die Ausgestaltung progressiver Besteuerungssysteme die Berücksichtigung dämpfender Effekte auf die incentive-Struktur beruflicher Betätigung.

Für alle diese Beispiele gilt, daß je nach aktueller Sachlage teils Offenheiten für Partizipation, teils sachbezogene Grenzen partikularer Interessenartikulation bestehen. Zweifellos aber wird im Vergleich zur (neo-)liberalen Konzeption ein wesentlich höherer Bedarf an aktiver Teilnahme der Bürger an staatlichen, aber auch gesellschaftlichen Entscheidungsprozessen als erforderlich angesehen.

Hierzu passend erscheinen bestimmte Elemente der pluralistisch-integrativen wie auch der linksliberalen Variante des v. Alemann-Schemas. Es ist sowohl richtig, daß hier „Demokratie ... als eine Methode der Entscheidungsbildung nicht nur im traditionell staatlichen-politischen, sondern auch im gesellschaftlichen Bereich verstanden [wird]",[215] als auch angemessen, daß „hier ... von einem Demokratiebegriff [ausgegangen wird], der den ständig fortschreitenden Prozeß der Demokratisierung aller Lebensbereiche, die Befreiung von physischen, politischen, sozialen und wirtschaftlichen Zwängen und damit die Emanzipation des Individuums von irrationaler Herrschaft und seine Mündigkeit in einer mündigen Gesellschaft anstrebt."[216]

---

212 Vgl dazu die ausgesprochen ernsthaften Bemühungen, die Bedingungen solcher Diskurse herauszuarbeiten, durch *Habermas* (Fn. 149), S. 140 ff, insbes. S. 148: „Der Diskurs läßt sich als diejenige erfahrungsfreie und handlungsentlastete Form der Kommunikation verstehen, deren Struktur sicherstellt, daß ausschließlich virtualisierte Geltungsansprüche von Behauptungen bzw. Empfehlungen oder Warnungen Gegenstand der Diskussion sind; daß Teilnehmer, Themen und Beiträge nicht, es sei denn im Hinblick auf das Ziel der Prüfung problematisierter Geltungsansprüche, beschränkt werden; daß kein Zwang außer dem des besseren Argumentes ausgeübt wird; daß infolgedessen alle Motive außer dem der kooperativen Wahrheitssuche ausgeschlossen sind."; dazu aber auch die u. E. kurzschlüssige Kritik von *Rüssmann* (Werturteile), S. 353 ff, die die Lösung dahinterstehender Grundprobleme menschlichen Zusammenlebens nicht konstruktiv über die *Habermas*'schen Versuche hinaustreibt.

213 Zur Entwicklung der Diskussion in den letzten beiden Jahrzehnten vgl. den Abschnitt „Demokratie" in *v. Beyme* (Politische Theorien), S. 189.

214 im einzelnen, ibid., S. 204 f.

215 *v. Alemann* (Fn. 149), S. 9.   216 ibid., S. 10.

4. Charakter der Europäischen Gemeinschaft bei Dominanz dieser Konzeption

Natürlich wird auch in der „mixed economy Europa" der Marktmechanismus die Hauptlast für Ressourcenallokation und Einkommensdistribution tragen. Der Vorteil dieses dezentralen Koordinationsverfahrens einer Unzahl von Einzelplänen und -entscheidungen liegt insbesondere darin, daß das Organisationsprinzip Marktwirtschaft bei Minimierung der Menge ökonomischer Informationen für die einzelnen Wirtschaftssubjekte (Haushalte: eigenes Einkommen, Güterpreise, Präferenzstruktur; Unternehmen: Faktor- und Güterpreise, Produktionsfunktionen) eine maximale Menge ökonomischer Daten verwertet. Das wird vor allem in einer Wirtschaftsgemeinschaft, die größer als jeder Nationalstaat für sich genommen ist, nötig sein. Denn eine zentralistische Detailplanung ist in einer solchen Größenordnung noch undenkbarer als in kleineren Wirtschaftsräumen.

Gleichzeitig aber können sich die inhärenten Schwankungstendenzen potenzieren, die ja, soweit sie zuvor im weitgehend „abgedichteten" nationalstaatlichen Kontext auftraten, durch (national-)staatliche Reaktionen in ihren Amplituden begrenzt werden konnten. Eine glaubwürdige, d. h. handlungsfähige „Begrenzungspotenz" fehlt in dem de facto existierenden größeren Wirtschaftsraum EG. Er muß jedoch in dem Szenario dieser Konzeption hinzugedacht und gefordert werden. Man wird sonst auch mit sich verstärkenden Renationalisierungstendenzen rechnen müssen.

Während nun aber diese den Punkt (a) unseres Katalogs betreffende Handlungskompetenz eindeutig der EG als höchster Instanz im mehrgliedrigen Staatsaufbau zugeordnet werden muß,[217] wird man bei allen anderen staatlichen Verantwortungsbereichen sehr sorgfältig nach den Kriterien des (Finanz- oder) Fiskalföderalismus die Ebenenzuordnung treffen müssen:

(b) Instabilitäten lokaler/regionaler Märkte müssen von lokalen/regionalen Instanzen unter Kontrolle gebracht werden; europaweite von der EG (z. B. Stahl-, Aluminiumindustrie)

(c) eine konsequente Wettbewerbspolitik (bzw. gegebenenfalls eine fusionsfördernde Industriepolitik wegen zu realisierender „economies of scale") durch ein EG-Kartell-Amt ist bei grenzüberschreitenden Konkurrenzbeziehungen angezeigt

(d) öffentliche Güter müssen je nach geographischer Nutzeninzidenz hinsichtlich Finanzierung und Ausgestaltung von der entsprechenden Ebene verantwortet und zur Verfügung gestellt werden

---

217 Vgl. *Oates* im behandelten (*MacDougall*-Report/II), S. 297: „... argumentiert die Literatur über den Finanzföderalismus, daß der Zentralstaat die Hauptverantwortung für die makroökonomische Stabilisierungsfunktion übernehmen muß; dezentralisierte Ebenen sind einfach nicht in der Lage, effizient die Höhe der aggregierten Nachfrage innerhalb ihrer jeweiligen Hoheitsgebiete zu regulieren". Ebenso *Pelkmans* (Theorie der wirtschaftlichen Integration), S. 120, wenn auch zunächst skeptisch hinsichtlich des Vorliegens der Annahmen der ökonomischen Theorie des Föderalismus für die EG. Immerhin spricht er aber später „von dem dynamischeren Rahmen, den die EG offensichtlich bietet." (ibid., S. 122).

(e) die Internalisierung negativer externer Effekte der Produktion (Verursacherprinzip) oder – falls nicht anders möglich – die Beseitigung auf Kosten der Allgemeinheit (Gemeinlastprinzip) ist ebenfalls nach geographischer Reichweite von den entsprechenden öffentlichen Instanzen durchzuführen

(f) kostenaufwendige Parallelforschung sollte durch großzügige Kompetenzübertragung an die EG vermieden werden; dies gilt insbesondere dann, wenn die zu erwartenden Ergebnisse sich ohnehin schnell über die Wissenschaftlergemeinschaft verbreiten würden bzw. dies intendiert wird (friedliche Kernenergienutzung u. dergl.)

(g) Bildungssysteme sind durch die Formulierung von Minimalia (z.B. für höhere Stufen voruniversitärer Ausbildung: Sprachen, Mathematik, naturwissenschaftliche Grundkenntnisse, also alles, was universale Bedeutung hat) vergleichbar zu gestalten und in öffentlicher Verantwortung zu belassen

(h) interpersonale Umverteilungssysteme müssen auf EG-Ebene verbindlich abgestimmt werden, da bei merklichen Unterschieden Wanderungsbewegungen induziert werden, die ihrerseits hocheffiziente Systeme auf ein niedrigeres Niveau drücken. Damit wäre ein wichtiger „vertrauensbildender" Bestandteil dieser Konzeption herausgebrochen. Gleiches gilt für interregionale Ausgleichssysteme, sie müßten finanzierungsmäßig (Aufstockung der Mittel), institutionell (effizienter Apparat) und konzeptionell (keine „lump-sum"-Transfers an untergeordnete öffentliche Haushalte, die damit sonst bestehende Defizite decken[218]) glaubwürdig sein.

Die Wahrnehmung aller dieser Funktionen durch EG-Organe und untergeordnete Staatsinstanzen bedürfte einer trennscharfen Kompetenzabgrenzung, die allgemein akzeptiert sein muß. Dies gilt auch für die zuzuordnenden demokratischen Kontrollinstanzen, die damit auch die durch die jeweilige Funktionsbeschreibungen gesetzten Grenzen ihrer Entscheidungs-/Beratungskompetenz strikt einhalten müßten.[219] Dies dürfte das problematischste, weil hohe konzeptionelle Übereinstimmung voraussetzende Element dieses Gedankengebäudes sein. Davon hängt aber in hohem Maße seine Realisationschance ab. EP und WSA beispielsweise dürfen nicht über dieselben Probleme beraten oder gar entscheiden, die Zentralbank muß über das (in dieser Konzeption wesentliche höhere) Maß an Abhängigkeit von der wirtschaftspolitischen Entscheidungsinstanz Bescheid wissen, die Verantwortlichkeiten für langfristige Energieplanungen und Durchgriffsrechte müssen hinreichend präzise sein. Weitere Beispiele sind ohne weiteres benennbar.

---

218 Vgl. dazu *Denton* (Fn. 92), S. 288, der dies „problem of additionality" nennt.
219 Vgl. dazu *v. Beyme* (Fn. 213), S. 205 f: „Die Demokratisierungsforderungen leisten der Sache einen schlechten Dienst, wenn sie ... Grenzen der Demokratisierung übersehen: ... Partizipationsmodelle müssen den spezifischen Erfordernissen der einzelnen Subsysteme angemessen sein", und „... Organisationen haben je nach Maß der Abhängigkeit der Organisation von den Verantwortungsmechanismen anderer Organisationen recht unterschiedliches Demokratisierungspotential."

5. Verortung im politischen Kräftefeld

Bereits auf terminologischer Ebene läßt sich vornehmlich bei sozialdemokratischen Parteigruppierungen eine Präferenz für die „mixed economy" bzw. „gemischte Wirtschaftsordnung" feststellen. Der (verstorbene) Labour-Politiker und ehemalige britische Außenminister Crosland schreibt 1975: „We can pursue our goals within the framework of a mixed economy. A mixed economy is essential to social democracy".[220] Auch die 1981 gegründete britische SDP (Social Democratic Party) legt ein „Bekenntnis zur gemischten Wirtschaft"[221] ab; ebenso ist im „Orientierungsrahmen für die Jahre 1975–1985" (OR '85) der deutschen Sozialdemokraten im Abschnitt Markt und Lenkung von einer „gemischten Wirtschaftsordnung" die Rede, „in der sowohl autonome Marktmechanismen als auch staatliche Planung und Lenkung ihren Platz haben. Die einzelwirtschaftliche Verfügung über die Produktionsmittel und die Marktkonkurrenz sind weitgehend unentbehrlich. Gleichzeitig bedarf es aber geeigneter Instrumente staatlicher Beeinflussung und Förderung, Planung und Lenkung des Wirtschaftsprozesses, um die Ziele sozialdemokratischer Wirtschaftspolitik zu erreichen."[222]

Darüber hinaus weist die innere Systematik der nach langen innerparteilichen *politischen* Debatten im OR '85 niedergelegten Problembereiche, „für die das Steuerungsinstrument ‚Markt' ohne Planung und Lenkung national wie international nicht ausreicht",[223] eine hochgradige Äquivalenz mit dem von uns aus den *wissenschaftlichen* Diskussionen deduzierten Katalog auf. Die entsprechende Passage sei hier ungekürzt zitiert:[224]

- „Der sich selbst überlassene Markt neigt zur Aufhebung des Wettbewerbs, wie die zunehmende Vermachtung zahlreicher Märkte durch Konzerne und Kartelle zeigt [motivationales Selbstaufhebungsargument].
- Der Markt kann nur Bedürfnisse befriedigen, die sich in kaufkräftiger Nachfrage ausdrücken. Die Verteilung der Güter durch den Markt ist nur insoweit gerecht, als die Einkommensverteilung gerecht ist [Redistributionsargument].
- Der Markt versagt bei der Bereitstellung von Infrastrukturleistungen, denen heute eine steigende Bedeutung zur Befriedigung gesellschaftlicher Bedürfnisse zukommt [„public goods"-Argument].
- Der Markt verstärkt vorhandene regionale Ungleichgewichte. Hier bedarf es des koordinierten Eingriffs der staatlichen Regionalpolitik, insbesondere durch entsprechenden Ausbau der regionalen Infrastruktur [räumliche Ausprägung des obigen Arguments]
- Oft kann eine ökonomisch sinnvolle Produktion aus technischen Gründen nicht in konkurrierenden Unternehmen hergestellt werden [organisatorisch-technisches Selbstaufhebungsargument].

---

220 *Crosland* (Social Democracy), S. 2.
221 Nach Süddeutsche Zeitung v. 27. 3. 1981, S. 4.
222 (OR '85), S. 41.
223 ibid., S. 42.
224 in eckigen Klammern Verweis auf Entsprechungen/Bezugspunkte der Liste von Argumenten auf S. 51 – 53 dieser Arbeit.

- Der Markt ist ein gegenwartsbezogenes Instrument der Produktionsabstimmung, auf zukünftige Entwicklungen stellt er sich nur insofern ein, als sich diese schon in der absehbaren Nachfrageentwicklung niederschlagen. Deswegen kann die Entwicklung zukunftsträchtiger Branchen oder die Schrumpfung bestimmter Produktionen nicht allein den Marktkräften überlassen bleiben [Risikoübernahmeargument].
- Der Markt löst von sich aus gesellschaftlich wichtigere Aufgaben wie die Sicherung von Vollbeschäftigung, Geldwertstabilität und stetigem Wachstum [makroökonomisches Instabilitätsargument], die Sicherung des sozialen Ausgleichs [wieder vor allem Redistributionsargument] oder den Schutz unserer Umwelt nicht ['externalities'-Argument]." [225]

Die prioritäre Konzentration der konservativen Markttheoretiker auf währungspolitische Fragestellungen wird in der Wahlplattform des Bundes der sozialdemokratischen Parteien in der europäischen Gemeinschaft vom Juni 1977 abgelehnt, [226] Fragen der Geld- und Kreditversorgung gelten als denen der allgemeinen Wirtschaftspolitik untergeordnet. Dies wirkt sich auch auf die geforderte institutionelle Qualität monetärer Instanzen aus: Zentralbanken müssen der politischen Gesamtverantwortung der Regierungen unterstellt werden. So fordert der OR '85 auch die Festlegung der Zentralbank auf alle Ziele des Stabilitäts- und Wachstumsgesetzes, also damit auch auf das für das Überleben der politischen Führung eines Landes entscheidende Vollbeschäftigungs- und Wachstumsziel. [227]

Schließlich werden von sozialdemokratischen und – noch ausgedehnter – durch sozialistische Parteien erweiterte Demokratisierungsforderungen auch und besonders im wirtschaftlichen Bereich aufgestellt. In der genannten Wahlplattform heißt es im III. Abschnitt Wirtschafts- und Sozialpolitik unter der Überschrift „Für eine Gemeinschaft der Wirtschaftsdemokratie": „Die Marktwirtschaft führt nicht von sich aus zur sozialen Gerechtigkeit. Solange die Arbeitnehmer und ihre Vertreter nicht an der wirtschaftlichen und sozialen Planung beteiligt werden, solange keine echte Wirtschaftsdemokratie verwirklicht wird, können die Arbeits- und Lebensbedingungen nicht vermenschlicht werden. Planung und Demokratisierung dürfen nicht allein auf den öffentlichen Sektor beschränkt bleiben. Es gilt, die demokratische Kontrolle der gesamten Wirtschaft zu verbessern." [228] In dieser Forderungstendenz ergibt sich eine geradezu nahtlose Übereinstimmung mit den Gewerkschaften und hier insbesondere dem EGB. [229] Auch er „fordert die Wirtschaftsdemokratie", [230] deren konkrete

---

225 (OR '85), S. 42.
226 (Programme für Europa), S. 159, darauf weist auch *Hrbek* in einer vergleichenden Analyse hin (Fn. 192), S. 308.   227 (OR '85), S. 49.
228 (Programme für Europa), S. 163; dazu auch die kommentierenden Bemerkungen von Horst *Seefeld*, Mitglied des Vorstandes der Sozialistischen Fraktion im EP, ibid., S. 68.
229 Die enge Verbindung geht auch aus der „Politischen Erklärung der Sozialdemokratischen Parteien der Europäischen Gemeinschaft" zu den Europa-Wahlen vom Juli 1978 hervor, (hrsg. vom Vorstand der SPD, Bonn -7-78-A1-100), hier Ziff. 9.
230 Vgl. dazu das Aktionsprogramm – Allgemeine Entschließung und Einzelentschließungen 1979 – 1982 (hrsg. v. EGB), angenommen vom 3. satzungsgemäßen Kongreß, München, 14. – 18. Mai 1979, S. 17 – 19.

Formen allerdings innerhalb der europäischen Gewerkschaftsbewegung noch nicht als konsentiert gelten können.[231]

IV. Die zentralistisch-planwirtschaftliche Konzeption

1. Sicht des Wirtschaftsprozesses

Einige der dritten Konzeption zuzurechnende Auffassungen stellten die zuvor genannten Problembereiche marktgesteuerter Wirtschaftsprozesse als so gravierend dar, daß auch staatliche Gegenreaktionen als letztlich unzulängliche Symptombekämpfung erscheinen. Nach der orthodoxen marxistischen Position bleibt auch der sogenannte „spätkapitalistische Staat", der ja immerhin bestimmte Krisenphänomene als existent anerkennt und sie bekämpfen will, „ideeller Gesamtkapitalist", der „die Naturwüchsigkeit der anarchischen Warenproduktion keineswegs aufhebt; er begrenzt die kapitalistische Produktion, aber er beherrscht sie nicht ...", und, so weiter in der Erläuterung bei Habermas, „die Substituierung von Markt- durch Staatsfunktionen verändert nicht den bewußtlosen Charakter des gesamtwirtschaftlichen Prozesses. Das zeigt sich an den engen Grenzen des staatlichen Manipulationsspielraums; der Staat kann weder substantiell in die Vermögensstruktur eingreifen, ohne einen ‚Investitionsstreik' auszulösen, noch gelingt es ihm, zyklische Störungen des Akkumulationsprozesses, also die endogen erzeugten Stagnationstendenzen, auf die Dauer zu vermeiden oder gar die Krisensubstitute, nämlich die chronischen Defizite der öffentlichen Haushalte und die Inflation wirksam zu kontrollieren."[232]

Damit werden allen Versuchen, „indirekte" Wirtschaftslenkung über „parametrische Planungssysteme"[233] zu treiben, geringe Erfolgsaussichten bescheinigt; sie hätten auch „vor allem drei Funktionsmängel offenbart:

(a) Die von ihr ausgehenden Anstöße haben nicht das administrationsinterne Reorganisationspotential mobilisieren können, auf dessen Basis ausreichende Steuerungsleistungen zu erbringen sind.

(b) Es wurden nicht effektive Mechanismen entwickelt, um politische Prioritäten über den Mark zu realisieren.

(c) Das Vorhandensein sektoraler, wenn auch isolierter Programmplanungen im parametrischen Planungstyp deutet darauf hin, daß es beim Stand der gesellschaftlichen Entwicklung nicht mehr genügt, nur die Rahmenbedingungen der ökonomischen Verwertung zu sichern; gefordert wird die materiale Planung von

---

231 ibid., S. 18 (Ziff. 7)
232 *Habermas* (Fn. 149), S. 75; ähnlich auch in seiner Kritik am OR '85 zusammen mit *Skarpelis-Sperk, Kalmbach* und *Offe* in „Ein biedermeierlicher Weg zum Sozialismus", Der Spiegel, Heft 9/1975, S. 44 – 50.
233 So in dem von *Naschold/Väth* herausgegebenen und eingeleiteten Sammelband (Politische Planungssysteme), S. 11.

Bereichen wie Qualifikationsstruktur der Arbeit, Kommunikations- und Transportsysteme, Gesundheitssicherung". [234]

Daher soll jetzt im wörtlich zu nehmenden Direktzugriff eine „Planung der gesellschaftlichen Produktions- und Reproduktionsbedingungen"[235] vorgenommen werden. Statt tauschwert- wieder gebrauchswertorientierte Produktion, lautet die griffige Formel,[236] die kosten- und gewinnorientiertes Handeln als allein ursächlich für Fehlentwicklungen westlicher Volkswirtschaften ansieht.

Nun ist gewiß z.B. Konjunktursteuerung bei vermachteten Märkten und damit nicht automatisch „klassischen" Mengen- statt Preisreaktionen bei staatlich induzierten Nachfrageimpulsen ein ernstzunehmendes Problem.[237] Weiterhin sind Großinvestitionen mit langfristigen Folgewirkungen für Beschäftigung, Arbeits- und Umweltbedingungen, der Wettbewerbssituation und dergleichen nicht immer in eindeutigen Kosten- und Gewinnkalkülen faßbar,[238] wie auch zu Recht an der effektiven Korrekturleistung staatlicher Umverteilungssysteme immer wieder Zweifel aufkommen.

Es ist jedoch eine ganz andere Frage, ob man konstruktive Schritte in Richtung konsequenter Wettbewerbspolitik, gründlicher Einbeziehung aller Betroffenen von Investitionen erheblicher Größenordnung oder vermögens- und einkommenspolitisch wirksamer Maßnahmen als Systemkosmetik betrachtet und das eigene ceterum censeo von der Reformunfähigkeit des Marktsystems nicht mit einer handlungsorientierten Alternative versieht. Da wir hier das Spektrum einigermaßen realistischer Systemmöglichkeiten darstellen wollen, vernachlässigen wir Positionen, die diesen Anforderungen nicht genügen bzw. andere als konstruktive Zwecke verfolgen.[239]

Konkret vorstell- und grundsätzlich umsetzbar sind indes Forderungen, die im Rahmen einer integrierten Global- und Struktursteuerung[240] die Reformfäden Verstärkung der Demokratisierung der Wirtschaft, neue Formen der Durchsetzung langfristiger unmanipulierter Konsumenteninteressen in die Produktionsstruktur und die Verbesserung der Koordination und Verträglichkeitsprüfung von Großinvestitionen aufgreifen.

2. *Aufgaben des Staates für Ablauf und Rahmengebung ökonomischer Aktivitäten*

Die konstruktiven Varianten interpretieren den Staat als institutionellen Ort für gesamtwirtschaftliche Planungen. Dabei dürfte „bei allen Unterschieden in

---

234 ibid., S. 14.   235 ibid., S. 14.
236 Dazu auch *Meißner* (Investitionslenkung), S. 22.
237 Vgl. Tätigkeitsbericht des Bundeskartellamtes 1972, Btdrs. 7/986 v. 5. 9. 1973; S. 6.
238 Vgl. dazu etwa den Bericht des Sonderausschusses zur Prüfung des Ansiedlungsfalles Reynolds, Drucksache 8/3588 der Bürgerschaft der Freien und Hansestadt Hamburg v. 12. 4. 78.
239 Siehe auch *Kromphardt* (Fn. 151), S. 219, der die „Theorie" des staatsmonopolistischen Kapitalismus wegen ihrer Einseitigkeit in bezug auf die Nichtbehandlung von Fragen der Ordnung und Steuerung der Wirtschaft als aus dem Rahmen fallend bezeichnet.
240 ibid., S. 200 ff.

den Details . . . Einigkeit darüber bestehen, daß Planung weder die Knappheitspreisbildung substituiert, noch die Flexibilität der dezentralen Entscheidungsträger beeinträchtigen muß."[241] Das bedeutet, daß Protagonisten einer so gearteten zentralistisch-planwirtschaftlichen Konzeption eigentlich nur Tendenzaussagen auf Grundlagen kritisch beurteilter aktueller Verhältnisse treffen wollen. Zwar soll das Hauptgewicht auf dezentraler Entscheidungsfindung in Haushalten und Unternehmen bleiben, aber es soll *mehr als bisher* eine zentrale Koordinierung von sich erst langfristig auswirkenden Produktions-(= Investitions)entscheidungen erfolgen. Zwar sollen marktliche Preissignale als Knappheitsindizes beachtet werden, aber gesamtwirtschaftliche und sich damit eben nicht ohne staatliche Aktion in den einzelwirtschaftlichen Kalkülen niederschlagende Auswirkungen privatwirtschaftlichen Handelns sollen miteinbezogen werden. Denn, so die Hoffnung, „der gesamtwirtschaftliche Aspekt der Planung erlaubt . . . eine angemessene Berücksichtigung der Sozialkosten bei Investitionsentscheidungen und führt zu einer besseren Kostenorientierung im Allokationsprozeß. Planung ist auf mittel- bis langfristige Entwicklung hin orientiert. Sie richtet sich somit auf Produktionsstrukturen nach Maßgabe gesamtgesellschaftlicher Bedürfnisse. Der Ansatzpunkt zur Planrealisierung liegt somit bei den Investitionen, nicht bei den kurzfristigen Preis-, Sortiments- und Produktgestaltungsentscheidungen."[242]

Eine sinnvolle, vorausschauende Planung wäre – so das Beispiel – für den Komplementärgüterkomplex privater Personenwagenverkehr vonnöten. So müsse bei privatautonom gesteuerter Produktion der Individualgüter Automobilherstellung, Serviceleistungen (Reparatur, Versicherung), Kraftstoffe auch an die sachlich dazugehörige kollektive Versorgung mit Straßen, Verkehrsregelung, Verkehrsgerichtsbarkeit etc. gedacht werden. Auch die Sozialkosten des Individualverkehrs (Lärm, Luftverschmutzung, Erschöpfung von Rohstoffquellen) müssen zur Ermittlung der gesamtwirtschaftlichen Rationalität berücksichtigt werden.[243] Andere Güterkomplexe, wie Bildung oder Unterhaltungselektronik müßten als selbständige Bedarfsgruppen behandelt werden. Ein so gewonnenes Bedarfsgruppenschema sei dann mit Prioritäten durch geeignete demokratische Verfahren zu versehen. Dies wiederum müsse eine Rangfolge von Investitionsvorhaben zur Konsequenz haben, die gegebenenfalls mit einem abgestuften Instrumentarium erreicht werden müsse. Dabei genüge es nicht mehr, die „bisherigen Lenkungsinstrumente wie steuer- und subventionspolitische Anreizsysteme, Bebauungsplanungen, Einflußnahme auf private Investitions- und Standortentscheidungen über komplementäre Infrastrukturmaßnahmen und partielle umweltschutzbezogene Vorschriften" einzusetzen, da sie nur für ad hoc-Maßnahmen geschaffen worden seien.[244] Daher soll, wenn man so will, „die Schraube angezogen werden", sie kann von Investitionsmelde- über Genehmigungspflichten bis zu Investitionsgeboten reichen und sich auf sektorale und regionale Festlegungen beziehen.[245]

---

241 *Zinn* (Investitionskontrollen), S. 302.
242 ibid., S. 302.
243 ibid., S. 303.
244 ibid., S. 304.   245 Dazu auch *Meißner* (Fn. 236), S. 73 f.

Als Kriterienkatalog wird angeboten:[246]
- Orientierung an der geplanten Bedarfsstruktur
- Produktivitäts- und Rentabilitätsgrößen
- Umweltbelastung bzw. -entlastung
- Inanspruchnahme von Infrastruktur in der Zukunft (öffentliche Folgeinvestitionen)
- durchschnittliche Kapazitätsauslastung der Branche während der vergangenen Perioden als Indikator von Engpässen und Überinvestitionen
- Leistungsbilanzbeitrag und andere außenwirtschaftlich orientierte Aspekte
- Ergebnisse von Betroffenenanhörungen
- Verordnungen und Richtlinien (kurzfristige Modifikationsmöglichkeit)

3. Akzeptanz der Ergebnisse des Wirtschaftsprozesses und des staatlichen Handelns

Sie müßte – theoretisch – größer sein, da ja die Betroffenen frühzeitiger und permanent an den Entscheidungsprozessen beteiligt werden sollen. Nehmen wir etwa das Räte-Modell von Huffschmid/Wirth.[247] Sie unterscheiden zwei Bereiche von Demokratie in der Wirtschaft, die Betriebsdemokratie und die Planungsdemokratie. Erstere umfasse die vom Betriebskollektiv zu regelnden Fragen der Organisation und des Ablaufs des betrieblichen und Leistungserstellungsprozesses, wie Arbeitszeitfestlegung, Arbeitstempo, Materialfluß, Vorgabezeiten, Lohnrelationen, Wahl der Arbeitsgruppen- und Teamleiter. Oberstes Organ dieser demokratischen, betrieblichen Selbstverwaltung soll das Betriebsparlament sein, das auf „seinen wöchentlichen oder zumindest monatlichen"[248] Versammlungen einen Exekutivausschuß von Vertrauensleuten, den sogenannten Produzentenrat, wählen soll. Dieser führt die Geschäfte des Betriebs und vertritt ihn nach außen. „Er ist dem Betriebsparlament unmittelbar Rechenschaft schuldig und jederzeit abwählbar."[249]

Der Produzentenrat entsendet seinerseits nun wieder Delegierte mit einem imperativen Mandat versehen in die höheren Räteebenen der Planungsdemokratie. Dort treffen sie auf Stadtbezirk-, Gemeinde- und Länderebene auf andere Vertreter der Bevölkerung, die „nicht mehr oder noch nicht oder aus bestimmten strukturellen Gründen nicht in den normalen Produktionsprozeß eingeschaltet [sind]; also Pensionäre, Rentner, Invaliden, Schüler, Studenten und, solange die Familie als isoliertes Lebenszentrum noch existiert, Hausfrauen und Familienmütter mit vielen Kindern."[250] Dies sei dann der Produzenten- und Verbraucherrat, der den „wirklichen Bedarf einer bestimmten Gemeinde"[251] sehr viel besser feststellen könne als der Marktmechanismus. Es folgt dann eine fünfgliedrige Beratungsstufenfolge von der untersten bis zur obersten Ebene einer

---
246 *Zinn* (Fn. 241), S. 306.
247 *Huffschmid/Wirth* (Rätesystem) aus dem Jahre 1973.
248 ibid., S. 189.
249 ibid., S. 189.
250 ibid., S. 190; interessant auch die dahinterstehenden gesellschaftspolitischen Leitbilder.
251 ibid., S. 190.

Art Rätekaskade (Wirtschaftsgeneralrat oder Rätekongreß als Spitzengremium) mit intensiven Diskussionen in jedem Stadium. Es endet damit, daß „im fünften und letzten Schritt . . . der fertige Plan durch die jeweils zuständigen Räte auf Branchen und Regionen aufgeschlüsselt und auf allen Räteebenen bis hin zur Betriebsebene weiter differenziert" [wird]. So erhält der einzelne Betrieb das für ihn verbindliche Finanz- und Produktionsvolumen jeweils von der nächsthöheren Ebene zugewiesen, in der er selbst durch seinen Betriebsarbeiterrat vertreten ist. Der Betrieb ist dann aufgefordert, die Verwirklichung des Solls effizient und demokratisch zu organisieren."[252]

Es ist offensichtlich, daß ein nach diesen Prinzipien konsequent durchorganisiertes Wirtschaftssystem nicht effizient funktionieren kann. Abgesehen von den Problemen politischer Rangskalenbestimmung (Arrow-Paradoxon),[253] dürfte auch der ständige öffentliche Präferenzenthüllungs-, Diskussions- und Zustimmungsdruck nicht den Vorstellungen der meisten Menschen entsprechen, sie überfordern und, falls erzwungen, nur Unehrlichkeit erzeugen.

Nun ist dies allerdings auch ein Extremmodell. Akzeptanzerhöhende Partizipationselemente bieten auch abgeschwächtere „wirtschaftsdemokratische Korsettstangen".[254] Darunter sind Forderungen nach Einrichtung von Branchenausschüssen zur Kapazitätsplanung in der Großindustrie zu verstehen, die die Beteiligung der Tarifpartner und der öffentlichen Hand vorsehen.[255] Dies erscheint insbesondere dann nicht unplausibel, wenn als Alternative lediglich Investitionskartelle der Hersteller im Rahmen ihrer Branchenorganisationen zu erwarten sind. Denn für beides ist eine Überforderung des gegenwartsbezogenen Preissystems ursächlich. „Preise sind Ex-post-Indikatoren, die günstigenfalls die Knappheitsrelationen zum Investitionszeitpunkt angeben. Investitionen – nicht beliebig teilbar – sind zukunftsbezogen, die neugeschaffenen Kapazitäten stehen auf Jahre zur Verfügung."[256] Da bei Fehlinvestitionen in Branchen wie der Stahl- oder Aluminium-Industrie, die sich in erheblichen Angebots-/Nachfragediskrepanzen niederschlagen, Verbraucher (erratische Preisbewegungen), Arbeitnehmer (eingeschränkte Arbeitsplatzsicherheit) und Unternehmer (Existenzrisiko) betroffen sind, ist es nicht von vornherein von der Hand zu weisen, daß ein gründlicher Informationsaustausch aller Beteiligten und gegebenenfalls verbindliche Abmachungen die Verschwendung knapper Ressourcen verhindern helfen.

Auch auf den Entscheidungs- und Steuerungsebenen, die sich mit der Entwicklung der Gesamtwirtschaft befassen, kann die Einbeziehung aller am Wirtschaftsprozeß beteiligten Kräfte von Nutzen sein. Sie kann die Einsicht in die komplizierten Interdependenzen einer arbeitsteiligen Volkswirtschaft stärken und damit auch das (Mit-)Verantwortungsgefühl für den Gesamtprozeß. So haben drittparitätisch besetzte Wirtschafts- und Sozialräte in verschiedenen EG-Ländern – so z. B. in Frankreich im Rahmen der „planification" oder in den

---

252 ibid., S. 192.
253 Siehe dessen Erläuterung bei *Zinn* (Allgemeine Wirtschaftspolitik), S. 119 f.
254 So die Formulierung bei *Kloten* (Wirtschaftsdemokratie), S. 350.
255 Ein Beispiel dazu bietet der Drei-Stufen-Plan der IG-Chemie aus dem Jahre 1973, vgl. *Krüper* (Sektorale Investitionslenkung).
256 *Meißner* (Fn. 236), S. 15 und zu dieser Alternative S. 16.

Niederlanden – auch eine gewisse Entsprechung in der Bundesrepublik in der durch § 3 StabWG eingerichteten „konzertierten Aktion" gefunden. Für derartige Institutionen gilt allerdings, daß sie einen ständigen Balanceakt zwischen effektiver Kooperation – etwa im Rahmen einkommenspolitischer Sondierungen – und völliger Unverbindlichkeit bei Verschärfung der Gruppengegensätze auf höchster Ebene vollziehen müssen.

4. *Charakter der Europäischen Gemeinschaft bei Dominanz dieser Konzeption*

Sowohl die den Zentralisierungsgrad erhöhenden Komponenten als auch die mittel- und langfristige Entwicklungslinien einbeziehenden Planelemente unserer dritten Konzeption finden im EWG-Vertrag einen Ansatzpunkt; den allgemeinsten durch die Formulierung im Artikel 2, der „die schrittweise Annäherung der Wirtschaftspolitik der Mitgliedsstaaten" als zweites Instrument zur Erreichung der Ziele „harmonische Entwicklung des Wirtschaftslebens innerhalb der Gemeinschaft, eine beständige und ausgewogene Wirtschaftsausweitung, eine größere Stabilität, eine beschleunigte Hebung der Lebenshaltung und engere Beziehungen zwischen den Staaten" vorsieht. Sicherlich werden konsequente Vertreter dieser Richtung „Annäherung" als eine zu schwache Formulierung empfinden und über „Koordinierung"[257] zu verbindlichen politischen Entscheidungen drängen. Einen solchen Versuch hat die EWG-Kommission selbst mit ihrem „Aktionsprogramm der Gemeinschaft für die zweite Stufe" im Jahre 1962 unternommen. Er ist zwar als fehlgeschlagen anzusehen, aber aus anderen als i. e. S. ökonomischen Gründen.

Im Grundsatz läßt sich wenig gegen die Auffassung vorbringen, daß „die Gemeinschaft über ihre künftige Entwicklung eine mehrere Jahre umfassende Übersicht haben" muß; insbesondere dann, wenn „diese Vorausschau keinesfalls gleichbedeutend mit einem autoritären Plan [wäre], der die Freiheit des Marktes beeinträchtigen und den Privatunternehmen vorgeschrieben würde, sondern vergleichbar mit einem Rahmen, in den sich die Maßnahmen der Regierungen und Institutionen der Gemeinschaft einfügen würden."[258]

Gerade in Zeiten wirtschaftlicher und politischer Unsicherheiten könnte ein mittel- bis langfristig angelegtes, die politischen Instanzen bindendes und den Privaten Orientierung gebendes Programm mit Schwerpunkten in Problembereichen wie Energiesicherung, Kapazitätsentwicklung der Großindustrie, Umweltschutz u. dergl. den Trend immer kurzatmigeren Handelns brechen. Voraussetzung dafür wäre natürlich die Einbeziehung und Festlegung aller zu verbindlichem Handeln fähigen und bereiten gesellschaftspolitischen Kräfte in einer „économie concertée"[259] auf europäischer Ebene. Auch dafür gibt es bereits Beispiele. Neben dem ohnehin im Vertragswerk der Gemeinschaft vorgesehenen Konsultationsorgan WSA ist an die von der Kommission initiierten „Drei-

---

257 Siehe auch Art. 104 [Sicherung des Gleichgewichts der Gesamtzahlungsbilanz] und Art. 105 [Koordinierung der Wirtschafts- und Währungspolitik] des EWGV.
258 Memorandum der EWG-Kommission vom 24. Okt. 1962 über das Aktionsprogramm der Gemeinschaft für die zweite Stufe (Auszüge), in: EA, 3/1963, D 67.
259 Vgl. *Schachtschabel* (Fn. 153), S. 175.

erkonferenzen" als neue Formen der wirtschaftspolitischen Zusammenarbeit zwischen Staat und Sozialpartnern auf Gemeinschaftsebene zu denken. [260] Im Gefolge des 1970 ins Leben gerufenen Ausschusses für Beschäftigungsfragen trafen 1974 erstmals die Sozialminister der Mitgliedstaaten und Vertreter der Kommission mit Führern von Gewerkschaften und Unternehmensverbänden im Rahmen einer solchen Tripartite Conference zusammen. Für diesen Weg eines Appells an die gesamtwirtschaftliche Vernunft der Sozialpartner bedarf es sicher „eines langen Atems, großer Geduld und gegenseitigen Verständnisses". [261]

Man wird ihn aber gehen müssen, wenn man bedenkt, daß Tarifabschlüsse sich unmittelbar auf das gesamtwirtschaftliche Lohn-, Preis- und Beschäftigungsniveau sowie auf die Investitions- und Wachstumsrate auswirken.

Selbst institutionell fest verankerte Abstimmungsverfahren zwischen Staat (hier EG) und Sozialpartnern in beschäftigungssensiblen Branchen wie der Stahl- oder Aluminiumindustrie können dann nicht mehr von vornherein abgelehnt werden, wenn anderes nicht zum Erfolg, d. h. stabilen Beschäftigungs-, Preis- und Absatzverhältnissen geführt hat. Auch liegt es nahe, bei Standortentscheidungen mit sehr langfristigen Folgewirkungen – Beispiel Bau von Kernkraftwerken in wenig oder stark besiedelten Gebieten – für gesamteuropäische Lösungen zu votieren, um Risiken wenigstens zu minimieren, wenn sie schon eingegangen werden müssen.

Natürlich besteht im konkreten politischen Auf und Ab immer die Gefahr, daß die Grenzen der Sinnhaftigkeit solcher Versuche, mehr stabile Streben in eine im Grundsatz immer unsichere Zukunft einzuziehen, nicht erkannt werden. Leicht wird wegen erwünschter oder zum politischen Überleben benötigter kurzfristiger Erfolge zu Symptomtherapien, wie direkte Lohn- und Preiskontrollen oder im Wortsinne konzeptionslose Kapazitätserhaltungsprogramme, gegriffen, die oft sogar aus der Stunde der Not heraus die Zustimmung aller – man muß sagen – nur unmittelbar [262] Beteiligten erhalten. Aber selten führt der einfachste Weg zum Ziel, lediglich die Herbeiführung (kurzer) Atempausen, die der Konzeptionsgewinnung dienen können, kann als mögliches Positivum solcher Maßnahmen vorgebracht werden.

Immerhin sollte man nicht von vornherein unterstellen, daß auf europäischer Handlungsebene die Unterschiede zwischen indikativer und imperativer Planung nicht gesehen werden würden. Ein Operieren in einer Grauzone, [263] in der die Übergänge fließend sind, ist es allemal. Aber verantwortliches Handeln an verantwortlicher Stelle vermag auch Erkenntnisprozesse auszulösen, die insbesondere dann auch einzugehen sind, wenn das bisher Versuchte nicht erfolgreich war.

Auszuschließen ist für eine mehr als 250 Millionen Einwohner umfassende Vielnationen-Gemeinschaft ein von oben nach unten straff durchorganisiertes Planungssystem, das konsequent in Einzelpläne für jede Branche und jede Re-

---

260 Dazu *Rhein* (Europäische konzertierte Aktion), S. 500.
261 ibid., S. 504.
262 Arbeitnehmer, Arbeitgeber der betreffenden Branche und politisch Verantwortliche dieser Region.
263 So auch *Kloten* (Fn. 254), S. 350.

gion bis auf die Betriebsebene hinunter mit klaren Produktionsvorgaben disaggregiert ist. Abgesehen von allen fachwissenschaftlichen Bedenken ist ein für ein solches System notwendiger hoher „echter", d. h. nicht erzwungener politischer Konsens in der EG nicht existent und auch nicht zu erwarten.

Falls jedoch die allgemeine wirtschaftliche und politische Lage den Wunsch nach einfachen Ordnungsmodellen verstärken sollte, die den damit meist einhergehenden Vorstellungen von streng hierarchischen Lenkungs- und Leitungsstrukturen entsprechen, ist eher mit fortschreitenden Renationalisierungstendenzen zu rechnen. Denn autoritäre Plansysteme müssen alle Faktoren, die Unsicherheit schaffen können, ausschalten oder in ihren Kontrollbereich bringen. Dies wäre das Ende der Europäischen Gemeinschaft.

5. *Verortung im politischen Kräftefeld*

Die genannten Vorstellungen finden sich in Programmen und Verlautbarungen in allen Mitgliedstaaten bei „linken" Sozialdemokraten, Sozialisten und Kommunisten. Innerhalb dieser Spannweite vollzieht sich auch der Übergang von den ernsthaft-konstruktiven Varianten zu den Ideensystemen, die anderes als konkrete Problemlösungsvorschläge im Auge haben. Leider sind die Parteietikette auch nicht immer für eindeutige Klassifizierungen in dieser Hinsicht hilfreich. So finden sich innerhalb des westeuropäischen kommunistischen Lagers programmatische Äußerungen,[264] die in anderen Ländern von Sozialdemokraten vorgetragen werden, wie auch manche Randgruppen in sozialdemokratischen Parteien Forderungen aufstellen, die man sonst eher bei Kommunisten osteuropäischer Prägung erwartet hätte. Es bedarf allerdings über längere Zeiträume andauernder Begriffs- und Handlungsanalysen, um sichere Verortungen vornehmen zu können. Denn auch die Intensität der Selbstbindung an das programmatisch Niedergelegte ist zumeist umso geringer, je länger eine Partei nicht in der Verantwortung für ihr jeweiliges Gemeinwesen stand. Dies erschwert die Unterscheidung zwischen lediglich taktischen, also auf die aktuelle Lage bezogenen, kürzerfristigen „Zugeständnissen" und den „Unveräußerlichkeiten".[265] Immerhin stand in einer gemeinsamen Deklaration von KPI und KPF zu ihrer künftigen Politik in der EG: „All those liberties which are the fruit of the great democratic-bourgeois revolutions or of the great popular struggles of this century, which had the working class at their head, must be guaranteed and developed; and thus, the liberty of thought and expression, of the press, of meeting and association, the right to demonstrate, the free movement of persons inside and outside their country, the inviolability of private life, of religious liberties, the total freedom of expression of currents of thought, and of every philosophical, cultural and artistic expression . . . The French and Italian Communists favour the plurality of political parties, the right of opposition parties to exist and to act, the free formation of majorities and minorities and the possibility of their alternating democratically, the lay character and democratic functioning of the state and the

---

264 Vgl. etwa zu den Differenzen zwischen den italienischen und französischen Kommunisten die Ausführungen von *Bieber* in (Programme für Europa), S. 136 f.
265 Erinnert sei an die Debatte um die Streichung des Begriffs „Diktatur des Proletariats" aus der Präambel der Parteistatuten der KPF auf ihrem XXII. Kongress 1976.

independence of justice."²⁶⁶ Man wird freilich dann die Glaubwürdigkeit solcher Bekenntnisse bestreiten müssen, wenn der Trennungsstrich gegenüber dem Kommunismus sowjetischer Prägung nicht klar gezogen wird. Denn dort wurde eindeutig bewiesen, daß die in dieser Erklärung genannten Werte von Kommunisten nicht beachtet werden, wenn sie in der Verantwortung stehen.

Ansonsten läßt sich im Grundsatz gegen die Forderung der Demokratisierung des WSA, der eine „gerechtere Vertretung der Arbeiter und eine Erweiterung seiner Kompetenzen voraussetzt", im – ehemaligen – gemeinsamen Regierungsprogramm der KPF und PS (Parti Socialiste) von 1972 wenig vorbringen.²⁶⁷ Auch gehören Forderungen zum relevanten politischen Spektrum wie die einer Kompetenzausweitung des EP „für die Verabschiedung der Rahmenpläne für Investitionen, wirtschaftliches Wachstum, Strukturpolitik."²⁶⁸

All dies findet man im übrigen auch in den programmatischen Äußerungen der Gewerkschaftsbewegung auf nationaler²⁶⁹ wie europäischer²⁷⁰ Ebene, die in sich allerdings auch die oben genannte Spannweite aufweist. Ein Kriterium, um auch in ihr die „Gefährdungszone" zu erkennen, ist die Sichtweise des Verhältnisses zwischen Parteien und Gewerkschaften. Werden die Gewerkschaften nicht als unverzichtbare Organisationen zur ständigen, aber maßvollen Durchsetzung unmittelbarer Arbeitnehmerinteressen in Lohn- und Arbeitsplatzfragen verstanden, sondern als Hebel und Instrument für spezifische Pateiinteressen, dann dürfen mahnende Worte an die Verantwortlichen in Wirtschaft und Staat, für Vollbeschäftigung, menschliche Arbeitsplätze, gerechte Einkommens- und Vermögensverteilung und dergleichen zu sorgen, nicht als ernst gemeint aufgenommen werden.

Auch die letzten drei Positionen im genannten „Spektrum der Begründungszusammenhänge"²⁷¹ v. Alemanns, die radikaldemokratisch-sozialistische, die antirevisionistische und die orthodox-marxistische Argumentation spiegeln die „Übergangs-Problematik" wider. Lapidar heißt es zu letzterer: „Wichtig ist hier zunächst eine strikte Unterscheidung von bürgerlicher Demokratie einerseits und sozialistischer andererseits".²⁷² Damit wird dem Grundwert Demokratie kein ideologieunabhängiges Moment beigemessen, sondern funktionalen

---

266 Nach The Times v. 19. 11. 1975 S. 4.
267 In „Das gemeinsame Regierungsprogramm der Sozialisten und Kommunisten in Frankreich", hrsg. u. eingeleitet v. Werner *Goldschmidt*, Köln 1972, S. 62.
268 So in: „Jungsozialisten und Europa-Materialien zur Europaarbeit der Jungsozialisten, Juso-Argumente Problem 22", o. J. (vermutlich 1977), S. 13.
269 Siehe dazu das neue Grundsatzprogramm des DGB, insbesondere in Ziff. 9 [Wettbewerb und Planung], Ziff. 10 [Volkswirtschaftlicher Rahmenplan] und Ziff. 11 [Investitionslenkung], in: Die Quelle, Funktionärszeitung des DGB, Heft 4/1981, S. 221 f.
270 Siehe Ziff. I [Planung der Vollbeschäftigung] und III [Der EGB fordert die Wirtschaftsdemokratie] des Aktionsprogramms – Allgemeine Entschließung und Einzelenschließungen 1979 – 1982 (hrsg. v. EGB), angenommen vom 3. satzungsgemäßen Kongress, München, 14. – 18. Mai 1979, S. 9 ff und 17 ff.
271 v. Alemann (Fn. 149), S. 11 f.
272 ibid., S. 12.

(Macht-)Erwägungen unterworfen. Ganz anders klingt da die Einlassung des Gewerkschaftstheoretikers Vilmar als Vertreter der erstgenannten Position: „Demokratisierung ist die Verwirklichung demokratischer Grundsätze in allen Bereichen der Gesellschaft – Demokratie als gesamtgesellschaftlicher Prozeß. Demokratisierung ist also der Inbegriff aller Aktivitäten, deren Ziel es ist, autoritäre Herrschaftsstrukturen zu ersetzen durch Formen der Herrschaftskontrolle von ‚unten‘, der gesellschaftlichen Mitbestimmung, Kooperation und – wo immer möglich – durch freie Selbstbestimmung."[273]

---

273 *Vilmar* (Strategien der Demokratisierung), S. 21; zu seinem Versuch, zu einer umfassenden Theorie der Wirtschaftsdemokratie auf der Basis des gewerkschaftlichen Grundsatzprogramms beizutragen, vgl. seinen Aufsatz (Wirtschaftsdemokratie – theoretische und praktische Ansätze), in dem er die drei „existenznotwendigen Prinzipien einer Demokratisierung der Wirtschaft" nennt: „Demokratische Rahmenplanung, Kontrolle wirtschaftlicher Macht, Mitbestimmung auf allen Ebenen", S. 27.

3. Kapitel
Die Mischformen der Realität

I. Begrenzung auf vier Mitgliedstaaten

In diesem Kapitel wird versucht, die vier „großen"[274] Länder der EG in dem zuvor skizzierten Kontinuum zu verorten. Die Beschränkung auf die BR Deutschland, Frankreich, Großbritannien und Italien ist zum einen aus arbeitstechnischen Gründen notwendig, andererseits aber auch nicht sonderlich problematisch, da in der Regel die „kleinen" Länder sich in vielerlei Hinsicht an ihrem nächst größeren Nachbarstaat orientieren.[275] Dies gilt insbesondere für die grundsätzlichen wirtschafts- und ordnungspolitischen Konzeptionen. Darüber hinaus kann davon ausgegangen werden, daß bei hoher Übereinstimmung der vier „Großen" die anderen EG-Staaten kaum in der Lage wären, sich dagegen geschlossen zu firmieren, da jeder einzelne „Kleine" meist mit einem der „Großen" auf so vielfältige Weise verflochten ist, daß der Autonomiegrad als begrenzt angesehen werden muß.

Die Aussagen, die im folgenden getroffen werden, können nur grobe Trendaussagen in die eine oder andere Richtung unseres Kontinuums sein. Dies liegt nicht nur an der hohen Abstraktionsebene der Markt-Plan-Kontroverse, sondern auch an den seit dem Ende des Zweiten Weltkrieges stark wechselnden politischen und wirtschaftlichen Bedingungen in den Ländern der Gemeinschaft, die weder auf der öffentlichen Verlautbarungs- oder „rhetorischen" Ebene noch auf der Handlungsebene ein sehr hohes Maß an Kontinuität erkennen lassen, wenngleich auch diese allgemeine Aussage nach Ländern zu differenzieren ist (Abschnitt I). Dies trifft selbst für den nur eine kurze Zeitspanne umfassenden Blick in die Vergangenheit zu (Abschnitt III) und sogar für das, was im Grundsatz als (langfristige) Strukturbesonderheiten herausgearbeitet wird (Abschnitt II).

II. Wirtschaftspolitische Traditionen – Prioritätsunterschiede

1. BR Deutschland

In allen vergleichenden Studien, die seit den Rom-Verträgen zur ordnungspolitischen Grundausrichtung der einzelnen EG-Staaten erstellt wurden, wird die BR Deutschland als das am prononciertesten der Marktwirtschaft verpflichtete Land gekennzeichnet. In der ersten von der EG-Kommission angeregten Unter-

---

274 Sie sind am „größten" bzgl. Fläche, Bevölkerung und BIP (Quelle Eurostat 1979).
275 Vgl. z. Bsp. bei *VerLoren van Themaat* (Wirtschaftsrecht der Mitgliedstaaten), S. 22 f z. B. über Belgien und die Niederlande: „. . . weist das belgische Wirtschaftssystem große Ähnlichkeit mit dem französischen Wirtschaftssystem auf"; und „das wirtschaftspolitische Denken wird im allgemeinen stark von der niederländischen Wirtschaftswissenschaft geprägt, die wiederum stark vom wirtschaftlichen Denken in den angelsächsischen Ländern beeinflußt wird".

suchung zu diesem Themenbereich, dem sogenannten Zijlstra-Bericht aus dem Jahre 1965, wird hervorgehoben, daß die Politik der Wettbewerbssicherung in Deutschland nicht als „Lenkungspolitik" angesehen würde, „in der der Wettbewerb nur eines der Instrumente für die planmäßige Beeinflussung des Wirtschaftslebens durch die Regierung ist, sondern als eine ‚Ordnungspolitik', d. h. eine Politik, in der die Formen, in denen sich der Wettbewerb tatsächlich abspielt, als direktes Mittel zur Verwirklichung der höchsten politischen, gesellschaftlichen und kulturellen Belange angesehen werden".[275a] Im Unterschied zu Italien und Frankreich, in denen das Ziel des Wirtschaftswachstums eindeutig dominiert, wurde für die Sichtweise in Deutschland hervorgehoben, „daß die Wahrung eines möglichst freien Wettbewerbs im Wirtschaftsleben gleichsam ein von den anderen Zielen losgelöstes Hauptziel darstellt, weil hier der freie und echte Wettbewerb sozusagen als conditio sine qua non für Freiheit, Verantwortlichkeit, Wohlstand und Initiative innerhalb eines Gemeinwesens gilt".[276] Auch wissenschaftliche Analysen, die Nichtmitgliedstaaten in die Vergleiche einbezogen, klassifizierten eindeutig. Andrew Shonfield rubrizierte Deutschland und die USA im Dritten Teil seiner breit angelegten Arbeit unter „market ideologies", während Frankreich und Großbritannien im Zweiten Teil „The Approach to Planning" untergebracht wurden.[277] In einer Gemeinschaftsarbeit des PEP, einer unabhängigen britischen Forschungsinstitution, wurde dem „neo-collectivist" der „neoliberal belief" gegenübergestellt und jeweils als in Frankreich bzw. Deutschland vorherrschende Auffassung gekennzeichnet.[278] Die bislang letzte umfassende, nach einheitlichen Kriterien beurteilende, komparative Analyse des Wirtschaftsrechts in den Mitgliedstaaten der EG aus dem Jahre 1973 verschob das Bild nur unwesentlich.[279] Zwar waren in der Zwischenzeit (1976) mit der Verabschiedung des „Gesetzes zur Förderung der Stabilität und des Wachstums der Wirtschaft" mehr Plankomponenten in die offizielle deutsche Wirtschaftspolitik eingezogen worden, „dennoch", so hieß es im zusammenfassenden Syntheseberich, „liegt in Deutschland der Hauptakzent noch immer deutlich auf der Förderung des reibungslosen Funktionierens der Marktwirtschaft."[280]

275a *Zijlstra* (Wirtschaftspolitik und Wettbewerbsproblematik), S. 10; siehe dazu auch die parenthetische Beifügung zur ersten in dieser Arbeit vorgestellten Konzeption im 2. Kapitel.
276 ibid., S. 28.
277 *Shonfield* (Modern Capitalism).
278 *Denton/Forsyth/MacLennan* (Economic Planning and Policies), S. 18 f.
279 *VerLoren van Themaat* (Fn. 275), dabei wurden folgende Hauptgruppen gebildet:
 – erste Gruppe: Rechtliche Regelungen für Wirtschaftsprojektionen
 – zweite Gruppe: richtungsweisende kurz- und mittelfristige Programmierung ergänzt durch globale und indirekte Instrumente zur Verwirklichung der gesteckten Ziele
 – dritte Gruppe: Beihilfemaßnahmen
 – vierte Gruppe: Programmverträge
 – fünfte Gruppe: zwingende Vorschriften
 – sechste Gruppe: Sektorengesetzgebung
 – siebte und achte Gruppe: Durchsetzung des Rechts und Rechtsschutz.
280 ibid., S. 16; außerdem wurde das StabWG bis heute noch nie direkt angewandt.

Natürlich wurde in allen Berichten die immer auch mögliche Differenz zwischen theoretischem Selbstverständnis und praktischem Handeln betrachtet. Shonfield prüfte z. B. die These, „that Erhard's fervent defence of private enterprise against the pretensions of governmental power is in large part a public relations job", [281] indem er die Rolle der Banken („banks as prefects") [282] und der industriellen Spitzenverbände als „heimliche" Planungsorganisationen zur Begrenzung des freien Marktspiels untersuchte. Im Ergebnis aber schien ihm damals insbesondere auch aus historischen Gründen ein hohes Maß an Anti-Plan-Gefühlen stabil gegeben zu sein: „The Germans are almost neurotically anxious to explain that they are not trying to organise relations between firms in their industry, and that they have nothing whatever to do with price agreements or commercial agreements of any kind. Part of the industry's antipathy towards French-type planning is an uneasy feeling that it would be dangerous for Germany with her particular experiences, to expose herself to temptation of this sort." [283]

Denton et al. stellten ebenfalls der Theorie, d. h. der Exposition des Euckenschen [284] Konzepts des Ordoliberalismus, die bundesrepublikanische Nachkriegspraxis gegenüber. So wurden die vielfältigen Liberalisierungen im Zollbereich, im Zahlungs- und Kapitalverkehr, die institutionellen Lösungen der deutschen Anti-Kartellpolitik und dergleichen als nicht nur weitgehend den Eukken'schen „guiding principles" folgend dargestellt, sondern vor allem den anderen westlichen Staaten immer einen Schritt vorauseilend beschrieben. [285] Auch dieses Autorenteam verneinte die These einer durch die Banken vollzogenen „collective economic policy", [286] da der Wettbewerb innerhalb des Banksystems trotz nicht ungefährlicher oligopolistischer Struktur dies nicht zugelassen habe.

Eindeutig konsequenter als in allen anderen EG-Staaten wird in der BR Deutschland das Stabilitätsziel verfolgt. Dies zeigen nicht nur die öffentlichen Äußerungen, sondern auch die tatsächlichen Ergebnisse. So schneidet Deutschland im Vergleich zu den anderen drei hier betrachteten Ländern sowohl in der 60er Dekade (knapp 3 %) als auch der 70er Dekade (nicht ganz 6 %) am besten ab. [287] Eine systematische Analyse der konkreten wirtschaftspolitischen Maßnahmen von 1961-1971 durch das DIW ergab für einen Direktvergleich Deutschland – Frankreich eine klare Priorität für das Ziel Preisstabilität für die einen und Wachstum für die anderen. [288] In der Regel werden die historischen

---

281 *Shonfield* (Fn. 277), S. 239.
282 ibid., S. 246.
283 ibid., S. 244.
284 Über *Eucken* heißt es: „He stood in relation to German policy in very much the same relationship as *Keynes* did to British policy". *Denton*/Forsyth/*MacLennan* (Fn. 278), S. 35.
285 ibid., S. 50 ff.
286 ibid., S. 68.
287 Zusammenstellung nach OECD-Daten in: The Economist v. 23. 5. 1981, S. 12 (Survey).
288 *Franzmeyer*/Seidel (Wirtschaftspolitische Prioritätsunterschiede), S. 24 f; bezüglich Deutschland wurde nach Bundesbank und -regierung als institutionell deutlich ge-
→

Erfahrungen mit zwei Währungsreformen als Gründe für den hohen Bewußtseinsgrad der Deutschen für die Gefahren instabiler Währungsverhältnisse angegeben.[289] In der innenpolitischen Diskussion wird dies oft nicht so klar gesehen, wenn die These von der „politisch-praktischen Durchsetzungsschwäche des Ziels Preisstabilität"[290] vertreten wird. Wohl ist es richtig, daß keine der mächtigen Verbandsorganisationen dieses Ziel an allererster Stelle vertritt, doch verstellt der allzu in pluralistischen Interessenpolygonen denkende, demokratietheoretisch ohnehin fragwürdige Blickwinkel die hohe Bedeutung des „common sense" der öffentlichen Meinung für die wirtschaftspolitische Willensbildung. Dies gilt z. B. für Lohnverhandlungen, die sich in der BR Deutschland erstaunlich eng an (unvermeidlicher) Preissteigerungsrate und Produktivitätsziffern orientieren. Allerdings offenbart dies, wie so oft, erst der Blick von jenseits der Grenze.

2. Frankreich

Während Verwaltungsstruktur und wirtschaftspolitische Ausrichtung in der BR Deutschland häufig mit den drei Schlagworten Föderalismus, globale Marktbeeinflussung und Weltwirtschaftsorientierung beschrieben werden, stellt man demgegenüber für Frankreich Zentralismus, Etatismus und Merkantilismus als geradezu polare Merkmale heraus.[291] Dies bringt Frankreich deutlich in Gegensatz zu den stärker marktorientierten Ländern. Dabei ist dies auf eine weitzurückreichende Tradition gegründet, die auch als Colbertismus bezeichnet wird. Was darunter verstanden wird, kann mit den Worten eines der schärfsten, aber gleichwohl sachlich fairen Kritikers dieses Denksystems, Adam Smith, verdeutlicht werden: „Colbert, der berühmte Minister Ludwigs XIV., war ein rechtschaffener und eminent rühriger Mann, mit vielen Kenntnissen im Detail und großer Erfahrung, gründlich im Überprüfen des Haushaltswesens, mit einem Wort, in jeder Hinsicht höchst befähigt, Methode und Ordnung in die Erhebung und Ausgabe der öffentlichen Einkünfte zu bringen. Unglücklicherweise hatte der Minister alle Vorurteile des Merkantilismus übernommen, eines Systems, das seiner Natur und seinem Inhalt nach aus Beschränkungen und Eingriffen besteht und im Grunde einem solch arbeitsamen und pflichtbewußten Mann der Praxis nur zusagen konnte, der es zudem gewohnt war, die verschiedenen Abteilungen einer staatlichen Verwaltung zu leiten und erforderliche Überwachungen und Kontrollen einzurichten, damit jede die ihr zugewiesene Aufgabe auch tatsächlich erfüllt. So war er auch bestrebt, Gewerbe und Handel seines großen

---

→ trennte wirtschaftspolitische Entscheidungsträger differenziert, wobei sich allerdings für eine gewisse Zeit nach 1967 – mit einer damals sehr niedrigen Inflationsrate von 1,7 % – eine Rangverschiebung zugunsten des stärker gefährdeten Wachstumsziels bei der Bundesregierung ergab.

289 So auch bei *VerLoren van Themaat* (Fn. 275), S. 15.
290 Vgl. *v. Arnim* (Volkswirtschaftspolitik), S. 161 m. w. N.; dort auch der Hinweis, daß eine Hervorhebung des Preisstabilitätsziels im Regierungsentwurf des Stabilitätsgesetzes vorgesehen war.
291 So bei *Franzmeyer/Seidel* (Fn. 288), S. 65.

Landes nach dem gleichen Muster wie die Abteilungen einer staatlichen Verwaltung zu leiten und zu lenken, und anstatt jeden einzelnen die eigenen Interessen auf seine Weise verfolgen zu lassen, wie es den liberalen Vorstellungen über Gleichheit, Freiheit und Gerechtigkeit entspricht, gewährte er bestimmten Erwerbszweigen außerordentliche Vorrechte, während er andere wiederum ungewöhnlichen Beschränkungen unterwarf". [292]

Diesem Denken entsprach das nach dem Zweiten Weltkrieg entwickelte französische Konzept einer „planification" der Wirtschaft. Ein umfängliches Institutionengefüge sollte die in Frankreich ohnehin mit besonderem Mißtrauen verfolgten Marktprozesse [293] in sektoral und regional tiefgegliederte, staatlich veranstaltete Planungs- und Abstimmungsverfahren einbinden. Damit müßte vom Selbstverständnis her jedes Detail des Wirtschaftsgeschehens Frankreichs erfaßt und den entwickelten Zielvorstellungen entsprechend gelenkt werden können.

Die Organisation der Planerstellung wird durch Aufgabenbeschreibung und Zusammensetzung der beteiligten Institutionen und Gremien deutlich. [294]

Als wichtigstes Organ gilt das Generalkommissariat des Planes (le Commissariat Général du Plan d'Equipement et de la Productivité), einer Stabsabteilung ohne Entscheidungsbefugnis. Es sorgt für Aufstellung und Durchführung des Plans. Der Zentralrat der Planification (Conseil Central de Planification), 1974 gegründet, soll Richtlinien für die Arbeitsweise des Plankommissariats erstellen und soll offensichtlich dessen Bedeutung und politischen Rang verstärken. Die horizontalen (gesamtwirtschaftliche Perspektive) und vertikalen (sektorale Perspektive) Modernisierungskommissionen (Commissions de Modernisation) werden durch ehrenamtlich tätige Vertreter der Arbeitnehmer- und Arbeitgeberorganisationen, Landwirtschaft, bestimmter Behörden, der Wissenschaft und der freiberuflich Tätigen besetzt. Darin soll sich der Gedanke einer „économie concertée", also eines „Zusammenwirkens von Wirtschaft und Verwaltung im Sinne der demokratischen Erarbeitung der wesentlichen Ziele des Plans und seiner Durchführung", [295] ausdrücken. Von den drei weiteren im engeren Sinne politischen Beratungsgremien ist der Wirtschafts- und Sozialrat (Conseil Economique et Social) mit mehr als 200 Vertretern aller relevanten wirtschaftlichen und sozialen Organisationen als mit gewissen parlamentarischen Aufgaben ausgestattet erwähnenswert. [296]

Zu diesem alle gesellschaftlichen Gruppen einbeziehenden Planungssystem kommt eine straffe zentralistische Verwaltungsorganisation des Staatsapparats hinzu, die fest an die jeweilige politische Führung angebunden ist: „The prefects,

---

292 *Smith* (Wohlstand der Nationen), S. 560.
293 *Shonfield* (Fn. 277), S. 87 greift Herbert *Luthys* Wort vom „synthetischen Kapitalismus" auf und zitiert aus dessen Frankreich-Analyse: „ . . . there is in all this an ingrained mistrust of the natural play of forces of a free economy, and a profound conviction that it is better to produce synthetically as in a laboratory, the theoretical conditions of a competitive market than to risk the shocks and hazards of real competition . . .«
294 Darstellung im folgenden nach *Schachtschabel* (Fn. 153), S. 151 f.
295 ibid., S. 152.
296 Für eine erste ausführliche Beschreibung und Würdigung der Planifikation nach vier Planperioden (1947 – 1965) vgl. *Lutz* (Zentrale Planung).

top agents of the state and the Paris government in each of France's 95 home departments, or administrative divisions, personify the centralised administration ... The president names the prefects he wants and kicks them out if they displease".[297]

Sicherlich gab und gibt es immer wieder auch mit Dezentralisierungsversuchen durch Stärkung regionaler Verantwortlichkeiten,[298] Liberalisierungsprogrammen zur Zurückdrängung des Staatseinflusses bei wirtschaftlichen Entscheidungen der Privatunternehmen[299] und auch verstärkten Öffnungen gegenüber dem freien Welthandel – nicht zuletzt ja auch durch den Beitritt in die EG – Gegenbewegungen, die auch den Charakter der entsprechenden Fünfjahrespläne stark veränderten. Die im ersten Plan (1947–1952) noch sehr stark imperative Komponente wurde zugunsten einer mehr indikativen Ausrichtung zurückgedrängt. Gleichwohl war der Lenkungscharakter, wenn auch mit „positiven incentives", immer sehr stark; noch für Anfang der sechziger Jahre wurde festgestellt, daß 80 % aller Kredite unterhalb des Marktzinssatzes aufgrund von plankonformen staatlichen Zinsvergünstigungen vergeben wurden.[300]

Ein dauerhafter Erfolg war jedoch bislang keinem Reformansatz beschieden. So versuchte man beispielsweise 17mal in den letzten 100 Jahren mit der Trennung von Wirtschafts- und Finanzministerium eine offensichtlich hochgradige Vermischung der staatlichen Haushaltsführung mit den Finanzvorgängen der „Privat"-Wirtschaft wenigstens institutionell und symbolhaft einzuleiten.[301] In Krisenzeiten wird freilich regelmäßig davon abgesehen und die Führungsrolle des Staates nicht nur anerkannt, sondern selbst von den Unternehmen gefordert. Und damit scheint auch das colbertistische „Abteilungsdenken" eines traditionellen Finanzministeriums den Franzosen als problemlösungsgeeigneter.

Ein Grund für die Sicht des Staates als „Protektor der Wirtschaft" liegt auch in der Zusammensetzung der Führungsschicht der Unternehmen. Für Frankreich (und auch Italien) ist es „typisch, daß das Spitzenmanagement in Großunternehmen zu einem außerordentlich hohen Prozentsatz (75 bzw. 70 v. H.) aus der Verwaltung kommt. Die spezielle Karriere des französischen ‚Inspecteur de Finance', Absolvent einer der großen Verwaltungsakademien, ist charakteristisch für die späteren Führungskräfte der Wirtschaft."[302] Daher „versteht man sich"

---

297 The Economist v. 27. 1. 1979, S. 33 (Survey); dort auch ein Beleg für die direkte Abhängigkeit: die Entlassung des Präfekten von Finistère nach einer durch die Amoco-Cadiz-Ölkatastrophe ausgelösten Protestdemonstration bretonischer Fischer anläßlich eines Besuchs des Staatspräsidenten, für die man den obersten Verwaltungschef verantwortlich machte.
298 Die neue sozialistische Regierung arbeitet derzeit (Ende 1981) an einem solchen Projekt. Gesetze zur Kompetenzabgrenzung und Zuweisung konkreter Finanzhoheiten sind jedoch erst ab Herbst 1982 zu erwarten; die Presse ist bereits skeptisch ob des Gelingens, vgl. Südd. Zeitung v. 12. 9. 1981, S. 8: „Mitterand kocht auch nur mit Wasser" (Überschrift).
299 insbesondere zuletzt unter dem früheren Präsidenten *Giscard d'Estaing* und seinem Ministerpräsidenten *Barre*.
300 Nach *Shonfield* (Fn. 277), S. 86.
301 Nach: The Economist, 27. 1. 1979, S. 31 (Survey).
302 *Franzmeyer* (Industrielle Strukturprobleme), S. 39.

und hegt zumindest weniger Mißtrauen gegenüber staatlichen Stellen, wie man es aus anderen Ländern kennt. Diesen bis heute bestehenden Unterschied, diese Distanz zur französischen Sichtweise des Verhältnisses von Staat und Wirtschaft verdeutlicht auch eine neuere Kommentierung der planification durch einen langjährigen ranghohen Beamten aus dem (deutschen) Bundeswirtschaftsministerium: „Le lecteur allemand est toujours surpris de retrouver souvent ... l'expression ‚stratégie industrielle‘: ‚la nécessité d'une stratégie industrielle ambitieuse, une stratégie industrielle ...‘. Cette notion n'est pas habituelle en Allemagne. Il serait certainement faux de parler d'une stratégie industrielle de la RFA, de son gouvernement ou même de l'industrie allemande. Cette stratégie n'existe pas. C'est plutôt chaque entreprise qui met en oeuvre sa propre stratégie de marché."[303]

Die industriepolitische Staatskompetenz in Frankreich weist schließlich auf die Zielpriorität französischer Wirtschaftspolitik hin, die Wachstumsorientierung. In der genannten Studie des DIW wird dann auch festgestellt, daß „das Wachstumsziel über den gesamten Betrachtungszeitraum an erster Stelle" vor den Zielen Preisstabilität und Zahlungsbilanzgleichgewicht rangierte.[304]

3. Großbritannien

Während die beiden vorgenannten Länder auf den beiden entgegengesetzten Enden des Kontinuums relativ stabil verortet werden können, fällt dies für das Vereinigte Königreich ungleich schwerer. Im bereits mehrfach herangezogenen Syntheseberricht wird dazu ausgeführt: „Durch die polar entgegengesetzten wirtschaftlichen Ziele und Instrumente der beiden politischen Parteien schwankt das britische Wirtschaftssystem zwischen einem System sehr ausgedehnter Kontrollen, ..., und extrem liberalen Tendenzen zur Beschränkung des wirtschaftspolitischen Instrumentariums auf einige währungspolitische Instrumente".[305] Das heißt, je nach politischer Mehrheit wird – zumindest verbal – die gesamte Spannweite ordnungspolitischer Möglichkeiten ausgeschöpft. Daher hat jede Kennzeichnung der britischen Wirtschaftsordnung mehr den „Charakter einer Momentaufnahme"[306] oder, wie es der britische Berichterstatter formulierte, den eines „Ausschnitts aus einem sich ständig weiterbewegenden Film".[307]

Steigt man in dieselben historischen Tiefen wie im Falle Frankreichs hinab, wird man als Ausgangspunkt für weitere Betrachtungen eine eindeutig liberale, den freien Handel bevorzugende und das Individuum stärkende, ökonomische und philosophische Grundströmung erkennen. Dafür spricht nicht nur die Bedeutung der Lehren von Adam Smith, Ricardo, Bentham u. a. für die britische Wissenschaftstradition, sondern auch die konkrete politische und ökonomische

---

303 *Molitor* (Politique Industrielle et Planification), S. 843; dieser Aufsatz ist 1980 in der französischen Fachzeitschrift Revue Economique zum Generalthema „Le VIIIème Plan" erschienen.
304 *Franzmeyer/Seidel* (Fn. 288), S. 25.
305 *VerLoren van Themaat* (Fn. 275), S. 24.
306 ibid., S. 25.
307 *Daintith* (Wirtschaftsrecht im Vereinigten Königreich) S. 11; dieser Bericht war eine der sieben Länderstudien, die in den Synthesebericht einflossen.

Situation Englands[308] im letzten und im ersten Viertel dieses Jahrhunderts. Shonfield nimmt darüber hinaus die liberale klassische englische Ökonomie gegen die Kritik des großen deutschen Nationalökonomen Friedrich List in Schutz, der dies alles für einen intellektuellen Trick einer saturierten Industrienation zur Sicherung eigener Interessen hielt: List „would have been surprised to find how seriously the British continued to take their theory long after their new-monopoly in world trade in manufactured goods had disappeared. *In this matter the British were not hypocrites but crusaders*"[309] Dies liegt freilich lange zurück.

Eine nicht unerhebliche Abkehr vom laisser faire-Denken und oft allzu krudem Individualismus bedeutete nämlich die mit dem Namen Keynes verbundene Neuausrichtung der britischen Wirtschaftswissenschaften seit Anfang der dreißiger Jahre.[310] Die damit begründete Denktradition wirkte sich zudem gleichermaßen nahezu unmittelbar auf die wirtschaftspolitischen Kategorien und Argumentationsstrukturen der beiden politischen Großblöcke Großbritanniens, Labour und Conservative Party, aus und war insofern bis vor kurzem konstituierend für das Gesamtbild ökonomischen Denkens. Gerade in jüngster Zeit hat sich jedoch sowohl auf der einen Seite des politischen Spektrums eine so abrupte Abwendung auch von „rechten" oder „orthodoxen" Keynes-Interpretationen und dem damit einhergehenden wirtschaftspolitischen Instrumentarium vollzogen, als auch auf der anderen Seite eine deutliche Verschärfung systemkritischer, linkskeynesianischer Politrhetorik feststellbar ist.[311] Damit kann derzeit schwerlich von einem irgendwo stabilen Kern ordnungspolitischer Grundauffassungen die Rede sein.

Während in Frankreich sowohl die Linke wie die Rechte an einem starken Staat und entsprechender Planungs- und Lenkungsverantwortung für das wirtschaftliche Geschehen interessiert ist – wenn auch aus unterschiedlicher Motivationslage – und in der BR Deutschland trotz Wechsel der Regierungsverantwortung Ende der sechziger Jahre an der marktwirtschaftlichen Grundausrichtung nie ernsthafte Veränderungen zur Debatte standen, scheint es in Großbritannien keine echten Grenzen für die jeweils Verantwortlichen zu geben. Auf Nationalisierungs- folgen Reprivatisierungswellen, auf Protektionismusforderungen Li-

---

308 Vgl. Einleitung einer 1975 veröffentlichten Studie des National Institute of Economic and Social Research London (The United Kingdom Economy), S. 9: „By the end of the nineteenth century British exports provided one third of the word's trade in manufactures".
309 *Shonfield* (Fn. 277), S. 81; Unterstreichung durch den Verfasser. Man kann dazu sicherlich erstaunliche Parallelen zur Denkwelt und realen wirtschaftlichen Situation in der BR Deutschland für die letzten 30 Jahre ziehen.
310 Die Einleitung einer 1977 verfaßten Gemeinschaftsarbeit über das (Economic System in the U.K.) untergliedert in „Pre-Keynesian Economics", „The Keynesian Revolution" und „Post-Keynesian Developments", vgl. *Morris* (Introduction), S. 6 ff; immerhin dreht es sich hier ausschließlich um Oxford-Ökonomen, die dem Keynesianismus der Konkurrenz-Universität Cambridge nicht von vornherein positiv gegenüberstehen.
311 Hierbei ist einerseits an die Bedeutung der monetaristischen *Friedman*-Schule für die offizielle Regierungspolitik der Premierministerin *Thatcher* und andererseits an Art und Inhalt der Auseinandersetzung in der Spitze der Labour-Führung um *Michael Foot* und *Tony Benn* zu denken.

beralisierungen des grenzüberschreitenden Waren- und Kapitalverkehrs, auf direkte Vereinbarungen zwischen Gewerkschaften und Regierung Rückzug des Staates aus dem Lohnfindungsprozeß.

Ebensowenig lassen sich bezüglich der wirtschaftspolitischen Globalziele Tendenzaussagen treffen, nicht einmal stark relativierende. Zwar geht es der britischen „wie den meisten anderen Regierungen um die Sicherheit des wirtschaftlichen Wachstums, um stabile Preise, eine positive Zahlungsbilanz, eine sichere Währung und eine ausgewogene Regionalentwicklung", aber „die Haltung der Regierung des Vereinigten Königreichs ändert sich dabei von Jahr zu Jahr, von Monat zu Monat und sogar von Woche zu Woche, und sie legt sich weder durch Gesetze noch auf andere Weise darauf fest, bestimmte Prioritäten der Wirtschaftspolitik in einer bestimmten Zeit kurz- oder langfristig einzuhalten".[312]

Vielfach wird dies einfach als englischer Pragmatismus, der keine ideologischen Scheuklappen kenne, positiv gekennzeichnet. Man muß indes berücksichtigen, daß eine damit einhergehende reine Interessenpolitik für einen letztlich wertorientierten Gemeinschaftsbildungsprozeß problematisch ist. Darüber hinaus erhält eine auf Tagesinteressen bezogene Politik, die nicht in erkennbare auf Kontinuität gerichtete Ordnungsvorstellungen eingebunden ist, einen derart kurzfristigen Charakter, daß die Berechenbarkeit für die Partner zu gering zu werden droht.

4. Italien

Wirtschaftspolitik wird – soweit sie überhaupt diesen Namen verdient – in Italien über das Instrument der Staatsbeteiligungen versucht. Ein ausgedehntes Geflecht von (nicht nur Finanz-)Beziehungen zwischen politischer Verantwortungsebene[313] und den einzelnen Wirtschaftsunternehmen – gebrochen durch vielfältige dazwischengeschaltete Finanz- und Holdinggesellschaften – bestimmt das auch für Beteiligte schwer durchschaubare Verhältnis zwischen Staat und Wirtschaft in Italien. Eine konsistente ordnungspolitische Konzeption, und geschweige denn eine Umsetzung derselben in die Realität, existiert nicht.

Die dennoch unternommenen Versuche, eine gewisse Ordnung in das Vorfindbare zu bringen, beginnen in der Regel mit einem Hinweis auf die beiden größten staatlichen Konzerne IRI (Istituto per la Ricostruzione Industriale) und ENI (Enti Nazionale Idrocarburi), die 1933 bzw. 1953 gegründet wurden. Deren Funktionsbeschreibungen und Zielsetzungen sind von überaus allgemeinem Charakter und dennoch nicht einmal einheitlich oder gar im Zeitablauf stabil. 1966 heißt es z. B. im Zijlstra-Bericht über die IRI, sie hat die Aufgabe, „erstens Organisationen und Unternehmen, die für die italienische Wirtschaft von Bedeutung sind, finanziell zu unterstützen, zu stärken oder neu zu schaffen; zweitens den Staat in Tätigkeiten einzuschalten, die eine Dienstleistung im allgemeinen Interesse darstellen und deren Kontrolle privaten Gruppen die Herrschaft über wichtige Lebensbereiche geben würde."[314]

---
312 *Daintith* (Fn. 307), S. 13.
313 Seit 1957 gibt es ein eigenes Ministerium für Staatsbeteiligungen.
314 *Zijlstra* (Fn. 275), S. 19; dort auch die Untergliederung der IRI in acht Tätigkeitsgruppen. An der Spitze von sechs dieser Gruppen steht wiederum eine Finanzgesell-

1973 liest man im Bericht über das italienische Wirtschaftsrecht, daß die „Holdinggesellschaft IRI . . ., die ursprünglich als ‚Rettungsunternehmen' gegründet und später zum Koordinierungsorgan bei der Verwirklichung der staatlichen Wirtschaftspolitik erhoben wurde", jetzt stärker Produktionsverlagerungs- und Umverteilungsaufgaben zugunsten des wirtschaftlich überaus schwachen Süden Italiens zu erfüllen hatte. Der bereits in diesem Bericht angedeutete Trend, daß auch von diesen beiden Funktionen,[315] die immerhin uno actu erfüllt werden sollten, nur noch die zweite übrigbleiben würde, scheint sich bestätigt zu haben. 1981 wird auf einer Tagung über Industrie- und Strukturpolitik in der EG vom Referenten zur „Industriepolitischen Rolle der öffentlichen Unternehmen in Italien" dies durch Kennzeichnung derselben als „social stabilizers" dokumentiert und darüber hinaus mit der These, „it is better to pay wages than pensions",[316] die – vorsichtig ausgedrückt – Anpassungsfähigkeit selbst der italienischen Fachprofession verdeutlicht.

Obwohl man sicher mit Shonfield Italien zu den Ländern zählen muß, bei denen „no overwhelming devotion to a market ideology"[317] vorfindbar ist, wäre der Umkehrschluß, dieses Land mehr auf der entgegengesetzten Seite unseres im 2. Kapitel entwickelten Kontinuums zu verorten, unangebracht. Man würde damit ernsthaften Versuchen gesamtwirtschaftlicher Planung Unrecht tun. Denn es fehlt der italienischen Wirtschaftspolitik an einer systematisch angelegten und dauerhaften Strategie der Durchsetzung von koordinierten Planungen. 1966 spricht Shonfield ein hartes Urteil: „The truth is that behind an administrative façade which bears many of the French labels and whose design has been deliberately modelled on French ideas, the Italian system of government is in practice among the least coordinated in Western Europe. There is none of the French esprit de corps uniting the great officials of the state, none of the feeling that they ought to have a purpose in common. Instead the ‚condottiere principle', . . ., takes charge". Und „there is moreover, . . ., little public trust in the integrity of high officials".[318]

Neuere Untersuchungen lassen eine andere Bewertung nicht zu. Eine wirksame, bewußte Steuerung, Beeinflussung oder auch nur Sicherung der Rahmenbedingungen des Wirtschaftsprozesses scheint nicht stattzufinden. In einer Länderstudie des Economist wird eine effektive zentrale Kontrolle der Besteuerung und der Ausgabengestaltung des öffentlichen Sektors bestritten und damit die Folgerung gezogen, „the lack of any connection between getting and spending is

---

→

    schaft (Finsider, Finelettrica, Finmecannica etc.) oder eine Holding, die die zur Gruppe gehörenden Unternehmen via Aktienpakete kontrolliert. Mit einer weiteren Gruppe beherrscht die IRI rund ein Viertel der Banktätigkeit. Die letzte Gruppe bilden direkte Beteiligungen (Al-Italia, Autostrada S. p. A., etc.).

315 *Morsiani* (Italienisches Wirtschaftsrecht), S. 30.
316 Vgl. Diskussionsbericht zum Referat des italienischen Fachvertreters *Cassone* in (Industrie- und Strukturpolitik in der EG), S. 96.
317 *Shonfield* (Fn. 277), S. 176.
318 ibid., S. 196 f.

bound to lay waste the power of economic policy".[319] Bei einem derartigen Zustand des politischen und administrativen Systems müßten die sichtbaren Probleme Italiens größer sein, als sie erscheinen. Als eher hilflose Lösung, diesen Widerspruch aufzulösen, ist mittlerweile die Rede von der „economia sommersa" in Italien. Auch der Begriff „Parallelökonomie" ist für die dahinterstehenden Phänomene, wie den folgenden geläufig: Offiziell gibt es in der Region von Neapel keine einzige Handschuh-Fabrik, aber jedermann weiß, daß dieses Gebiet der Welt größter Lederhandschuh-Lieferant ist. Für zahlreiche andere Branchen (Lederwaren-, Textil- und Schmuckindustrie) gilt ähnliches. „Nobody knows, certainly not the planners in Rome, what drives these small sectors so dynamically".[320] Pläne, die nicht auf solider Faktenkenntnis beruhen, sind wertlos oder haben andere als echte Problemlösungszwecke.

Man wird dies sicher nicht einzelnen Personen zurechnen dürfen. Denn der Hauptgrund dafür, daß von verantwortungsbewußten Politikern vorgelegte Wirtschaftsprogramme oft schon bei der Veröffentlichung als „paper plans" gelten,[321] liegt nicht an deren a-priori-Ungeeignetheit, sondern an der hochgradigen Instabilität des politischen Systems.[322] Diese läßt es verständlicherweise potentiellen Adressaten wenig sinnvoll erscheinen, eigene Dispositionen auf öffentliche Zahlenangaben und Planvorhaben auszurichten.

Wenn man unter diesen Umständen überhaupt von einer wirtschaftspolitischen Prioritätssetzung sprechen will, wird man sicher dem Beschäftigungs- und Wachstumsziel eine wesentlich höhere Aufmerksamkeit in der politischen Führung Italiens zusprechen als dem Geldwertsicherungspostulat. Dies läßt sich sowohl an der Haushaltspolitik als auch an den tatsächlichen Ergebnissen ablesen. Die durchschnittliche Inflationsrate Italiens der siebziger Dekade lag mit knapp 14% zusammen mit der Großbritanniens an der Spitze aller EG-Länder.[323] Zahlungsbilanzkrisen werden ernsthaft erst als solche anerkannt, wenn die Außenwelt nicht mehr bereit ist, die notwendigen Devisen für Importe bereitzustellen und Vertreter der internationalen Finanzinstitutionen (IWF und auch die EG) den verantwortungsbewußten Mitgliedern der politischen Führung Rückendeckung für den innenpolitischen Streit um das wirtschaftlich Gebotene verschaffen.[324] Insofern ist das Ziel des außenwirtschaftlichen Gleichgewichts kein eigenständiges, politisch hoch rangierendes Ziel in Italien.

---

319 The Economist, 23. Mai 1981, S. 6 (Survey), dort auch statistische Belege und Bewertungen durch Vertreter des Internationalen Währungsfonds.
320 ibid., S. 15 (Survey).
321 Zuletzt gültig für den sogenannten „La-Malfa-Plan"; ibid., S. 5 und S. 10 (Survey).
322 Im Juni 1981 wurde die 41. Nachkriegsregierung bestellt. Die ihr vorangehende Krise wurde durch eine Affäre um die „Loge P 2" ausgelöst, einem angeblichen oder tatsächlichen Geheimbund, die stark an das erwähnte „condottiere-Prinzip" in der Shonfield-Darstellung der ENI erinnert.
323 The Economist, 23. Mai 1981, S. 12 (Survey); zum Zeitpunkt der Veröffentlichung dieser Studie lag die Rate bei 20%. Sie liegt damit „consistently 9–10 points above the average of its competitors and customers in the OECD"; ibid., S. 5 (Survey).
324 Zuletzt im März 1981 mit abschließender Verabschiedung eines „Notprogramms" mit EWS-Abwertung, Diskontsatzerhöhung und Kreditbegrenzungen.

III. Strukturbesonderheiten

1. Verstaatlichungsgrad

Je nach Mischungsverhältnis zwischen einerseits staatlich beeinflußtem und andererseits privatautonom gesteuertem Wirtschaftssektor wird man gewisse Präferenzen für eher planwirtschaftliche bzw. marktwirtschaftliche Leitbilder und darauf bezogene Instrumentenalternativen in den einzelnen Ländern erwarten dürfen. Eine Übersicht des „Economist" aus dem Jahre 1978, die 10 sich traditionell in allen Ländern in ständig wiederkehrenden Verstaatlichungs- bzw. Privatisierungsdebatten befindliche Sektoren umfaßt, ergibt nach der Unterscheidung „privately owned" oder „publicly owned" einen „Privatbesitzgrad" von nur 10 % in Großbritannien, 16 2/3 % in Italien, 27,5 % in Frankreich und 35 % in der BR Deutschland.[325] Bedenkt man, daß in Großbritannien zu jenem Zeitpunkt die Labour Party die Regierung stellte, so überrascht diese Statistik nicht. Denn auch der Zijlstra-Bericht von 1966 kam – bei Nichtberücksichtigung des damaligen Nichtmitglieds Großbritannien – zu ähnlichen Globaleinschätzungen. Zum „Ausmaß der Beteiligung des Staates selbst am Wirtschaftsleben durch Staatsbetriebe (durch gemischt-wirtschaftliche Unternehmen und durch die von der öffentlichen Hand über eine Kapitalbeteiligung kontrollierten oder beeinflußten Unternehmen)" hieß es: „Am stärksten ist die Beteiligung des Staats zweifellos in Italien, ...; auch in Frankreich ist der öffentliche Sektor relativ groß, was bereits aus der Tatsache hervorgeht, daß ungefähr ein Viertel aller französischen Arbeitnehmer vom Staat bzw. von Unternehmen der öffentlichen Hand beschäftigt werden."[326] Weiterhin wurde darauf hingewiesen, daß in Frankreich Kohle-, Gas- und Elektrizitätswirtschaft sich voll in Staatshand befinden, der Staat dort der „wichtigste Fahrzeug- und Flugzeugfabrikant" ist und als Bankier eine sehr bedeutende Rolle (Staatsbanken, Spar- und Depositenkassen) spielt. Demgegenüber ist in der BR Deutschland „der öffentliche Anteil an der Wirtschaft verhältnismäßig klein".[327] Insofern ergeben sich daraus keine Hinweise auf grundsätzliche, möglicherweise säkulare Veränderungstrends, die die Momentaufnahme von 1978 relativieren könnten. Dies legen immer nur ganz kurzfristige Betrachtungen aktueller politischer Entwicklungen nahe – so auch zu Beginn dieses Jahrzehnts.

Unmittelbar nach der Wahl verkündete der neugewählte französische Staatspräsident, daß mit Ausnahme der Genossenschaftsbanken das gesamte Bank- und Kreditwesen, die Versicherungen und 11 Industriegruppen „nationalisiert"

---

325 Es handelt sich hier um eine Serie des Economist mit dem Titel „Europe's economies", die vom Januar bis April 1978 in wöchentlichen Abständen erschien. Unter dem Titel „The structure and management of Europe's ten largest economies" wurden wenig später diese „economic school briefs" in einer separaten Broschüre veröffentlicht. Auf S. 19 derselben befindet sich die hier herangezogene Übersicht mit den 10 Bereichen Post-, Fernmeldewesen, Elektrizitäts-, Gaswirtschaft, Eisenbahn, Kohleindustrie, Luftfahrt, Autoindustrie, Stahl, Schiffbau.
326 *Zijlstra* (Fn. 275a), S. 29.
327 ibid., S. 30.

werden sollen.[328] Auch die in der Economist-Statistik für Frankreich noch zu 100 % als privat ausgewiesene Stahlindustrie soll voll verstaatlicht werden.[329] Damit könnte Frankreich Italien in dieser Frage „überflügeln".[330] Man sollte jedoch solche erste Nachwahlverlautbarungen vorsichtig abwartend betrachten. Bereits zwei Wochen nach den Wahlen zur Nationalversammlung zog die neue Regierung schon Grenzen durch Reformulierungen der Verstaatlichungsforderungen,[331] so daß an der Gesamteinschätzung Frankreichs sich nichts dramatisch ändern dürfte.[332]

Grundsätzlich ist jede Statistik zu dieser Fragestellung ohnehin anfällig für vielfältige Kritik und erfordert daher regelmäßig gewisse Relativierungen. Beispielsweise sagen die Eigentumsverhältnisse für sich genommen noch wenig über die hier interessierende Frage aus, wie stark markt-, kosten- und ertragsorientiert die Unternehmen handeln. Auch bei einer staatlichen Aktienmehrheit muß politisches Wollen nicht auf jeden Fall direkt in Unternehmenspolitik (Preisgestaltung, Investitionspolitik, Beschäftigungshöhe etc.) umgesetzt werden. Und umgekehrt ist es nicht ausgeschlossen, daß bei entsprechender wirtschaftspolitischer Grundstimmung in einem Land Privatunternehmen sehr schnell nach öffentlicher Hilfe und Unterstützung rufen,[333] die ihrerseits ihren „politischen

---

328 Nach Südd. Zeitung v. 12. 5. 1981, S. 18; diese Industriegruppen lauten:
- Saint-Gobain-Pont-à-Mousson (Glas- und Röhrenkonzern)
- Compagnie-Générale-d'Electricité (Elektrogruppe)
- Péchiney-Ugine-Kuhlmann (Chemie- und Metallunternehmen)
- Rhone-Poulenc (Chemie, Textil und Pharmacie)
- Thomson-Brandt (Elektro-, Elektronik- und Rüstungskonzern)
- Roussel-Uclaf (Pharmaciegruppe, von Hoechst kontrolliert)
- Marcel-Dassault-Bréguet (Flugzeugbau)
- ITT France (Elektronikfernmeldetechnik)
- CII-Honeywell-Bull (Elektronikdatentechnik)
- Creusot-Loire (schwerer Maschinen- und Kernkraftwerkbau)
- Matra (Rüstung, Raumfahrttechnik, Elektronik).
329 Südd. Zeitung v. 23. 6. 1981, S. 9 und v. 8. 7. 1981, S. 23 (Stahlkonzerne Usinor und Sacilor).
330 Gleichzeitig gab nämlich die ENI ihre Beteiligung als größter Einzelaktionär des größten italienischen Chemiekonzerns Montedison an ein Konsortium größter Privataktionäre ab, und die IRI wird durch Begebung einer Wandelanleihe ihre Beteiligung an den drei Großbanken Banco di Roma, Credito Italiano und Banca Commerciale auf 70 – 75 % verringern; nach Südd. Zeitung v. 9. 7. 1981, S. 22 und v. 3. 7. 1981, S. 27.
331 Lt. Südd. Zeitung v. 30. 6. 1981, S. 9. Der Begriff „Verstaatlichung" wird durch „Ausdehnung des öffentlichen Sektors" ersetzt; außerdem sei dies „Mittel und kein Ziel der Wirtschaftspolitik" und nach Abschluß der geplanten Verstaatlichungen würde der öffentliche Sektor 16 % der nationalen Produktion nicht überschreiten.
332 Allerdings hat mit der Annahme des Gesetzes über die „Verstaatlichung von fünf Industriegruppen, 36 Banken und zwei Finanzgesellschaften durch die Nationalversammlung das Regierungsprogramm eine wesentliche Hürde bis zur vollen Rechtskraft passiert; nach Südd. Zeitung v. 28. 10. 1981, S. 6.
333 So mit hoher Regelmäßigkeit der Präsident des französischen Stahlverbands für seinen (1981 noch) privatwirtschaftlich organisierten Industriezweig.

Preis" hat. Insofern sagen die statistischen Indikatoren für sich genommen noch zu wenig darüber aus, ob die zu wirtschaftspolitischem Handeln aufgerufenen Regierungen bei Vereinbarungen auf EG-Ebene verbindliche Äußerungen machen können. Der Durchgriff auf Unternehmen und Industriezweige kann sich in ganz unterschiedlichen Formen und bei ganz unterschiedlichen Rechtsverhältnissen gleichermaßen effizient gestalten. Allerdings wird die Bereitschaft dazu häufig verschieden nuanciert sein. Wer wie die Labour-Regierung 1975 nach gewonnener Wahl einen „National Enterprise Board" (NEB) gründet und mit einer Philosophie[334] ausstattet, wird andere Lösungswege bei Krisen in einzelnen Sektoren vorschlagen, als eine Regierung, die wesentlich weniger unmittelbar auf die Unternehmensführung einwirken kann und will.

Die britischen Verstaatlichungs-/Privatisierungsauseinandersetzungen und -umsetzungen sind in gewisser Weise auch für die Interpretation der französischen Situation und die Ableitung einer Zukunftsprognose geeignet. Als die 1974 neu gewählte Labour-Regierung unter Harold Wilson nach Durchführung des politisch hochkontroversen EG-Referendums sich an die Erfüllung der Verstaatlichungsforderung ihres Wahlprogramms machte, wurde eine überaus anspruchsvolle Vorlage einer neuen Industriegesetzgebung vom damaligen Industrieminister Benn erstellt. Die vorgeschlagenen „drei Neuerungen – N.E.B., Planungsabkommen, Informationspflicht"[335] stießen auf den erbitterten Widerstand der Industrie und der Opposition. Im Unterhaus scheiterte alsbald die in der Vorlage vorgesehene Weitergabe von Geschäftsgeheimnissen an Belegschaftsmitglieder,[336] nachdem wenig vorher der Premierminister schon von einer Verschiebung der geplanten Verstaatlichungen der Luftfahrt- und Schiffahrtindustrie gesprochen hatte.[337] Zugleich war der Vater der „Industry Bill", Benn, vom Posten des Industrieministers auf den weniger einflußreichen des Energieministers abgeschoben worden.[338] 1978 schließlich, ein Jahr vor den Neuwahlen, die einen Regierungswechsel mit sich brachten, hieß es: „In Großbritannien nimmt die Neigung zu Verstaatlichungen ab" und „offenbar spielt auch die abnehmende Bereitschaft der britischen Öffentlichkeit eine Rolle, die Streikenden bei Leyland, im Schiffbau und anderswo oder Verluste von British Steel zu finanzieren".[339] Nach der Wahlniederlage von Labour 1979 hieß es – man ist geneigt zu sagen „natürlich" – wieder „London will Verstaatlichungen rückgängig machen"; der NEB sollte jetzt nicht mehr als Instrument der Wirtschaftspolitik eingesetzt werden, sondern „zur Verwaltung von zeitweiligem Aktienbesitz der Regierung, der verkauft werden soll, sobald es die Umstände er-

---

334 Vgl. Handelsblatt v. 11. 7. 1975, S. 5; die Staatsholding NEB wurde auch als ein Mittel zur Durchsetzung der Mitbestimmung von Arbeitnehmern („Industrielle Demokratie") betrachtet. Selbst eine „Zwangsanlage britischer Spar- und Versicherungsgelder" bei der NEB wurde vom damaligen Industrieminister erwogen; vgl. Handelsblatt v. 25. 4. 1974.
335 Süddeutsche Zeitung v. 22. 2. 1975, S. 8.
336 Handelsblatt v. 4. 7. 1975, S. 2.
337 Handelsblatt v. 27. 6. 1975, S. 4; sie wurden aber 1977 durchgeführt.
338 Südd. Zeitung v. 13. 6. 1975, S. 2.
339 Südd. Zeitung v. 31. 3. 1978, S. 33.

lauben". [340] Der NEB wurde aufgefordert, Beteiligungen in dreistelliger Milliardenhöhe abzustoßen – unter anderem von British Leyland (Automobilindustrie), Rolls Royce (Flugzeugbau), Ferranti (Elektronik), ICL (Computer), Fairy (Flugzeugbau) [341] – und selbst die britische Ölgesellschaft BNOC, „die einzige sichere Ölquelle Großbritanniens" [342] sollte reprivatisiert werden. Auch die Post sollte bestimmte Funktionen an die Privatwirtschaft übergeben. [343] Inzwischen wird jedoch bereits der politische Schwung zur Reprivatisierung auch wieder schwächer. [344]

Der daraus erkennbare, schon erwähnte „politische Zyklus" dürfte für Frankreich und Großbritannien grundsätzlich gleichermaßen gegeben sein. Möglicherweise ist jedoch sowohl Amplitude wie Frequenz in Großbritannien ausgeprägter: Der Streit scheint dort intensiver und die Wechsel in der politischen Führung häufiger. In Italien besteht sogar kein eindeutiger Zusammenhang mehr zwischen Verstaatlichungsforderung und politischer Richtung, [345] während in der BR Deutschland das Thema als solches eindeutig tiefer gehängt wird als in allen anderen drei Ländern.

2. Stellung der Zentralbank

Wir hatten bei den ordnungspolitischen Grundpositionen den hohen Rang des Geldwesens für das neoliberale Modell herausgearbeitet und die Umsetzung der Theorie in die institutionelle Forderung nach einer unabhängigen Zentralbank hervorgehoben. [346] Insofern lassen sich von der Stellung der nationalen Notenbanken der vier Länder Rückschlüsse auf die wirtschaftspolitische Konzeptionspräferenz ziehen. Der Frage nach dem Maß der Unabhängigkeit der Deutschen Bundesbank, der Banque de France, der Bank of England und der Banca d'Italia von unmittelbaren Einflußnahmen des politischen Systems kann nach einem Vorschlag v. Bonin's [347] anhand folgender Kriteriengruppe nachgegangen werden:

– Rechtsform der Zentralbank
– gesetzliche Kompetenzabgrenzungen
– Weisungen der Regierung an die Zentralbank

---

340 Südd. Zeitung v. 10. 5. 1979, S. 25.
341 Südd. Zeitung v. 21. 7. 1979, S. 32.
342 Südd. Zeitung v. 11. 9. 1979, S. 16.
343 Südd. Zeitung v. 14. 9. 1979, S. 23 (Lieferung von Telefonapparaten und Anrufbeantwortern); Einzelheiten in The Economist v. 28. 2. 1981, S. 23.
344 Mitte 1981 wird jedenfalls 12 % des BIP den „nationalised industries" zugesprochen; The Economist v. 6. 6. 1981, S. 28.
345 Ein Beispiel aus der Zeit, in der die Kommunisten Italiens der Regierungsmacht am nächsten waren: „Verstaatlichung interessiert Roms Kommunisten nicht – Die Christdemokraten haben schon genug nationalisiert und verlustreiche Unternehmen geschaffen –", so die Überschrift eines Artikels in der Süddeutschen Zeitung v. 3. 4. 1978; derzeit führt der sozialistische Minister für Staatsbeteiligungen die Reprivatisierung des Chemiekonzerns Montedison durch, vgl. Süddeutsche Zeitung v. 25. 5. 1981, S. 19.
346 s.o., S. 44.
347 v. Bonin (Zentralbanken), S. 198 ff.

- Vertretung der Regierung in Organen der Zentralbank
- Besetzung der Führungspositionen in der Zentralbank
- Aufsicht der Regierungen über die Zentralbanken
- währungspolitischer Entscheidungsprozeß zwischen Regierung und Zentralbank (z. B. dualistisches Entscheidungssystem mit Zwei-Schlüssel-Theorie, Vetorechte etc.)
- Konflikte zwischen Regierung und Zentralbank in der Vergangenheit
- Verhältnis von Zentralbank und Parlament

Bei Anwendung dieses Prüfungsrasters stößt man auf zahlreiche Besonderheiten von Struktur und Sichtweise des Zentralbankwesens in den einzelnen Ländern. Einige seien hier hervorgehoben.

In Großbritannien wird im Gegensatz zur BR Deutschland und Frankreich die Eingrenzungsmöglichkeit der Zentralbankautonomie durch gesetzliche Vorschriften so gut wie gar nicht wahrgenommen. So ist auch der Bank of England Act „das kürzeste und in dem von ihm geregelten Bereich engste Zentralbankgesetz".[348] In Frankreich ist zwischen Regierung und Zentralbank mit dem 1945 eingerichteten Conseil National du Crédit ein Gremium zur Bündelung verschiedenster gesellschaftlicher und wirtschaftlicher Interessen („les forces actives du pays") geschaffen worden. Man nennt es auch das „kleinste Kreditparlament".[349] Das deutsche Bundesbankgesetz kennt eine solche Einbeziehung gesellschaftlicher Gruppen nicht und bestimmt darüber hinaus in § 12 Satz 2, daß die deutsche Zentralbank „bei der Ausübung der Befugnisse, die ihr nach diesem Gesetz zustehen, von Weisungen der Bundesregierung unabhängig" ist. Demgegenüber hebt der Bank of England Act in seiner berühmten Section 4 die Dominanz des Schatzamtes hervor: „The Treasury may from time to time give such directions to the Bank as, after consultation with the Governor of the Bank, they think necessary in the public interest."[350]

Eine gesetzliche Limitierung der Kreditvergabemöglichkeiten an den Staat kennt nur das deutsche Bundesbankgesetz mit konkreten Obergrenzen.[351] Sie soll die „Selbstbedienung" an der Notenpresse aus den leidvollen geschichtlichen Erfahrungen heraus so weit wie möglich beschränken.

---

348 ibid., S. 96; dieses Gesetz diente primär der Regelung der 1946 erfolgten Verstaatlichung der Bank of England.
349 ibid., S. 58 und S. 231.
350 Aufgenommen in der Ergänzung der Vergleichsstudie des Währungsausschusses der EG (Monetary Policy in the Countries of the EEC/Supplement) Part Three, S. 1; dort auch ganz eindeutig zur „Responsibility for policy: Monetary Policy in the United Kingdom, like general economic policy, is ultimately the responsibility of Her Majesty's Government. The departmental responsibility within the Government lies with the Treasury. However policy decisions are preceded by discussion between the Treasury and the Bank of England; and the Bank are able, if appropriate, to offer advice direct to the Chancellor of the Exchequer".
351 Der Wortlaut des § 20 Abs. (1) Ziff. 1 Satz 2: Die Höchstgrenze der Kassenkredite einschließlich der Schatzwechsel, welche die Deutsche Bundesbank für eigene Rechnung gekauft oder deren Ankauf sie zugesagt hat, beträgt bei
   a) dem Bund sechs Milliarden Deutsche Mark,
   b) der Bundesbahn sechshundert Millionen Deutsche Mark,

→

In Großbritannien nimmt das Parlament durch „Select Committees" nicht nur über ihre legislativen Kompetenzen auf die Notenbankpolitik Einfluß.[352] Diese Form der öffentlichen Kontrolle durch parlamentarische Untersuchungsausschüsse kennt man in den anderen Ländern nicht.

Aus allen diesen wie auch weiteren Einzelpunkten ließe sich noch keine Globaleinschätzung über den Autonomiegrad treffen. Zum einen sagen gesetzliche Regelungen noch nicht unbedingt viel über die tatsächliche Ausnutzung gewährter Handlungsspielräume durch die eine – die Regierung – wie die andere Seite – die Entscheidungsgremien der Zentralbanken – aus. Zum anderen müssen die naturgemäß wenig klar ermittelbaren informellen Abstimmungsverfahren wie auch die personellen Verflechtungen detailliert und mit einer gewissen Zeittiefe durchleuchtet sein, ehe man gesicherte Aussagen treffen kann. Die Untersuchung v. Bonin's wie auch die Berichte des Währungsausschusses der EG von 1972 und 1974 erfüllen zusammengenommen diese Anforderungen, so daß deren Gesamtabwägungen für unsere Zwecke verwendbar sind.

Unstreitig ist danach, „daß allein die Bundesbank in nennenswertem Umfang politisch autonom ist", während „im Falle von Konflikten zwischen Zentralbanken und Regierung . . . sich in Frankreich und Großbritannien die Regierungen durchsetzen".[353] Auch in Italien übt die dem Schatzminister unterstellte Notenbank eigentlich nur übertragene Befugnisse aus. Sie hat die Weisungen des Ministers zu befolgen, die er nach Anhörung des CICR (Comitato Interministeriale per il Rispermio) erläßt. Der CICR wiederum muß die Richtlinien des für die Wirtschaftsprogrammierung zuständigen CIPE (Comitato Interministeriale per la Programmazione Economica) beachten. Damit soll eine Einheitlichkeit in der Führung der Wirtschafts- und Währungspolitik gewährleistet werden.[354] Allerdings hat nach übereinstimmender Beurteilung zahlreicher Beobachter die Banca d'Italia wegen der hochgradigen Instabilität des politischen Systems umgekehrt einen sehr starken Einfluß auf die gesamte Wirtschaftspolitik des Landes.[355]

3. Organisation der Arbeitnehmer

Auch die Organisation der Arbeitnehmerschaft läßt gewisse Deduktionen bezüglich der Existenz eines prädominanten ordnungspolitischen Leitbildes in einem Land zu. Eine aus ideologischen Gründen gespaltene, an verschiedene poli-

---

→

    c) der Bundespost vierhundert Millionen Deutsche Mark,
    d) dem Ausgleichsfonds zweihundert Millionen Deutsche Mark,
    e) dem ERP-Sondervermögen fünfzig Millionen Deutsche Mark,
    f) den Ländern vierzig Deutsche Mark je Einwohner nach der letzten amtlichen Volkszählung; bei dem Land Berlin und den Freien und Hansestädten Bremen und Hamburg dient als Berechnungsgrundlage ein Betrag von achtzig Deutsche Mark je Einwohner.

352 *v. Bonin* (Fn. 347), S. 228.
353 ibid., S. 235, ebenso im Bericht des Währungsausschusses (Monetary Policy in the Countries of the EEC), S. 17.
354 ibid., S. 16.
355 Schon bei *Shonfield* (Fn. 277), S. 180 so gesehen.

tische Parteien eng angekoppelte Gewerkschaftsbewegung wird zur Eingrenzung des ordnungspolitischen Möglichkeitsspektrums wenig beitragen und insofern wenig stabilisierend wirken. Darüber hinaus ist bei einem solchen Befund insgesamt über das sonst erwartbare Maß hinaus mit Extremformen nichtmarktorientierter Positionen zu rechnen. Daß Arbeitnehmer ohnehin nicht gerade engagierte Proponenten eines unkontrollierten Marktsystems sein können, ergibt sich naturgemäß aus ihrer ökonomisch schwächeren Lage als in der Regel vermögens- und produktionsmittellose Wirtschaftssubjekte. Nun neigt eine durch Zersplitterung in ihrer Kampfkraft stark geschwächte Arbeitnehmerschaft dazu, ideologische Rhetorik als – naturgemäß auf die eigentlichen Ziele bezogen ineffizientes – Mittel gegenseitiger Überbietung der Einzelorganisationen einzusetzen.[356] Insoweit ist mithin die Wahrscheinlichkeit für eine über alle Gruppen hinweg konsentierte ordnungspolitische Leitvorstellung erheblich gemindert.

Zur Ordnungsfrage gehört sicherlich auch die Sichtweise des Verhältnisses zwischen Gewerkschaften und Parteien, sowie von Partei und Staat. Es ist offenbar, daß die Leninsche Gewerkschaftskonzeption der Kommunisten, die die Gewerkschaft als eine von der Partei als Avantgarde abhängige Massenorganisation sieht,[357] den Grundkonsens in allen westeuropäischen Ländern sprengen würde. Immerhin wird dies der KPF,[358] weniger der KPI zugesprochen, die beide in ihren Ländern mit CGT und CGIL die mit Abstand mitgliederstärksten Gewerkschaftsbünde mindestens beeinflussen, wenn nicht gar völlig kontrollieren.

Die Spaltung der internationalen Gewerkschaftsbewegung in kommunistisch orientierten WGB, sozialistisch-sozialdemokratischen IBFG und christlich orientierten WVA schlägt sich nicht in allen der hier behandelten vier Ländern gleich stark durch.[359] Darüber hinaus schwankt die Abgrenzungsintensität nach politischer „Großwetterlage". Nach der durch den Kalten Krieg bewirkten tiefen Feindseligkeit der beiden „Familien" IBFG und WGB[360] gab es in den siebziger Jahren auf untergeordneter Ebene im Zeichen der Entspannung vorsichtige Annäherungsversuche. Die CGIL wurde 1974 in den 1973 von IBFG-Gewerkschaften gegründeten EGB aufgenommen. Mitte der siebziger Jahre wurden – im Ergebnis vergebliche – Versuche zur Vereinigung der drei Richtungsgewerkschaften Italiens CGIL, CISL und UIL unternommen[361] und darüber hinaus generell von allen Gewerkschaften Westeuropas verstärkt Kontakte mit

---

356 Exemplarisch dafür ein Interview des Generalsekretärs der französischen CFDT zum Verhältnis CGT/CFDT in: Gewerkschaftliche Monatshefte, Heft 5/1981, S. 274.
357 Zur Theorie vgl. *Lenin* (Was tun?) aus dem Jahre 1902; insbes. S. 240 ff.
358 So z. B. im o. a. Interview (Fn. 356).
359 Einzelheiten dazu bei *Elsner* (EWG und Gewerkschaften) S. 164; voll relevant in Frankreich und Italien, praktisch nicht in der BR Deutschland (DGB 7,6 Mio Mitglieder, CGB 80 000), überhaupt nicht in Großbritannien (nur TUC).
360 Einen sehr informativen historischen Überblick findet man bei *Piehl* (MNKs und internationale Gewerkschaftsbewegung), S. 71 ff.
361 ibid., S. 121 ff und Handelsblatt v. 15. 5. 1975, S. 5; es reichte nur zu einer bis heute existierenden Konföderation, die die Autonomie der Einzelorganisationen nicht antastete.

den entsprechenden Organisationen des Ostblocks aufgenommen. Die veränderte weltpolitische Lage hat jedoch seitdem eine eindeutige Kehrtwendung bewirkt.

An Grunddaten bzw. Strukturelementen muß für Prognosen des Verhaltens der Gewerkschaftsseite im europäischen Kontext beachtet werden:
- die fortdauernde Existenz strategischer Differenzen über die Sichtweite des Verhältnisses Unternehmerschaft – Arbeitnehmerseite („sozialpartnerschaftliche" Mitbestimmungskonzeption des DGB, Gegenmachtkonzeptionen der Arbeiterkontrolle in Italien und Frankreich, „industrial democracy" in Großbritannien) [362]
- unterschiedliche Organisationsprinzipien (nach der angelsächsischen Differenzierung kann man „general unions", „craft" oder „trade unions" und „industrial unions" unterscheiden); [363] auf dem Kontinent überwiegen die letzteren (Industrie- statt Berufsprinzip)
- formelle (insbesondere stark ausgeprägt in der BR Deutschland mit Fristen, Friedens- und Schweigepflichten u. dergl.) und informelle (insbesondere Großbritannien) [364] Verhandlungssysteme
- unterschiedlich hohe nationale Organisationsgrade (Großbritannien, Italien und BR Deutschland zwischen 40 und 60 %, Frankreich überraschend niedrig bei 20-25 %) [365]
- Unterschiede im Beitragssystem (z. B. hohe Beiträge und formalisierte Abzugsverfahren in der BR Deutschland und niedrige Beiträge und „Mann-zu-Mann-Abkassierung" in Frankreich). [366]

Eine Interpretation möglicher Folgen unterschiedlicher Gewerkschaftsstrukturen gab der ehemalige britische Botschafter in Bonn und Paris, Henderson, in seinem Abschlußbericht „Britain's decline, it's causes and consequences" aus dem Jahre 1979. Seiner komparativen Anlage wegen ist er als bemerkenswert zu qualifizieren. Hier einige Auszüge:
- „Neither Germany nor France has craft unions. Membership is based not on occupation but on industry in which the person works. There is therefore no temptation for one craft in an industry to pursue its sectional interests at the expense of another or of the company as a whole" [anschließend Hinweise auf geringe Zahl (17) der Einzelgewerkschaften im DGB und in Frankreich, sowie auf die demgegenüber hohe Anzahl (115) im britischen TUC]
- „These features make it easier in France and Germany to negotiate settlements and to make them stick"
- „In both Germany and France the closed shop [367] is against the constitution, hence illegal, in both countries collective agreements are binding contracts enforcable in law"

---

362 Einzelheiten bei *Piehl* (Fn. 360), S. 226 f.
363 ibid., S. 234.
364 Dazu *Waschke* (Tarifvertragswesen), S. 95 f.
365 Vgl. Übersicht bei *Elsner* (Fn. 359), S. 164 und bezüglich Neuentwicklung in Großbritannien *Thane* (Gewerkschaften und Labour Party), S. 11.
366 *Piehl* (Fn. 360), S. 238.
367 *Thane* (Fn. 365), S. 15 berichtet, daß die derzeitige konservative Regierung erneut →

- „There is no shop-floor control over production in France as there is in Britain"[368]

Zu ähnlichen Einschätzungen und Hervorhebungen von Besonderheiten gelangte eine Studie des DIW (1977) zum Thema „Strukturelemente in den industriellen Beziehungen in den EG-Ländern und ihre Bedeutung für den Verteilungskonflikt".[369] Für die BR Deutschland wird das nur schwach ausgeprägte Konkurrenzverhalten der nationalen Gewerkschaftsverbände und auch der Einzelgewerkschaften, die geringe Streikbereitschaft, die schwache Ideologisierung des Verteilungskonflikts, sowie der hohe Rang kodifizierter Friedenspflichten und Tarifvertragsregelungen betont. Für Frankreich wird auf den geringen Organisationsgrad, die starke Konkurrenzsituation zwischen den nationalen Gewerkschaftsorganisationen, die hohen Umverteilungsforderungen und die „ideologische Aufrüstung" hingewiesen. Großbritanniens Konkurrenz der Einzelgewerkschaften, deren hohes Streikpotential und die Bedeutung der öffentlichen Arbeitgeber wird für das Vereinigte Königreich als konfliktverschärfend angesehen. Italien schließlich gilt nach dieser Studie als besonders problematisch; der hohe Organisationsgrad, die Betroffenheit der jeweils höchsten Ebene bei Tarifverhandlungen, exorbitante Umverteilungsforderungen, hohe Streikbereitschaft, die Ablehnung jeglicher Produktivitätsorientierung bei Lohnforderungen und die ausgeprägte ideologische Komponente gestalten die industriellen Beziehungen höchst spannungsvoll. Friedenspflichten oder verbindliche Tarifverträge gibt es nach dieser Übersicht de facto in Italien nicht.

4. Beteiligung der Sozialpartner an der Wirtschaftspolitik

Wir hatten im vorigen Kapitel dargelegt, daß eine unmittelbare Beteiligung der gesellschaftlichen Kräfte am ohnehin nach möglichst festen Regeln ablaufenden wirtschaftspolitischen Entscheidungsprozeß in der neoliberalen Konzeption nicht vorgesehen ist. Bei ihr überwiegt die Sorge vor einem Syndikalismus und einer „Nebenregierung" ohne Mandat. Demgegenüber haben in unserer zweiten und dritten Konzeption solche Überlegungen durchaus ihren Platz, wo00bei letztere unter Einbeziehung der „Sozialpartner" – schon der Begriff wäre umstritten – insbesondere eine Strategie zur Stärkung der Arbeitnehmerschaft und ihrer Organisationen versteht – gelegentlich auch mehr. Insofern vermögen die jeweiligen institutionellen Regelungen in den vier Ländern weitere Hinweise für Präferenzen und Abneigungen gegenüber den einzelnen Ordnungsvorstellungen zu geben.

Im erwähnten Zijlstra-Bericht von 1966 werden Italien und Frankreich auf einer „Skala von einem ganz unverbindlichen Gutachten einerseits bis zu einem gewichtigen Mitbestimmungsrecht andererseits"[370] sehr weit in Richtung echter

---

→ mit einer Gesetzesvorlage die Probleme der „closed shops" und des „picketing" (Streikposten-Stehen) angehen will. In der BR Deutschland ist dies grundgesetzlich durch Art. 9 Abs. 3 GG geregelt („negative Koalitionsfreiheit").

368 Alles *Henderson* (Valedictory Despatch), S. 33.
369 Aufgegangen in: *Seidel* (Tarifpolitik und europäische Integration), S. 68.
370 *Zijlstra* (Fn. 275a), S. 31.

Partizipation verortet. „In Deutschland sind derartige Mitbestimmungsfaktoren kaum anzutreffen".[371] Dies bestätigte erneut der Syntheseberichtvon 1973, der die durch das Stabilitäts- und Wachstumsgesetz von 1967 eingerichtete „konzertierte Aktion" einzubeziehen hatte. Die gleichzeitige „starke Entwicklung der ‚Mitbestimmung der Arbeitnehmer auf Unternehmensebene' und das Fehlen eines ‚Wirtschafts- und Sozialrats' . . . auf nationaler und sektorieller Ebene" wurde in dieser Studie als eine „institutionelle Parallele des ursprünglichen Verhältnisses zwischen ‚Markt' und ‚Plan'"[372] in der BR Deutschland gedeutet. Darüber hinaus wurde dieses Gremium wegen der Verfassungsbeschwerde der Arbeitgeber zum Mitbestimmungsgesetz 2 1/2 Jahre durch die Gewerkschaften boykottiert und erst im Januar 1980 wiederbelebt.[373] Debatten zur „Weiterentwicklung der konzertierten Aktion zu einem Strukturrat der sozialen Gruppen"[374] finden zwar wiederholt statt, haben bislang aber nie zu konkreten Ergebnissen geführt.

Im Gegensatz dazu kennzeichnet das Organsystem der französischen Planifikation auf allen Entscheidungen treffenden und Richtlinien gebenden Ebenen geradezu die Einbeziehung der Vertreter von Arbeitnehmer- und Arbeitgeberorganisationen;[375] dies gilt selbst für die Kontrolle der Geld- und Kreditpolitik der Zentralbank durch den Nationalen Kreditrat.[376] Auch Italien kennt eine institutionalisierte Einschaltung der Sozialpartner auf höchster Ebene mit einem durch das Gesetz eingesetzten Consiglio Nazionale dell' Economica e del Lavoro (CNEL), der neben einer beratenden Funktion auch ein Initiativrecht für die Gesetzgebung hat. Der Synthesebericht vermerkt jedoch, daß die nationale Studie nicht belegt, „daß die Sozialpartner wie in Frankreich im Rahmen des dafür festgelegten Planungsverfahrens aktiv an der Ausarbeitung von Sektorenplänen mitwirken".[377] Die entsprechende Passage für Großbritannien weist auf die „Hinzuziehung" der Arbeitgeber- und Arbeitnehmerorganisationen zur Vorbereitung von Drei- oder Fünfjahresprognosen für die Entwicklung der britischen Wirtschaft im National Economic Development Council (NEDC) und in den regionalen Planungsräten hin.[378] Zwar ist es „habit . . . to accept that interest groups have a right to be heard before the Government decides",[379] aber die ohnehin ohne jegliche gesetzliche oder vertragliche Grundlage stattfindenden Konsultationen dürften wenig Entscheidungsrelevanz haben.[380]

---

371 ibid., S. 31. 372 *VerLoren van Themaat* (Fn. 275), S. 18.
373 Vgl. Südd. Zeitung v. 16. 1. 1980, S. 4.
374 So der damalige Bundesfinanzminister *Apel* vor einem Parteitag in einem Interview der Südd. Zeitung v. 10. 10. 1977, S. 9; neuerdings werden die damit einhergehenden Probleme in der Politikwissenschaft unter dem Stichwort „Neo-Korporatismus" höchst kontrovers diskutiert.
375 Vgl. *Fromont* (Französisches Wirtschaftsrecht), S. 24; insbesondere der „Conseil Economique et Social" und die „Commissions de Développement Economique Régional" (CODER).
376 ibid., S. 29.
377 *VerLoren van Themaat* (Fn. 275), S. 21; auch direkt bei *Morsiani* (Fn. 315), S. 65 ff.
378 ibid., S. 25.
379 *Denton/Forsyth/MacLennan* (Fn. 278), S. 413.
380 *Daintith* (Fn. 307), S. 28.

Insgesamt[381] scheint die Frage der institutionalisierten Einbeziehung der gesellschaftlichen Kräfte in den staatlichen Entscheidungsprozeß nur in der BR Deutschland und in Frankreich aus grundsätzlichen, systematischen Gründen abgelehnt bzw. eingeführt zu sein, so daß insoweit die beiden Länder die Pole markieren. Dies wird nur unwesentlich durch die Praxis relativiert, daß etwa in dem deutschen Sachverständigenrat zur Begutachtung der gesamtwirtschaftlichen Entwicklung regelmäßig einer der „fünf Weisen" als gewerkschaftsnah[382] gilt oder etwa in Frankreich ein hoher Anteil von unabhängigen Experten für die genannten Kommissionen bestellt wird. Denn immerhin führten diese grundsätzlich unterschiedlichen „Philosophien" auch zu Auseinandersetzungen um die Rolle des WSA im Organgefüge des EWG-Vertrags, mit Deutschland und Frankreich in entgegengesetzten Lagern.[383]

IV. Besonderheiten aktuellen wirtschaftspolitischen Verhaltens

1. BR Deutschland

Die Konstanz der Wirtschaftspolitik gehört zu den „konstituierenden Prinzipien" des Eucken'schen Ordoliberalismus. Die Berechenbarkeit der sich im einzelwirtschaftlichen Kalkül niederschlagenden staatlichen Aktivität ist danach ein zentrales Erfordernis für die Wettbewerbsordnung, denn „die nervöse Unrast der Wirtschaftspolitik, die oft heute verwirft, was gestern galt, schafft ein großes Maß an Unsicherheit ... Es fehlt die Atmosphäre des Vertrauens."[384]

Daran gemessen erfüllt – wohlgemerkt nicht absolut, sondern nur vergleichsweise – die BR Deutschland bei einem etwa fünf Jahre zurückreichenden Blick ein weiteres Postulat dieser Variante des Neoliberalismus am besten.[385] Trotz erheblich verschlechterter weltwirtschaftlicher Rahmenbedingungen waren hektische wirtschaftspolitische Kursänderungen nicht feststellbar. Trotz eines erhöhten Inflationssockels[386] ist von einem symptomtherapeutischen Preisstop

---

381 Für eine rein schematische Übersicht der „Zentralen wirtschaftspolitischen Beratungsgremien in den EG-Ländern" mit Gründungsjahr, Mitgliederzahl, Zusammensetzung, Art der Bestellung des Vorsitzenden und Funktionsbeschreibung siehe *Franzmeyer* (Fn. 302), S. 70 f.
382 Hinweis auch bei *Denton/Forsyth/MacLennan* (Fn. 278), S. 413.
383 Hinweis ibid., S. 423 und sogar in einer offiziellen Schrift der EG-Kommissionen der Reihe Europäische Dokumentation „Der Wirtschafts- und Sozialausschuß und die Konsultation der Sozialpartner", Brüssel 1973.
384 *Eucken* (Fn. 165), S. 288.
385 Den folgenden für die vier Länder vorgenommenen Allgemeinbeurteilungen lagen neben den kontinuierlich archivierten Auswertungen der Tagespresse durch den Verfasser vom Presse-Ausschnitt-Archiv des HWWA zusammengestellte Mappen (Stichwort „Wirtschaftspolitik", nach Ländern geordnet, 1976 bis Sommer 1981) zugrunde. Soweit letzteres für explizite Belege in den Fußnoten herangezogen wurde, fehlen wegen der Sortiertechnik dieses Archivs die Seitenangaben.
386 Preisindex für die Lebenshaltung der privaten Haushalte von 1976 – 1980: 4, 3 %, 3,7 %, 2,7 %, 4,1 %, 5,5 %.

oder gar von Einschränkungen der Tarifautonomie der Sozialpartner keine Rede.[387] Auch als 1979 erstmalig nach 14 Jahren hoher Überschüsse erhebliche Defizite in der Leistungsbilanz zu verzeichnen waren[388] und auch die Arbeitslosenziffern[389] auf hohem Niveau verblieben, waren ausgedehnte handelsprotektionistische Maßnahmen weder ernsthaft im Gespräch noch regierungsoffiziell erwogen worden. Dies gilt auch für mögliche Erschwerungen der Devisentransaktionen und des Kapitalverkehrs. Die auch in der deutschen Wirtschaft unvermeidbaren Subventionen werden selbst in der derzeit (1981) gegebenen Krisensituation weiterhin erst nach sehr langen Beratungen mit marktorientierten Auflagen und zeitlicher Begrenzung versehen vergeben.[390] Quantifizierte gesamtwirtschaftliche Wachstumsziele werden ohnehin in der Bundesrepublik nie direkt angesteuert, sondern als Ergebnis freier Marktprozesse akzeptiert.

Vielfach wird die ausgeprägt antiprotektionistische Grundhaltung primär auf die hohe Exportquote der Bundesrepublik zurückgeführt und somit als rein interessengesteuert relativiert. Dies scheint jedoch als Einzelargument nicht hinreichend, wenn man bedenkt, daß zwar die BR Deutschland beispielsweise für 1980 mit 23 % Ausfuhranteil am Sozialprodukt die höchste Quote aller vier Länder aufweist, aber die Differenz nicht sehr hoch ist; Großbritannien verzeichnete 22 %, Italien 20 % und Frankreich 18 %.[391] Jedenfalls bekräftigte die Bundesregierung aus welchen Gründen auch immer, selbst als Deutschland im Jahre 1980 „zum größten Defizitland der Weltwirtschaft"[392] wurde, im Jahreswirtschaftsbericht 1981 ihre grundsätzlich welthandelsoffene Zahlungsbilanzpolitik: „Importbeschränkungen, spezielle Exportförderungsmaßnahmen, andere Handelshemmnisse oder eine Beschränkung des freien Auslandsreiseverkehrs" bezeichnet sie als „schädliche Mittel für den Abbau des Leistungsbilanzdefizits. Solche Maßnahmen wären nur ein Kurieren an Symptomen, sie würden zudem die Funktionsfähigkeit des Weltwirtschaftssystems beeinträchtigen, vor allem zu Lasten schwächerer Wirtschaftspartner gehen und notwendige Strukturanpassungen an die veränderten Außenwirtschaftsverhältnisse verzögern".[393]

387 Im Jahresgutachten 1977/78 wird vom SVR die in diesem Punkte herausgehobene Stellung der BR Deutschland angemerkt: „Faktisch war in der EG – mit der einzigen Ausnahme der Bundesrepublik – die Tarifautonomie ausgesetzt." (Ziff. 48).
388 Die Zahlen von 1976-1980 für das Leistungsbilanzsaldo:+9,9/+9,5/+18,4/-9,6/-29,1 Mrd DM.
389 Arbeitslosenziffern von 1976-1980 in Tsd. 1060, 1030, 993, 876, 889.
390 Ein Beispiel, das „von außen" bemerkt werde (The Economist v. 30. 8. 1980, S. 55): Die Bundesregierung lehnte die sich an französischen Kollegen orientierenden Forderungen deutscher Krabbenfischer ab, einen Mindestpreis von 3 DM/Kilo zu garantieren. Statt dessen versprach sie, Anzeigen für Krabbenwerbung zu finanzieren, falls die Fischer ihre Marketing-Anstrengungen zu dem Zwecke koordinieren würden, ein periodisches Krabbenüberangebot zu verhindern, um damit den in diesem Fall beklagten Preisverfall auf fast 2 DM/Kilo zu vermeiden.
391 Südd. Zeitung v. 13. 7. 1981, S. 9.
392 Geschäftsbericht der Deutschen Bundesbank für das Jahr 1980, S. 51: die Reihenfolge für 1980 war (in Mrd US-Dollar): BR Deutschland (15,7), Japan (10,8), Italien (9,9), Frankreich (7,4).
393 JWB 1981 (Btdrs. 9/125), Ziff. 16, ähnlich auch Ziff. 62.

Schließlich muß bei gesamteuropäischer Perspektive auch die deutsche Haushaltspolitik als vergleichsweise „klassisch" bezeichnet werden. Trotz eines 1981 insbesondere beschäftigungspolitisch gesehen unzureichenden Niveaus der Wirtschaftstätigkeit bei allenfalls stagnierendem Bruttosozialprodukt ist die Regierung mit dem SVR der Meinung, daß „Ankurbelungsprogramme" nicht angezeigt seien und das Ziel der Haushaltskonsolidierung Vorrang haben müsse.[394] Ebensowenig sieht die Regierung einen preis- oder einkommenspolitischen Handlungsbedarf, soweit man darunter direkte, möglicherweise sogar gesetzliche Verhandlungen und Abmachungen zwischen höchster Staatsebene und den Sozialpartnern versteht. Gleichwohl stellt sie nach Maßgabe des § 3 StabWG „Orientierungsdaten zur Verfügung" und „geht davon aus, daß Unternehmer und Tarifvertragsparteien bei ihren autonomen preis- und lohnpolitischen Entscheidungen ihre Mitverantwortung für die weitere Entwicklung von Wachstum, Beschäftigung und Preisstabilität erkennen."[395] Dies ist indes von einem autoritativen Lohn- und Preisstop weit entfernt.[396]

Für die Geldpolitik läßt sich ebenfalls kein abruptes Eingreifen in Marktentwicklungen konstatieren. Bei unbefriedigender Konjunktur- und Beschäftigungssituation – so die Lage 1981 – ist es z. B. sicher nicht selbstverständlich, daß ein im Grundsatz stark investitionsdämpfendes, exorbitant hohes Zinsniveau wegen außenwirtschaftlicher Zwänge voll hingenommen wird und dies nicht als Ansatzpunkt für eine aktive Konjunkturpolitik gesehen wird.[397] Dies wird von anderen ordnungstheoretischen Grundpositionen aus negativ bewertet und mit dem Vorwurf des Immobilismus versehen. Unstreitig erscheint jedoch bei Betrachtung der jüngeren Vergangenheit, daß die deutsche Wirtschaftspolitik als wenig marktinterventionistisch qualifiziert werden kann. Die Einflüsse des neo- bzw. ordoliberalen Leitbildes prägen unverkennbar Diktion und Handlungsinhalte bundesrepublikanischer Prozeßpolitik.

2. Frankreich

Im Gegensatz dazu werden die seit Jahren über dem deutschen Niveau liegenden Preissteigerungsraten Frankreichs[398] bei besonders heftigen Ausschlägen regelmäßig mit der direkten Radikalkur eines behördlich verfügten Preisstops

---

394 ibid., Ziff. 48; die Bundesregierung ist nach § 2 StabWG verpflichtet, im Rahmen des JWB eine Stellungnahme zum Jahresgutachten des SVR abzugeben.
395 ibid., Ziff. 12.
396 Zur Lohnfindung ist anzumerken, daß nach § 3 WährG ein bedingtes Indexierungsverbot in der BR Deutschland besteht, das Lohnindexierungssysteme auf breiter Front wie etwa in Italien unwahrscheinlich macht. Gleichwohl war dies auch in der Bundesrepublik schon Gegenstand heftiger Kontroversen; dazu *Günter* (Problematik der Indexklauseln).
397 Statt dessen vertraut man auf den Markt, der die bestehenden Inflationsdifferenzen zwischen den wichtigsten Handelspartnern und der Bundesrepublik in eine Höherbewertung der Mark transportieren müsse und dann eine Zinssenkung erlaube. Vgl. JWB 1981, Ziff. 22 und Geschäftsbericht der Deutschen Bundesbank für das Jahr 1980, 29 ff.
398 Die Zahlen für 1976 – 1980: 9,6 %, 9,4 %, 8,1 %, 10,8 %, 13,6 %.

bekämpft. Seit Jahrzehnten stützt sich die Pariser Anti-Inflationspolitik auf ein mehr oder weniger effizientes System von Preiskontrollen. Dutzende verschiedener Kontrollmethoden wurden bisher erprobt. Selbst der vom früheren Staatspräsidenten Giscard d'Estaing als Ministerpräsident eingesetzte Wirtschaftsprofessor Barre, der sich liberalen Prinzipien verpflichtet fühlte und im Verlauf seiner Regierungsperiode sehr konsequent danach handelte, begann seine Amtszeit im September 1976 mit einem bis zum Jahresende befristeten Lohn- und Preisstop.[399] Dabei hatte die Regierung seines Vorgängers Chirac erst im Juni 1975 mit nur kurzfristigem Erfolg die Preise in den Konsumgüterbereichen Bekleidung, Schuhe, Nahrungsmittel, Möbel, Photoartikel und Waschmittel blockiert und darüber hinaus für den Einzelhandel die Gewinnspannen festgelegt.[400] Im Umfeld dieser Maßnahmen wurden in der Presse Zahlen wie „30 000 Preisdekrete seit 1945", „1,04 Millionen Kontrollen im Jahre 1976" und „3400 Unternehmen je Preiskontrolleur" genannt.[401] Darüber hinaus sprach man von acht bisher eingesetzten Instrumenten der Preisdämpfung neben der totalen Preisblockierung:
– Preistaxierung (de facto eine selektive Preisblockierung)
– die „kontrollierte Freiheit", d. h. die Unternehmen sind in der Preisgestaltung frei, müssen dies aber der Preisbehörde anzeigen, die ihrerseits grundsätzlich ein Vetorecht hat
– Stabilitätsabsprachen: Staat und Branchen verständigen sich über die Einhaltung eines bestimmten Preisniveaus, d. h. die Preishausse bestimmter Produkte muß durch eine Baisse von anderen ausgeglichen werden
– Preisprogrammverträge; damit verpflichten sich Berufsverbände und Branchen, mittelfristig die Entwicklung ihrer Preise an den allgemeinen Zielen der von der Regierung im Rahmen der planification aufgestellten Fünf-Jahres-Pläne auszurichten
– „Anti-Hausse-Verträge"; nach diesen dürfen innerhalb einer Halbjahresperiode die Preise insbesondere von Industriewaren um nicht mehr als 1,5 % steigen (meist mit der Gegenleistung des Staates verknüpft, auf Erhöhungen von Steuern und Sozialasten zu verzichten)
– kontrollierte jährliche Preisprogrammierung, d. h. zwischen Staat und Berufszweigen für ein Jahr ausgehandelte Abmachungen über Gestehungs- und Verkaufspreise
– „Engagements zu maßvollem Preisanstieg" in der Industrie; dies sind „genehmigte Preishaussen", die nach Branche und Produktivität gestaffelt sind
– Blockierungen von Margen; in allen Stufen des Handels und für Importe werden Gewinnmargen für jeden Artikel nach Prozenten festgelegt

Immerhin wandte sich die Regierung Barre von dieser für die Bundesrepublik nicht vorstellbaren Vielfalt von Preislenkungsmaßnahmen mit der Freigabe zahlreicher Industrie- und Kleinhandelspreise im Mai und August 1978 deutlich

---

399 Südd. Zeitung v. 23. 9. 1976, S. 1.
400 Südd. Zeitung v. 4. 6. 1975, S. 21.
401 Südd. Zeitung v. 18. 1. 1977, S. 16, darin auch die einem Bericht für die Generalversammlung des französischen Unternehmerverbands CNPF entnommene, im folgenden wiedergegebene Auflistung unterschiedlicher Methoden.

ab. Schlagzeilenträchtig war insbesondere die im Rahmen dieses Programms einhergehende, seit 1791 erstmalig erfolgende Aufhebung der Brotpreis-Fixierung.[402] Knapp ein Jahr später hieß es jedoch, „Frankreichs Brotpreise rannten davon",[403] denn auf das Jahr umgerechnet war dieser Symbolpreis um 28,5 % seit Freigabe gestiegen. Die Bäcker hatten die neue Freiheit nicht „richtig" genutzt und zum Teil illegale Preisabsprachen getroffen.

Der allgemeine Wille dieser Regierung, Frankreich stärker in eine Wettbewerbswirtschaft mit geringerem Staatseinfluß zu verwandeln, wurde zunächst auch im Bereich der Staatshilfen und der Außenwirtschaft dokumentiert. So wurde im selben Jahr durch Streichung der Subventionen im Staatshaushalt „bei wichtigen öffentlichen Tarifen (Eisenbahn, Telefon, Post, Strom- und Gasversorgung) die Anpassung an die tatsächlichen Gestehungskosten erzwungen".[404] Die Absage an protektionistische Forderungen der Interessengruppen wurde mit der notwendigen Begrenzung von Preiserhöhungsspielräumen für die heimischen Produzenten plausibel begründet. Ende 1978 jedoch geriet bei leicht verschlechterten ökonomischen Grunddaten der sich offen auf das deutsche Vorbild berufende neue wirtschaftspolitische Kurs wieder unter Druck,[405] selbst aus dem eigenen politischen Lager.[406] Aber die Regierung blieb unbeirrt. Der Mitte 1979 vorzulegende neue Fünfjahresplan (1981–1985) war im Geiste der Neuorientierung wesentlich weniger ausdifferenziert und enthielt „keine zahlenmäßigen Zielvorgaben mehr".[407] Und im März 1981 hieß es, daß die Preisfreigaben programmgemäß so gut wie abgeschlossen seien.[408]

Der Präsidenten- und Regierungswechsel im Mai 1981 brachte jedoch sehr bald einen wirtschaftspolitischen Kurswechsel, der gleichsam wieder „Vertrautes" mit sich brachte. Paris mußte zur Stützung des Franc Devisenkontrollen einführen, die sehr ins Detail gehende Reglementierungen vorsahen.[409] Der für 1981 im Jahresdurchschnitt bei 15 % zu erwartende Preisauftrieb wird weniger dramatisch beurteilt als die vermutlich bei 2 Millionen liegende Arbeitslosenzahl.[410] Im deutlichen Gegensatz zu den sich in ähnlichen Schwierigkeiten befindenden anderen großen Industrieländern, reagiert die neue Regierung mit defizitfinanzierten Ausgabenprogrammen, die überdies eine stark sozialkonsumtive Komponente aufweisen. Dabei rückt mit der verfügten zehnprozentigen

---

402 Südd. Zeitung v. 11. 8. 1978, S. 2 und S. 17.
403 Überschrift in der Südd. Zeitung v. 2. 5. 1979, S. 23.
404 Südd. Zeitung v. 5. 8. 1978, S. 10.
405 Folge war eine nur „Zögernde Preisfreigabe in Paris – Abkehr vom Dirigismus durch Inflationsfurcht begrenzt", so die Überschrift eines Artikels in der Südd. Zeitung v. 26. 10. 1978, S. 27; außerdem war wieder von großdimensionierten Subventionsprogrammen die Rede (Schiffbau, Stahl usw.).
406 Südd. Zeitung v. 4. 10. 78, S. 6 mit der Artikelüberschrift „Gaullisten warnen Premierminister *Barre* – Unstimmigkeiten im Regierungslager".
407 Nachrichten für Außenhandel (Frankfurt/M.) v. 25. 5. 1979; der Economist v. 31. 3. 1979, S. 54, notierte: „The trade unions are angry that Mr. *Barre* won't discuss with them detailed plans for particular sectors of industry".
408 Südd. Zeitung v. 27. 3. 1981, S. 32.
409 Südd. Zeitung v. 23. 5. 1981, S. 35.
410 Südd. Zeitung v. 7. 8. 1981, S. 17, dort auch die im folgenden aufgeführten Maßnahmen.

Anhebung von Mindestlöhnen, Sozial- und Familienbeihilfen eine weitere französische Besonderheit, der SMIG (Salaire minimum interprofessionel garanti) ins Blickfeld, den es auf gesetzlicher Grundlage seit dem 11.2.1950 gibt.[411] Damit besinnt man sich wieder auf „Altbewährtes", das alle Regierungen gleich welcher parteipolitischer Couleur zur Wirtschaftsankurbelung über Nachfragebelebung verwandt haben. Und auch auf die damit einhergehende Gefahr, lediglich nach oben gerichtete Preisbewegungen zu erzeugen, wird bereits „traditionell" reagiert, wenn der neue Wirtschaftsminister Delors vor „Preisauswüchsen" warnt und mit Reglementierungen droht.[412] Insgesamt scheinen sich jedenfalls die durchaus begrenzten Schwankungen des wirtschaftspolitischen Kurses in Frankreich um einen Mittelwert zu vollziehen, den man im Vergleich zur BR Deutschland auf der entgegengesetzten Seite unseres Kontinuums lozieren muß.

3. Großbritannien

Im Vereinigten Königreich erzwangen Extrementwicklungen ökonomischer Grunddaten des öfteren extreme Maßnahmen. Als 1975 die britische Inflationsrate mit knapp 26 % zur höchsten aller OECD-Länder wurde, griff die damalige Labour-Regierung zum drastischsten aller denkbaren einkommenspolitischen Mittel, einem Lohngesetz mit einer konkreten Höchstgrenze (6 ₤ die Woche).[413] Dem waren mit durchschnittlich 30,5 % in den davorliegenden 12 Monaten Lohn- und Gehaltserhöhungen vorangegangen,[414] die eine solche „Schocktherapie" geradezu unumgänglich machten.[415] Immerhin bedeutete die bei ca. 10 % liegende erlaubte maximale Lohnerhöhungsrate, bei sich naturgemäß nicht sofort einstellendem Sinken der Geldentwertungsrate eine geradezu ruckartige Reduzierung des Reallohniveaus der abhängig Beschäftigten. Dafür mußten dem am „Social Contract" beteiligten TUC wiederum Gegenleistungen gewährt werden, die ihrerseits staatspolitisch brisant waren; man sprach vom „Corporate State".[416] Zu diesen Zugeständnissen gehörten zusätzliche Preiskontrollen,[417] vereinzelte gegen IWF- und EG-Widerstand durchgesetzte Im-

---

411 Vgl. *Fromont* (Fn. 375), S. 56; dort auch Erläuterungen unterschiedlicher Indexierungsverfahren in den Jahren seiner Existenz.
412 Nach Südd. Zeitung v. 6. 8. 1981; dies bezog sich auf Preisanhebungen in Cafés, Hotels, auf Campingplätzen und Ferienwohnungen während der laufenden Urlaubszeit. Nach der Franc-Abwertung im Oktober 1981 führte Frankreich tatsächlich Preiskontrollen ein: für Brot, Milch, Butter, Margarine, Zucker und Kaffee wurden die Preise für zunächst drei Monate, sämtliche Dienstleistungen für sechs Monate eingefroren; nach Südd. Zeitung v. 6. 10. 1981, S. 2.
413 Südd. Zeitung v. 24. 7. 1975, S. 5.
414 Handelsblatt v. 22. 7. 1975, S. 3.
415 Pfundverfall, erhebliche Zahlungsbilanzdefizite und die Keditbedingungen des IWF ließen der Regierung kaum Alternativen.
416 *Samuel Brittan* in: The Financial Times v. 8. 4. 1976.
417 FAZ v. 24. 1. 1976; lt. Handelsblatt v. 12. 5. 1975, S. 4, gab es eine administrative Preisbewirtschaftung seit 1972: Industrie- und Dienstleistungsunternehmen mit einem Umsatz von mehr als 5 Millionen Pfund mußten dem Preiskommissar alle Preiserhöhungsabsichten anmelden, Groß- und Einzelhändler mit einem Umsatz von mehr als 10 Millionen Pfund Vierteljahresberichte zur Margenentwicklung.

portbehinderungen, Restriktionen für Direktinvestitionen und den Kapitalverkehr[418] und auch „ein sonst noch nirgends in der Welt angewandtes Schema für sogenannte Beschäftigungsbeihilfen".[419] Zur Durchsetzung des 1977 im Rahmen des fortgeschriebenen „Social Contracts" festgelegten Richtsatzes von max. 10% Lohnerhöhungsrate, scheute sich die Regierung nicht, einem Unternehmen den staatlichen Exportkreditversicherungsschutz zu entziehen. Einem weiteren wurde mit dem Entzug „diplomatischer Unterstützung" bei Verhandlungen mit ausländischen Rohzuckerlieferanten sowie mit der Streichung von Investitionszuschüssen und geringerem Entgegenkommen bei Beantragung künftiger Preiserhöhungen gedroht.[420] So richtig die Konzentration auf das Stabilitätsziel im Grundsatz war, so problematisch waren die keine ordnungspolitischen Grenzen kennenden Einzelmaßnahmen.

Das weiterhin zwar immer über dem deutschen liegende, aber erfolgreich gedrückte Inflationsniveau,[421] bewog die britische Regierung Mitte 1978, mit einem Fünf-Prozent-Limit in die „Phase 4" ihres Systems amtlicher Lohnkontrollen, die überdies laut einer Umfrage sogar eine eindeutige Mehrheit der Briten fand,[422] zu gehen. Zur Durchsetzung verwies der Schatzkanzler Healey erneut auf die Druckmittel Ausfuhrbürgschaften, Vergabe öffentlicher Kontrakte und Subventionsstreichungen.[423] Dennoch wurde jetzt von der anderen Seite der Sozialpartner der Gegendruck erheblich erhöht. Zahlreiche Einzelgewerkschaften drohten mit Streik.[424] Ehe die tatsächlichen Abschlüsse die offizielle Lohnpolitik völlig konterkarieren konnten,[425] erfolgte 1979 der Regierungswechsel von Labour zu den Tories.

Das Kabinett der neuen Premierministerin Thatcher legte sich durch Programm und Selbstverständnis auf einen strikt marktwirtschaftlichen, nicht-interventionistischen Kurs fest.[426] Die überraschend direkte Inanspruchnahme eines wirtschaftswissenschaftlichen Theoriensystems als Entscheidungshilfe bedeutete auch im Regierungsalltag eine abrupte Kehrtwendung im Einsatz bzw. Nichteinsatz bislang verfügbarer wirtschaftspolitischer Instrumente. Die enge

---

418 Handelsblatt v. 4. 8. 1975, S. 4.
419 Handelsblatt v. 7. 8. 1975, S. 2; nach zweieinhalb Jahren waren für 364 000 Personen Arbeitsplatzprämien bezahlt worden, die in den Sektoren Textil, Bekleidung und Schuhe 40% des Durchschnittslohns ausmachten. Nach Südd. Zeitung v. 24. 1. 1978, S. 19.
420 Südd. Zeitung v. 27. 9. 1977, S. 15.
421 Die Zahlen für 1976 – 1980: 16,5%, 15,8%, 8,3%, 13,4%, 18%.
422 Südd. Zeitung v. 25. 8. 1978, S. 4; dies galt bereits für „Phase 1" lt. Handelsblatt v. 11. 7. 1975.
423 Nachrichten für Außenhandel v. 24. 7. 1978.
424 Südd. Zeitung v. 10. 10. 1978, S. 17.
425 Der Economist v. 23. 12. 1978, S. 89 schrieb: „15% is now the going pay rise"; im März 1979 schloß sich der öffentliche Sektor mit einer face-saving-formula" an: offizieller Abschluß 9% mit diversen Zulagen de facto 15%, Economist v. 3. 3. 1979, S. 79.
426 Der neue Industrieminister *Keith Joseph* soll als erste Amtshandlung seinen Beamten eine längere Liste von Büchern und Artikeln bekannter Marktwirtschaftstheoretiker zum Nachlesen nahegelegt haben; nach Die Welt v. 17. 5. 1979.

Orientierung am Denk- und Lehrsystem des Monetarismus brachte auf allen Ebenen marktwirtschaftsfördernde Aktivitäten; neben den genannten Versuchen, Strukturveränderungen im Gewerkschaftssystem [427] und den industriellen Beziehungen herbeizuführen, wie auch die Größenordnung des verstaatlichten Wirtschaftssektors erheblich zu verringern, zeigte auch das wirtschaftspolitische Tagesgeschäft eine ausgesprochen „unkritische", nichtpragmatische Anlehnung am neuen ideologischen Basiskonzept. Selbst eine sich im wissenschaftlichen Streit befindliche Frage wie die Zweckgeeignetheit einer Geldmengensteuerung über Zinssätze wurde, als der Hauptvertreter des Monetarismus, Milton Friedman sich dazu entscheidend äußerte, wenig später instrumentell geklärt: die Regierung läßt das System der sog. „Minimum Lending Rate" aufheben.[428] Andererseits zeigt sich die Regierung wenig handlungsbereit und unbeeindruckt vom dramatischen Anstieg der Arbeitslosenziffern, die für Anfang 1982 bei rückläufigem BIP (um 2–3 %) über der 3-Millionengrenze [429] erwartet werden. Auch heftige Proteste aus allen Lagern [430] lassen die Führung bislang nicht nach keynesianischen Nachfragebelebungs-Programmen, Lockerungen in der Geld- und Kreditpolitik, außenwirtschaftlichen Schutzmaßnahmen oder ähnlichem schielen. Soviel konzeptionelle Konsequenz war in Großbritannien in der Nachkriegszeit nicht üblich. Wenn dies allerdings zum Aufschaukeln der Extreme führt und im Falle eines Regierungswechsels das derzeitige Oppositionsprogramm mit gleicher Konsequenz umgesetzt wird, stehen dem Land Wechselbäder unbekannten Ausmaßes bevor. Einen gewissen Hoffnungsschimmer bietet allenfalls die sich andeutende Veränderung des Parteiengefüges. Aber derzeit bleibt Großbritannien ordnungspolitisch schwer kalkulierbar.

4. Italien

Ein konsequenter wirtschaftspolitischer Kurs ist weder im ideologisch-konzeptionellen noch im situationsbezogen-pragmatischen Sinne feststellbar. Notmaßnahmen erfolgen nahezu immer „eine Minute vor zwölf" und letztlich nur dann, wenn „Dritte", nämlich die ob der italienischen Gelassenheit [431] irri-

---

427 Ein Urteil des Europäischen Gerichtshofes für Menschenrechte dürfte diese Versuche, das closed-shop-System zu lockern, wesentlich befördern. Die Entlassung von drei britischen Eisenbahnarbeitern wegen Nichteintritts in die „zuständige" Gewerkschaft wurde als Verstoß gegen die Menschenrechte verurteilt; nach The Economist v. 15. 8. 1981, S. 21.
428 Neue Zürcher Zeitung v. 27. 9. 1980 und Südd. Zeitung v. 28. 7. 1981, S. 8.
429 Der Stand im Juli war nach Südd. Zeitung v. 26. 8. 1981, S. 19: 2,94 Mill. bzw. 12, 2 % Erwerbslosenquote.
430 Nach dem 1. Quartal 1981 wurde ein „‚Thesenanschlag' britischer Nationalökonomen – 364 Professoren gegen die Wirtschaftspolitik der Regierung" gemeldet, Neue Zürcher Zeitung v. 1. 4. 1981.
431 Der Economist v. 23. 5. 1981, S. 6 (Survey) sprach von der „surprising facility for switching from governmental indecision and administrative paralysis to dramatic action at the eleventh hour" und der „phlegmatic ability to face reality".

tierten ausländischen Partner nicht mehr mitmachen. Die ständig beantragten Kredite gibt es dann von EG und IWF nur gegen harte Auflagen.[432]

Symptome solcher Krisen sind regelmäßig rapider Währungsverfall, gegen Null strebende Währungsreserven, galoppierende Inflation[433] und exorbitante Fehlbeträge in den öffentlichen Haushalten. In den Jahren 1976–1980 schwankten die Defizite der öffentlichen Hand in Italien zwischen 10 v.H. und 16 v.H. des BIP,[434] während beispielsweise die Zahlen für diesen Zeitraum in der BR Deutschland bei 2 1/2 bis 5 1/2 v.H. liegen.[435] Selbst die „ankurbelungsfreundliche" neue französische Regierung operiert nur mit einem bei 2,6 % liegenden Haushaltsfehlbetrag.[436]

Die ohnehin immer nur sehr kurzfristig angelegten Gegensteuerungsversuche sind direkt, drastisch und – nach kurzer Zeit bereits – ineffizient. Sobald das Ausmaß der gröbsten Krisenphänomene unter die Dramatik-Schwelle rutscht, wird die Handhabung so gelockert, daß sie als aufgehoben betrachtet werden. Daher wiederholen sich mit konstanter Regelmäßigkeit Krisenmeldungen wie „Roms Politikern entgleitet die Kontrolle der Ausgaben",[437] „Italiens öffentliche Betriebe vor dem Ruin – Kein Geld für Beamtengehälter",[438] „Italiens Chemie ist sanierungsreif – mit Fasern und Kunststoffen tief im Defizit / Vor dem Kollaps",[439] „In Mailand bleibt die Börse zu – Händler verweigern Handel / Börse nach Kurssturz geschlossen",[440] oder „Italiens Staatskonzerne mit Riesenverlusten".[441]

An und für sich sind allen Beteiligten die Hauptursachen für die italienische Dauer-Malaise bekannt:
- ein ineffizienter Verwaltungsapparat raubt jedem Wirtschaftsprogramm die Glaubwürdigkeit[442]
- die politische Führung genießt keine Autorität und ist paralysiert, korporative Tendenzen lähmen die wirtschaftspolitische Entschlußkraft
- das System der automatischen Lohnanpassung („scala mobile"), selbst von dem 1980 verstorbenen Spitzenpolitiker der KPI, Amendola, als inflations-

---

432 Insbesondere sehr detailliert und weitgehend gleichlautend bei beiden internationalen Organisationen für 1978; Südd. Zeitung v. 2. 6. 1977.
433 Die Zahlen von 1976 – 1980: 16,8 %, 17,0 %, 12,1 %, 14,8 %, 21,2 %.
434 The Economist v. 23. 5. 1981, S. 9 (Survey).
435 The Economist v. 8. 11. 1980, S. 10 (Survey, „What's all the fuss about?").
436 Südd. Zeitung v. 26. 8. 1981, S. 18.
437 Handelsblatt v. 1. 8. 1975, S. 2.
438 Südd. Zeitung v. 9. 11. 1976, S. 9.
439 Südd. Zeitung v. 8. 1. 1978, S. 16.
440 Südd. Zeitung v. 9. 7. 1981, S. 22.
441 FAZ v. 1. 8. 1981, S. 13, die finanzwirtschaftlichen Probleme schlagen z.T. bis auf die unterste Ebene durch: „Italsider kann keine Löhne zahlen", hieß es in einer Meldung der Südd. Zeitung v. 29. 8. 1981, S. 22 (Italsider ist der größte italienische Stahlhersteller Italiens).
442 Ein Beispiel: 1974 mußte die EG-Kommission eine technische Untersuchung über den Verbleib von 200 000 t Weizen, der aus Beständen des Agrarfonds wegen einer akuten Mangellage geliefert wurde, anordnen. Das Handelsblatt vom 12. 11. 1974 meldete: „Europa-Weizen in italienischen Silos versackt – Nothilfe soll als Futtermittel abfließen".

fördernde „Rolltreppe" bezeichnet,[443] ist offensichtlich nicht einmal in bescheidenem Maße modifizierbar.
Die wirtschaftspolitischen Mißerfolge sind besorgniserregend. Während z. B. für die Gesamt-EG bei der unstreitig notwendigen Reduzierung des Ölverbrauchs „erhebliche Sparerfolge" vermeldet werden konnten, sieht es „schlimm in Italien" aus, wo die Ölabhängigkeit bei der Stromerzeugung mit fast 67 % bedenklich hoch geblieben ist.[444] Dadurch befindet sich bei steigendem oder zumindest hohem Dollarkurs und einer selbst im EWS ständig abwertungsreifen[445] Lira das Geldentwertungskarussell in permanenter Bewegung. Die „Inflationsmaschine"[446] scala mobile, die eine Herausrechnung solcher Importverteuerungen und der oft zur Staatsdefizitsenkung vorgesehenen Verbrauchssteueranhebung nicht kennt, fügt dem Ganzen jedesmal einen speziellen Schwungradeffekt hinzu. Es beeindruckt offenbar nicht, wenn der italienische Notenbank-Gouverneur Ciampi der Verbreitung dieses Mechanismus sogar den „Ruin der Währung" zuschreibt.[447]

Auch die Handelspartner leiden unter dem kurzatmigen italienischen Krisenrhythmus, da sich die Regierung meist nur mit harten Importbeschränkungsmaßnahmen und direkten Eingriffen in den Devisen- und Kapitalverkehr zu helfen weiß. Lediglich spektakulär sind die nahezu jährlich, oft handgreiflich ausgetragenen „Weinkriege" zwischen Italien und Frankreich.[448] Hochproblematisch, da an den Grundfesten des Gemeinsamen Marktes rüttelnd, sind aber die global ansetzenden Eingriffe in den grenzüberschreitenden Zahlungsverkehr mit dem Zweck, Importströme aller Art direkt zu treffen. Mit Bardepotpflichten für Importeure, Regelungen der Zahlungsmodalitäten für Einfuhren, verschärften Devisenbeschränkungen für Italiener, die ihren Urlaub im Ausland verbringen wollen, Sondersteuern[449] auf Devisenkäufe am Bankschalter muß praktisch in jedem Jahr gerechnet werden.

Die Momentaufnahme des Sommers 1981 verheißt nichts Gutes, sondern eine erneute Welle solcher und ähnlicher Maßnahmen. Der italienische Staatshaushalt ist im „ersten Teil des Jahres monatlich um umgerechnet 8 Mrd DM über die Vorgaben hinausgeschossen"[450] (!), die Jahresinflation liegt bei 20 %. Der er-

---

443 Nach Süddeutsche Zeitung v. 28. 3. 1981, S. 4.
444 Süddeutsche Zeitung v. 25. 8. 1981, S. 8; 87 % des gesamten Energiebedarfs muß Italien im Ausland decken, nach Finanz und Wirtschaft (Zürich) v. 3. 6. 1981.
445 Nach der Frühjahrsabwertung 1981 um 6 % ist bereits wenig später die nächste im Gespräch, nach Südd. Zeitung v. 13. 8. 1981, S. 20.
446 Überschrift in: Blick durch die Wirtschaft (hrsg. v. d. FAZ) v. 4. 7. 1980.
447 Schweizerische Handelszeitung (Zürich) v. 25. 6. 1981.
448 Selbst wenn in diesem Fall die Franzosen stets die auslösenden Aktionen starten, so sind die italienischen Gegenmaßnahmen nicht minder einschneidend; vgl. Südd. Zeitung v. 7. 4. 1975, S. 4 („Gegenschlag durch Italiens Zöllner") und v. 21. 8. 1981, S. 17 („Italienische Weinblockade – Antwort auf französische Weinpiraterie").
449 Bardepotpflicht und Sondersteuer wurden 1976 sogar gleichzeitig gegen ausdrückliche Mißbilligung der EG-Kommission verfügt; Neue Zürcher Zeitung v. 26. 10. 1976.
450 Südd. Zeitung v. 8. 8. 1981, S. 3, dort auch mit Meldungen v. 13. 8. 1981, S. 20 alle folgenden Daten und Fakten.

heblich geringere Touristenstrom nach Italien und der von vielen Importeuren wegen des dreimonatigen Importdepots vereinbarte Zahlungsaufschub bis 30.9.1981 wird die Lira unter erheblichen Druck setzen. Das Defizit der Handelsbilanz hat im Juni bereits 22 Mrd DM erreicht. Die Staatskonzerne haben Schwierigkeiten, Kredite zur Begleichung des täglich 60 Mio DM ausmachenden Zinsendienstes aufzutreiben. Auf die Zahlungseinstellung des staatlichen Energieversorgungsunternehmens ENEL aus akuter Finanznot reagierte die ESSO kurzerhand mit einem Lieferstop für Öl.

Bei derartiger Sachlage erscheint es müßig, über ordnungspolitische Nuancierungen und Richtungsgebungen zu spekulieren. Man wird allenfalls sagen können, daß bei ordnungspolitischen Grundsatzentscheidungen für die Gesamt-EG aus Italien keine anhaltenden Widerstände, aber auch keine prononcierten Vorschläge zu erwarten sind.

4. Kapitel
Auswirkungen auf den Prozeß der Aufgabenerweiterung – die europäische Entscheidungsebene

I. Bedeutung und Funktion ordnungspolitischer Leitbilder

Bereits im Umfeld der ersten großen ordnungspolitischen Grundsatzdebatte[451] nach Abschluß der Rom-Verträge wurde prognostiziert, „daß unterschiedliche wirtschaftspolitische Ordnungsprinzipien in den einzelnen Mitgliedstaaten das Verhalten der Regierungsvertreter im Ministerrat beeinflussen [werden]".[452] Da für grundlegende Entscheidungen praktisch Einstimmigkeit vonnöten sei, könne die Beschlußfassung und damit z. B. die Realisierung der Wirtschaftsunion verzögert werden.[453] Der Gang der Entwicklung hat ohne Zweifel diese Skepsis bestätigt.

Nun können ordnungspolitische Leitbilder positive und negative Zwecke erfüllen. Setzen sie produktive Denkprozesse in Gang, gilt ersteres, führen sie zur Erstarrung und verzerrter Realitätswahrnehmung gilt letzteres. Während die einen von Leitbildern erhoffen, daß sie die Kräfte des Handelns wecken,[454] sehen andere die Gefahren möglicher Dogmatisierung und Gesichtsfeldverengung. Keynes schreibt in den „concluding notes" seines Hauptwerks, daß die nationalökonomischen und philosophischen Ideensysteme – gleichgültig ob richtig oder falsch – einflußreicher sind, als man allgemein glaubt; „indeed the world is ruled by little else." Schlimmer noch, „practical men, who believe themselves to be quite exempt from any intellectual influences, are usually the slaves of some defunct economist. Madmen in authority, who hear voices in the air are distilling their frenzy from some academic scribbler of a few years back".[455]

Ähnliche Sorgen hegt auch die juristische Profession. Der Staatsrechtslehrer Herbert Krüger beklagt Denkbeschränkungen, die ideologische Modelle erzeugen können – und zum Zeitpunkt der Veröffentlichung seiner Gedanken wohl auch erzeugt haben. Denn das bedeutet, „daß Vorstellungen weit hinter der Wirklichkeit [zurückbleiben], daß ferner die Notwendigkeiten der Gegenwart, wenn überhaupt, so nur mit allen möglichen Künsten und Listen gegen die Ideologie durchgesetzt werden können, ja daß man in der Praxis schon zufrieden zu sein [hat], wenn man die Ideologie wenigstens zu hindern vermochte, die Wirklichkeit zu schädigen."[456]

Solche Gefahren bestehen auch für den europäischen Einigungsprozeß. Wenn bestimmte Vorstellungen von einer optimalen Wirtschafts- und Gesellschaftsordnung apodiktisch von einem Integrationspartner vorgetragen werden und dies in Thesen gipfelt, die eine spezifische Festlegung des EG-Vertragswerks auf

---

451 Zur nachfolgenden zweiten vgl. die Schrift des Verfassers (Zweite Euro-ORDO-Debatte), S. 157.
452 *Albrecht* (Planwirtschaftliche und marktwirtschaftliche Elemente), S. 671.
453 ibid., S. 671.
454 Mit diesem Gedanken operiert *Kloten* (Utopie und Leitbild), S. 347.
455 Alles *Keynes* (Fn. 204), S. 383.
456 *Krüger* (Gemischte Wirtschaftsverfassung), S. 7.

ein bestimmtes Wirtschaftsmodell postuliert, so hat dies in der Tat „die politische Bedeutung einer integrationshemmenden Barriere".[457] Insofern darf das Ringen um ein für die Gemeinschaft Orientierung bietendes Leitbild nicht a priori von einem der beteiligten Partner in vorstrukturierte Geleise gezwängt werden; denn was in einem Land „die Kräfte des Handelns erweckt", erstickt sie in einem anderen. Der Diskussionsprozeß, der sich auch nach unserer Auffassung konsenshaft zu einer verbindlichen institutionellen und prinzipiengesteuerten Gesamtordnung verdichten sollte, muß so offen sein, daß er grundsätzlich alle Erfahrungen, strukturelle Besonderheiten und auch Hoffnungen der Integrationspartizipanten aufnimmt. Deren Erfassung wurde ja auch im dritten Kapitel versucht.

Ein ordnungspolitisch pluralistischer Integrationsansatz[458] hält somit kein Element, das zu einer der Positionen des im zweiten Kapitel entworfenen Möglichkeitsspektrums gehört, für von vornherein ausschaltbar oder gar denunziationsfähig. Allerdings, nicht alles, was möglich ist, muß letztendlich gewollt werden. Und nicht jedes in einem spezifischen Konzept plausible Einzelargument verträgt sich mit einer in einem anderen Zusammenhang als rational zu bezeichnenden Gedankenabfolge. Der Verzicht auf eine grundsätzliche Vorab-Festlegung impliziert überdies auch nicht die Aufgabe begründeter oder begründbarer Sachpositionen. So kann ein systematisch aufbereiteter Erfahrungsaustausch über Vor- und Nachteile unabhängiger, dem politischen Direktzugriff entzogener Währungsinstanzen durchaus zu wesentlich höher konsentierten Vorstellungen über institutionelle und verfahrensmäßige Basisnotwendigkeiten führen. Ebenso ist denkbar, daß auf Gemeinschaftsebene durchgeführte Branchenanalysen und auf dieser Grundlage gemeinschaftlich exekutierte Lösungsversuche in den seit Jahrzehnten als Problemsektoren klassifizierten Wirtschaftsbereichen zu einer nach Sachkriterien differenzierten Betrachtungsweise der grundsätzlich zur Auswahl stehenden Steuerungsmechanismen führen. Schließlich wäre auch nicht einsichtig, warum nicht über Intensität und Ansatzpunkte von Arbeitnehmerpartizipation im Unternehmensbereich der Formen der Beteiligung der Sozialpartner an der (staatlichen) Wirtschaftspolitik zwar kontrovers, aber sach- und entscheidungsbezogen diskutiert werden kann. Der von manchen mit unermüdlichem Einsatz kultivierte Einwand,[459] daß ohnehin alles interessengesteuert sei, überschätzt die Einsichtsfähigkeit in das, was dem Einzelnen, einzelnen Gruppen oder Ländern – vor allem langfristig – nützt. Fragen der genannten Art müssen auf ganz anderen Ebenen in einem aus Veranwortungsbewußtsein für das Ganze getragenen Geiste behandelt werden. Ohnehin würde eine derartige „Erklärung" für die Angemessenheit dieser oder jener Lösung einen aus wissenschaftlicher Perspektive nicht hinnehmbaren Reflexionsstop beinhalten. So war

---

457 Diskussionsbeitrag *Dagtoglou* auf einer Tagung über (Wirtschafts- und gesellschaftspolitische Ordnungsprobleme), S. 102 als Reaktion auf ein Referat von *Zuleeg* (Fn. 26),; siehe auch oben Kap. 1, S. 12 f.

458 Gedanke und Formulierung verdankt der Verfasser einem Schriftwechsel mit Ralph *Dahrendorf*.

459 Durchgängig in diesem Sinne der von *Deppe* herausgegebene Sammelband (EWG – Politische Ökonomie der westeuropäischen Integration), insbesondere der historische Analyseversuch von *Statz* (Geschichte der westeuropäischen Integration).

denn auch Keynes sicher, „that the power of vested interests is vastly exaggerated". [460]

Im folgenden wird daher eine Analyse europapolitischer Konfliktbereiche mit der Konzentration auf sich gegenseitig blockierende theorien- und konzeptionsgesteuerte Sichtweisen des jeweiligen Problemfelds versucht. Diese sollen ihrerseits soweit möglich auf Struktur- und Traditionsbesonderheiten des jeweiligen Landes rückgekoppelt werden. Das schließt naturgemäß die Offenlegung möglicherweise gegenläufiger Interessen mit ein; als archimedischer Punkt des Integrationsproblems werden sie freilich nicht gesehen. Schließlich ist es auch nicht Zweck dieser Untersuchung, konkrete Lösungen der Sach- und Fachfragen vorzuschlagen. Dies muß wesentlich detaillierteren, unter Berücksichtigung der jeweils aktuellsten Entwicklungen angefertigten Spezialstudien vorbehalten bleiben. Hier geht es vor allem um den Versuch, zu einer Basisoptik beizutragen, die allen dem europäischen Einigungswerk aufgeschlossenen Kräften eine aktive Beteiligung auf Grundlage gemeinsamer Werthaltungen ermöglicht. Wenn dabei bereits Umrisse eines zukünftigen, konsensfähigen Leitbildes erkennbar werden sollten, das manche Grundprinzipien sowie bestimmte prozedurale und institutionelle Regelungen stärker hervorhebt als andere, nach gegenwärtigem Stand der Erkenntnis weniger bewährte Ordnungslemente, so sollte dies auch als ein bewußt intendierter Meinungsbeitrag in diesem Findungsprozeß interpretiert werden.

Einem offensichtlich möglichen Mißverständnis muß allerdings vorgebeugt werden. [461] Die Kritik einer ordnungspolitisch zu engen Sichtweise und die J. K. Galbraith folgende Kennzeichnung mancher Vertreter bestimmter Denkschulen als „priests", [462] die losgelöst von den jeweils anstehenden „challenges" aktueller Problemlagen gebetsmühlenhaft Altbekanntes repetieren, darf nicht als eine Absage an die Forderung mißverstanden werden, immer in Systemzusammenhängen zu denken, Interdependenzen und Folgewirkungen von Einzelentscheidungen – soweit irgendwie wissenschaftlich vorherseh- und begründbar – zu beachten und dies als eine permanente, wenn auch immer nur begrenzt erfüllbare Aufgabe zu sehen. Die im Verlaufe solcher Analysen sich regelmäßig erhebenden, auf Komplexitäten und Instabilitäten beruhenden Erkenntnisschranken dürfen gleichwohl nicht zur Handlungsunfähigkeit und Kapitulation vor drängenden Problemen führen. Dies gilt insbesondere für die Europäische Gemeinschaft und ihre Institutionen. Eine „polity in the being" muß sich an konkreten Herausforderungen bewähren, seine Existenzberechtigung stets unter Beweis stellen, und dies bedarf ordnungspolitischer Konzeptionen, die Kräfte nicht blockieren, sondern freisetzen.

---

460 *Keynes* (Fn. 204), S. 383.
461 Die folgende Überlegung nimmt eine Anregung von *H.O. Lenel* auf, der den Verfasser im Gefolge seiner Schrift (Eine Zweite Euro-ORDO-Debatte) auf eine denkbare Fehlinterpretation hinwies.
462 *Bowles* (Servants of Power), S. 129 stellt diesen die „Engineers" gegenüber, die sich an konkreten Problemlösungsschritten versuchen; aufgenommen auch bei *Steger* (Strukturpolitische Ineffizienz), S. 43, Fn. 4.

II. Globale makroökonomische Krisenstrategien – zum Themenkomplex Wirtschafts- und Währungsunion –

1. Die WWU als Ziel auf höchster Gemeinschaftsebene

Im Dezember 1969 beschlossen die Staats- und Regierungschefs der EG-Mitgliedstaaten auf der Gipfelkonferenz in Den Haag, einen Stufenplan für die Errichtung einer WWU ausarbeiten zu lassen.[463] Im Oktober 1970 legte die daraufhin eingesetzte Arbeitsgruppe den sogenannten „Werner-Bericht" vor. Im Kommuniqué der Gipfelkonferenz der um Großbritannien, Irland und Dänemark erweiterten Gemeinschaft in Paris im Oktober 1972 wurde erneut der politische Wille aller Beteiligten bekräftigt, die WWU zu verwirklichen und die notwendigen Beschlüsse zu fassen, damit das ehrgeizige Ziel „spätestens am 31. Dez. 1980 vollendet"[464] sei. Der Pariser Gipfel vom Dezember 1974 brachte zwar die Feststellung, daß nicht alle ins Auge gefaßten Fortschritte gemacht werden konnten, aber vor allem auch die Versicherung, mit Entschlossenheit am bekundeten Ziel festzuhalten.[465] Außerdem wurde der damalige Premierminister Belgiens, Tindemans, beauftragt, vor Ende 1975 einen Bericht über eine Gesamtkonzeption der Europäischen Union auf der Grundlage von Vorstellungen der EG-Organe und nach Konsultationen „mit den Regierungen und den repräsentativen Kreisen der öffentlichen Meinung"[466] zu erstellen. Darin nahm der Wirtschafts- und Währungsbereich naturgemäß einen breiten Raum ein.[467]

Erinnert man sich zu Beginn der achtziger Jahre an die Zielvorgaben des Werner-Berichts, so sieht die Bilanz wenig erfreulich aus. Weder werden die „wichtigsten wirtschaftspolitischen Entscheidungen auf Gemeinschaftsebene getroffen", noch sind „infolgedessen die erforderlichen Befugnisse von nationaler Ebene auf die Ebene der Gemeinschaft übertragen" worden[468]. Ebensowenig war eine „unwiderrufliche Festsetzung der Paritätsverhältnisse" und eine „völlige Liberalisierung des Kapitalverkehrs" möglich; ganz zu schweigen ist von den instituuionellen Postulaten „wirtschaftspolitisches Entscheidungszentrum" und „gemeinschaftliches Zentralbanksystem".[469] Dennoch gab es trotz aller Rückschläge und pessimistischer Lageeinschätzungen wiederholt Anlaufversuche, sich einzelnen Vorgaben des großen WWU-Ziels anzunähern. Ende Oktober 1977 wagte der damalige Präsident der EG-Kommission Jenkins mit einer Rede im Rahmen der Jean-Monnet-Vorträge des Florenzer Europäischen Hochschul-

---

463 Texte und regierungsoffizielle Verlautbarungen siehe die Dokumentation des (damaligen „Super"-)Ministeriums für Wirtschaft und Finanzen (Aufbruch zur WWU).
464 EA, 21/1972, D 504.
465 EA, 2/1975, D 43, Ziff. 14.
466 ibid., D 43, Ziff. 13.
467 Der Bericht wurde freilich von seinen Auftraggebern, den Staats- und Regierungschefs, nie ernsthaft diskutiert, geschweige denn in konkretes Handeln umgesetzt. Vgl. aber die Diskussionsbeiträge der Wissenschaft (Weg zur Europäischen Union?) zum *Tindemans*-Bericht.
468 Aus den „Schlußfolgerungen" des *Werner*-Berichts, nachgedruckt in (Aufbruch zur WWU), S. 14.
469 ibid., S. 14.

instituts einen von seinen Kommissionskollegen angesichts der politischen Großwetterlage nicht einmal offiziell gedeckten politischen Wiederbelebungsversuch der Währungsunion. Er formulierte sieben, teils „klassische", teils neue Gegebenheiten berücksichtigende Gründe und Notwendigkeiten, das wirtschafts- und währungspolitische Großziel anzusteuern:[470]
- eine Währungsunion würde eine Rationalisierung der Industrie und des Handels effizienter und stärker fördern, als dies bei einer reinen Zollunion möglich ist
- eine neue große internationale Währung, „getragen von der wirtschaftlichen Breite und Stärke der Gemeinschaft" würde sich positiv und stabilisierend auf das Weltwährungssystem auswirken und zu mehr Gelassenheit bei „Pechsträhnen ungünstiger Handelsergebnisse"[471] führen
- es wäre sogar denkbar, daß das Inflationsproblem besser gelöst würde; allerdings nur dann, wenn nach einer Einführung einer einzigen neuen Währung durch eine europäische Währungsbehörde diese Institution „eine entschlossene und verhältnismäßig unabhängige Politik der Kontrolle über die Banknotenemissionen und die Bankgeldbeschaffung" verfolgt würde
- monetäre Sicherheit würde eine der Hauptursachen von Arbeitslosigkeit und Stagnation beseitigen
- eine Währungsunion muß Finanzierungsinstrumente für regionale Hilfsmaßnahmen vorsehen; „ein Verbundsystem öffentlicher Finanzen [ist] einzuplanen"
- eine zu schaffende „große neue Behörde" der Währungsunion müsse sich mit dem Wechselkurs, den außenwirtschaftlichen Reserven und den wichtigsten Leitlinien der internen Währungspolitik befassen
- eine Währungsunion könnte schließlich die gewünschte politische Vollintegration herbeiführen[472]

Wenig später wurde auf dem Bremer Gipfel im Juli 1978 tatsächlich ein neuer Anlauf zur Errichtung eines Europäischen Währungssystems (EWS) unternommen,[473] ein Versuch, der bis heute andauert. Gleichwohl wird man jedoch davon ausgehen müssen, daß die Initiatoren dieses Projekts nicht von der Großperspektive WWU geleitet wurden, sondern „in stärkerem Maße einen Europäischen Währungsfonds im oder neben dem Internationalen Währungsfonds zum unmittelbaren Leitbild hatten, als eine gemeinsame europäische Währung."[474]

Im Verlauf der Ereignisse auf höchster Ebene lassen sich vielfältig Beispiele für ordnungspolitische Divergenzen aufzeigen, die bremsend gewirkt haben

---

470 *Jenkins* (*Jean-Monnet*-Vortrag 1977), S. 13 ff; daraus auch die z. T. folgenden wörtlichen Zitate.
471 Einzelne Hinweise auf mögliche Vorteile erinnern an das in einem Modell des Währungstheoretikers *Mundell* verdeutlichte „shock-absorber"-Argument für „common currencies"; vgl. seine Schrift (Uncommon Arguments).
472 *Jenkins* hat alle sieben Argumente in einer Rede über die Erfahrungen mit dem EWS (s. u.) bis Oktober 1980 unverändert wiederholt, siehe EA, 1/1981, D 12.
473 Im März 1979 wurde es in Kraft gesetzt.
474 So ein langjähriger Beobachter der währungspolitischen Szene, *Rainer Hellmann* (EWS: Vorgeschichte und Motive), S. 146; gemeint war insbesondere der deutsche Bundeskanzler.

bzw. vermeintliche Konsense im Zeitablauf als vordergründig erscheinen ließen. Greifen wir an dieser Stelle nur die auf allen Ebenen – auch der wissenschaftlichen – geführte Grundsatzdebatte im Vorfeld des Werner-Berichts über den richtigen Weg zur WWU heraus. Der Standpunkt der deutschen Regierung galt als von den sog. „Ökonomisten" formuliert, die französische Position hingegen war „monetaristisch".[475] Die ersteren hielten währungstechnische Vereinheitlichungsbemühungen erst als Folge wirtschaftspolitischen Gleichlaufs für sinnvoll; eine gemeinsame Währung wäre somit als „Krönung" wirtschaftlicher Konvergenz zu interpretieren. Die letzteren wollten durch schnelleres Voranschreiten im monetären Bereich umgekehrt mehr wirtschaftspolitische Disziplin (Haushaltspolitik, Einkommenspolitik etc.) und damit eine Annäherung der gesamtwirtschaftlichen Entwicklung in den einzelnen Ländern erzwingen. Daher enthielt der in diesem Sinne ausgearbeitete sog. zweite Barre-Plan bezüglich verbindlicher Schritte fast ausschließlich währungstechnische, d.h. institutionelle und wechselkurspolitische Vorschläge. Der Kompromiß des Werner-Berichts schließlich sah den Grundsatz der Parallelität des Fortschreitens in beiden Bereichen vor.[476]

Im Kern der Auseinandersetzung standen auf deutscher Seite Zweifel an der gleichgerichteten Festigkeit der Franzosen, durch eine tatsächlich konsequente Geld-, Kredit- und auch Einkommenspolitik nur sehr geringe Geldentwertungsraten zuzulassen. Für diese Sorgen sprachen die – auch in unserem dritten Kapitel – beschriebenen Prioritätssetzungen und Ergebnisse der französischen Wirtschaftspolitik in der Vergangenheit. Weiterhin gab es Zweifel an der gleichgerichteten Sichtweise über das zum Kernbereich ordnungspolitischer Credos gehörige Maß der Unabhängigkeit möglicher neuer währungspolitischer Instanzen vom politischen Entscheidungssystem. Eine zu großzügige und zu schnelle Vergemeinschaftung der Währungsreserven[477] wäre bei nicht gleichermaßen festem ordnungs- und wirtschaftspolitischem Fundament zur Inflationsquelle bedeutender Größenordnung geworden. Der tieferliegende Dissens führte so zur Stagnation, man verharrte auf unterster Stufe des Mehrstufenplans.

Konflikte gab es natürlich vor allem in Detailfragen. Wir müssen daher weiter in die Einzelheiten der beiden Hauptkomponenten der WWU eindringen.

2. Die Wirtschaftsunionskomponente

Die analytische Zerlegung dessen, was man als Wirtschaftsunion bezeichnet, scheint zunächst recht einfach. Im ersten Zugriff stößt man auf die weitverbrei-

---

475 Diese Bezeichnung hat nichts mit dem Grundsatzstreit zwischen Keynesianern und „Monetaristen" der *Friedman*-Schule zu tun. Eine gute Darstellung aus damals nicht unmittelbar beteiligter Sicht findet sich in dem angelsächsischen Lehrbuch von *Swann* (Common Market), S. 202 ff; ebenso in dem von Krauss herausgegebenen Sammelband (Economics of Integration), S. 20, die diese Kontroverse in die Diskussion um „optimum currency areas" einbringt.
476 Vgl. (Aufbruch zur WWU), S. 15 und auch die Rede des Bundeswirtschaftsministers vor dem Deutschen Bundestag am 6. Nov. 1970, ibid., S. 26.
477 Auf der Gipfelkonferenz in Paris im Oktober 1972 war das Hauptinteresse des französischen Staatspräsidenten *Pompidou* auf die „Zusammenlegung eines Teils der Mittel der Notenbanken" gerichtet, siehe EA, 21/1972, D 502.

tete vierstufige Sichtweise von „economic integration". In ihr erscheint Wirtschaftsunion als Endglied der Kette Freihandelszone – Zollunion – Gemeinsamer Markt. Die ersten drei Stufen werden unter dem Begriff „negative integration" zusammengefaßt, die hier zu diskutierende letzte unter „positive integration".[478] Dies wiederum beinhaltet auf die EG bezogen alle möglichen denkbaren „common policies", die auch in allen überblicksartigen Werken über die EG angegeben werden. Nehmen wir als Beispiel den ersten Bielefelder Bericht von 1972; dort findet man unter „Gemeinschaftspolitiken"[479] Energie- und Technologiepolitik (unter systematischen Gesichtspunkten problematisch als *Unterpunkt* auch Industriepolitik), Verkehrspolitik, Landwirtschaftspolitik, Wirtschaftspolitik (untergliedert in – kurzfristige – Globalsteuerung und mittelfristige Wirtschaftspolitik), Regionalpolitik, Außenbeziehungen und Sozialpolitik. Mittlerweile wird man natürlich ebenso Umweltschutzpolitik mit einbeziehen – wie auch im zweiten Bericht der Bielefelder Arbeitsgemeinschaft geschehen.[480] Einiges[481] davon gliedern wir aus und behandeln die damit verbundenen ordnungspolitischen Probleme vertieft in den Abschnitten III und IV dieses Kapitels. Somit bleibt als Kern der Wirtschaftsunion die makroökonomische Globalsteuerungspolitik und die mittelfristige Wirtschaftspolitik übrig.

Beides befindet sich nun gerade im Zentralbereich der Auseinandersetzungen zwischen unseren drei ordnungspolitischen Grundpositionen. Auf der wirtschaftstheoretischen Konfliktebene wird dies etwa aus der Stellung des Begründers der ordoliberalen Schule, Eucken, zur Globalsteuerungspolitik keynesianischer Provenienz und Rechtfertigung deutlich. Im neunten Kapitel seiner „Grundsätze der Wirtschaftspolitik" wird vor der „Wirtschaftspolitik der Mittelwege" à la Keynes gewarnt und im achtzehnten Kapitel die konjunkturpolitische Verantwortung des Staates abgelehnt.[482] Dies kollidiert natürlich mit dem ersten Punkt unserer zum Konzept einer „mixed economy" entwickelten Argumentenliste für staatliche Verantwortungsbereiche.

Diese Grunddifferenz finden wir auch in einer der Arbeitsunterlagen für den erwähnten 1977 vorgelegten Sachverständigen-Bericht über die „Rolle der öffentlichen Finanzen bei der europäischen Integration" (McDougall-Report) wieder. Dort heißt es zur „makroökonomischen Stabilisierungspolitik in der EG" und der damit einhergehenden Debatte: „Einige Monetaristen haben be-

---

478 Grundlegend die auf den Nobelpreisträger *Tinbergen* zurückgehende Definition von *Pinder* (European Integration), S. 145: „I will use negative integration for that part of economic integration that consists of the removal of discrimination, and application of coordinated and common policies in order to fulfil economic and welfare objectives other than the removal of discrimination."
479 Siehe (Verfassung oder Technokratie für Europa), S. 6; ähnlich *Swann* (Fn. 475), Kapitel 6, 7 und 8 oder *Pryce* (Politics of the EC), S. 141 ff.
480 Siehe (EU als Prozeß), S. 98 ff.
481 Die politisch und theoretisch überaus komplexe Agrarpolitik wird in dieser Arbeit ganz ausgeklammert.
482 Siehe in *Eucken* (Fn. 165), S. 140 ff und S. 303 ff; insbesondere S. 311: „[Es ist eine] Tatsache, daß die übliche Konjunkturpolitik ... auf die Dauer Mißerfolg haben muß. Hier hilft keine Verfeinerung etwa durch statistische Beobachtung oder mathematisch gestützte zentrale Planung." (!)

hauptet, daß staatliche Maßnahmen . . . Konjunkturausschläge tendenziell eher verschärfe als reduziere".[483] Demgegenüber sehen die vom Autor so bezeichneten „Neo-Keynesianer" durchaus insbesondere „für die Fiskalpolitik eine positivere Rolle"[484] in der Zyklenbekämpfung.

Diese theoretischen Auseinandersetzungen schlagen nun durchaus voll auf die politische Ebene durch. Das bekannteste Beispiel auf höchster europäischer Ebene bietet die Auseinandersetzung um das Aktionsprogramm der EG-Kommission für die zweite Stufe des Gemeinsamen Marktes vom Oktober 1962. Die deutsche Regierung, vertreten durch Ludwig Erhard, legte in einem Kolloquium des Europäischen Parlaments mit dem Ministerrat und den Exekutivbehörden[485] Wert auf die Feststellung, daß „man nur schlecht zwei Ordnungssysteme nebeneinanderstellen kann. Man kann nicht auf der einen Seite Wettbewerb und auf der anderen Seite Planung, Planifikation oder Programmierung haben wollen". Weiterhin kritisierte Erhard ex-post die „Long-term-Programme" des Marshallplans – „die Rechnungen sind nie aufgegangen" –, betonte bezogen auf die inzwischen in allen OECD-Ländern übliche volkswirtschaftliche Gesamtrechnung, daß man „das Leben nicht in Zahlen einfangen" könne, und setzte dem den „Glauben in die dynamische Kraft der freien Entfaltung, den Arbeitswillen und die Intiative aller Menschen" entgegen.

Dem widersprach der Präsident der Kommission, Walter Hallstein, mit, wie er selbst heraushob, „gewisser Schroffheit", denn „gerade die freie Wirtschaftsordnung bedarf der Präsenz des Staates". Diese sah er in drei Aufgaben konzentriert; der „moderne Staat" habe für
– „die Steuerung des arbeitsteiligen Wirtschaftsprozesses durch Zurverfügungstellung einer Wettbewerbsordnung" zu sorgen
– sich um die Einkommensverteilung zu kümmern und
– Wachstums- und Konjunkturpolitik zu treiben.

Diese Synthese von Staatsfunktionen entspricht weitgehend der von uns auch im Konzept der „mixed economy" herangezogenen Sichtweise des Finanzwissenschaftlers Musgrave, der in seiner „multiplen Theorie des öffentlichen Haushalts" die Allokations-, Distributions- und Stabilisationsabteilung unterscheidet.[486]

Wichtig war schließlich auch Hallsteins Feststellung, daß das in diesem Sinne konzipierte Aktionsprogramm nicht lediglich ein Kompromißpapier sei, sondern „ein geschlossenes, in sich widerspruchsfreies Ganzes darstelle". Er wehrte sich damit gegen den Versuch Erhards, die erste Komponente, die Sicherung der Wettbewerbsordnung aus dem vorgelegten ordnungspolitischen Gesamtkonzept herauszubrechen und den „Rest" beiseite zu schieben. Gleichzeitig grenzte er sich gegenüber der anderen Seite des ordnungspolitischen Möglichkeitsspektrums mit der Präzisierung ab, die ins Auge gefaßte, statistische Aufstellung von

---

483 *Oates* (Finanz-Föderalismus), S. 295.
484 ibid., S. 194; der Vergleich bezieht sich auf die Effizienz der Geldpolitik.
485 Vdhlg. des EP v. 19.–23. 11. 1962, Sitzungsbericht Nr. 60 (III/63); Wiederabdruck der entscheidenden Passagen in: FAZ v. 28. 11. 1962, S. 11 f; daraus auch alle folgenden zitierten Äußerungen *Erhards* und *Hallsteins*.
486 *Musgrave* (Fn. 81), S. 3.

Wirtschaftsentwicklungsplänen wäre „keinesfalls gleichbedeutend mit einem autoritären Plan, der die Freiheit des Marktes beeinträchtige und den Privatunternehmen vorgeschrieben würde".

Die Entwicklung bis heute zeigt jedoch de facto ein erfolgreiches „Herausbrechen" des „Restbereichs". Eine zentrale Verantwortung für (re-)distributive Maßnahmen zur Korrektur der Primärverteilung gibt es nicht, bzw. ist sie größenordnungsmäßig kaum der Rede wert. Darüber wird noch im Abschnitt „Regionalpolitik" zu handeln sein. Vor allem der eigentliche Kern einer Wirtschaftsunion, die (Konjunktur-)Stabilisierungspolitik, findet auf europäischer Ebene jedoch nicht statt. Obwohl Programme zur mittelfristigen Wirtschaftspolitik regelmäßig erstellt werden, die wenigstens eine „Koordinierung" der Wirtschaftspolitiken der einzelnen Länder ermöglichen sollte, „blieben die globalen Projektionen ohne Einfluß auf die Realität nationaler Ausrichtung der mitgliedstaatlichen Wirtschaftspolitiken."[487]

Sicherlich hat dies auch seine Ursache in der Tatsache, daß Konjunktur- und Wachstumspolitik, wie auch die noch zu behandelnden Sektorpolitiken, im Unterschied zu Fragen des Zollabbaus oder der -vereinheitlichung zu den Kernbereichen nationaler Souveränität gehören.[488] Aber in diese dringen ohnehin internationale Institutionen wie der IWF und andere Kreditgeber verstärkt ein, wie die genannten Beispiele Italien 1977 und Großbritannien 1975 zeigen. Insofern scheinen stabile ordnungspolitische Präferenzen bzw. Aversionen sich auf die Ernsthaftigkeit einer von den EG-Institutionen kontinuierlich zu betreibenden Konjunktur- und Wachstumspolitik auszuwirken.

3. Die Währungsunionskomponente

Deren Inhaltsbestimmung wird bereits im Werner-Bericht eindeutig und präzise vorgenommen. Eine Währungsunion erfordert
- die vollständige und irreversible Konvertibilität der Währungen
- die Beseitigung der Bandbreiten der Wechselkurse und die unwiderrufliche Festsetzung der Prioritätsverhältnisse
- eine völlige Liberalisierung des Kapitalverkehrs.

All dieses könne mit der Beibehaltung nationaler Geldzeichen einhergehen, allerdings sprächen psychologische und politische Gründe für die Einführung einer einheitlichen Währung, welche die Unwiderruflichkeit des Prozesses demonstrieren würde.[489]

---

487 So im ersten Bielefelder Bericht (Verfassung oder Technokratie für Europa), S. 92 von 1972 und dem neuesten (1980) dieser Arbeitsgemeinschaft (EU als Prozeß), S. 113; die Formulierung des EWGV ist freilich in Art. 103 Abs. 1 auch überaus unverbindlich: „Die Mitgliedstaaten betrachten ihre Konjunkturpolitik als eine *Angelegenheit von gemeinsamem Interesse*. Sie setzen sich miteinander und mit der Kommission über die unter den jeweiligen Umständen zu ergreifenden Maßnahmen ins Benehmen."
488 Neuerdings wieder *Scharrer* (Abgestufte Integration), S. 123, der allerdings auch auf die Unterschiede in den wirtschaftspolitischen Konzeptionen hinweist.
489 Aus den „Schlußfolgerungen" des Werner-Berichts in (Aufbruch zur WWU), S. 14.

Auf institutioneller Ebene ist dazu ein gemeinschaftliches Zentralbanksystem vonnöten, das
- einerseits die interne Geld- und Kreditpolitik (Zins-, Geldmengen-, Finanzierungspolitik bei Budgetdefiziten) und
- andererseits die externe Währungspolitik (Verwendung der Währungsreserven, Wechselkurspolitik gegenüber Drittstaaten, insbesondere vis-à-vis der US-Währung) durchzuführen hat.

Den neuesten Versuch, sich diesen klar definierten Zielmarken zu nähern, stellt das am 1.1.1979 in Kraft getretene EWS dar, an dem jedoch bislang eines der „großen" Länder, Großbritannien, nicht beteiligt ist. Darüber hinaus bedeutete die etwas reichlichere Dotierung der Kreditfazilitäten und die ausgefeilteren Interventionsmodalitäten noch keine neue Qualität gegenüber der bisherigen Wechselkursunion nach Art der „Schlange".[490] Denn die Grundprobleme sind trotz subtilster technischer Verfeinerungen der Wechselkurssteuerung an den Devisenmärkten und trotz außerordentlich differenzierter Modelle zur Ermittlung des Wechselkursanpassungsbedarfs unverändert geblieben. Länder mit einer hohen wirtschaftspolitischen Prioritätssetzung der Geldwertsicherung befürchten, in einem Festkursverbund, der sie zur ständigen Stützung schwacher Währungen zwingt, in einen unkontrollierbaren Inflationssog zu geraten. In der BR Deutschland würde dies den Kern hochkonsentierter ordnungspolitischer essentialia betreffen. Die hier gemachten Erfahrungen werden jedenfalls von ranghohen Vertretern der Währungsinstanzen so interpretiert, „daß Vollbeschäftigung und Wachstum nachhaltig und langfristig am ehesten unter Bedingungen zu erhalten sind, unter denen Verbraucher und Investoren ein möglichst hohes Maß an Vertrauen in die Kontinuität der Entwicklung besitzen. Dies ist aber ohne einen relativ stabilen Geldwert nicht möglich."[491] Daher wird immer auch eine „Hintertür" bei Vereinbarungen über Wechselkurs-Festlegungen für notwendig erachtet. „Die Wechselkurs-Regel muß lauten: feste, aber anpaßbare Wechselkurse."[492] Darunter leidet natürlich wiederum die Glaubwürdigkeit des Gesamtsystems; spekulative Wellen sind zu erwarten, wenn die Anpassungen nicht rechtzeitig vorgenommen werden. Werden sie andererseits zu häufig durchgeführt, wird der Begriff Festkurssystem zur Farce. Dennoch läßt sich eine solche Gratwanderung nicht vermeiden. Zeitpunkt und Maß von Wechselkurskorrekturen dürfen indes nicht blinder politischer Dezision überlassen bleiben. Es bedarf einer fachwissenschaftlichen Orientierungshilfe, möglichst objektiver Indikatoren, die den Handlungsbedarf für die Entscheidungsträger signalisieren. Nur im Extremfall würde dies eine formelgestützte Prioritätsanpassung bedeuten.[493]

---

490 *Scharrer* (Währungsintegration und Wechselkurssteuerung), S. 155.
491 So der Präsident der Landeszentralbank in Berlin, *Hiss*, kurz nach dem EWS-Einführungsbeschluß vom Bremen in seinem Beitrag (EWS: Gründe und Modalitäten), S. 149.
492 ibid., S. 150.
493 Ein Beispiel dafür wird von *Scharrer* genannt (Fn. 490), S. 157: die in der Endphase des Bretton-Woods-Systems diskutierten Regeln, die Wechselkurskorrekturen an die Veränderung der offiziellen Währungsreserven und die über einen gewissen Zeitraum betrachtete Entwicklung am Devisenkassamarkt koppeln wollen. Zu Recht →

Einen solchen ökonomisch durchaus fundierten Orientierungsvorschlag hat eine von der EG-Kommission eingerichtete Sachverständigen-Gruppe mit dem sogenannten OPTICA-Report vorgelegt. Das selbstgestellte Ziel, „Regeln für eine gemeinschaftliche Wechselkurspolitik zu entwerfen, die geeignet sind, die Erwartungen der Akteure auf den Devisenmärkten zu stabilisieren, den Circulus vitiosus von Währungsabwertungen und Inflationsbeschleunigung zu durchbrechen sowie die interne Geldpolitik in ihren Bemühungen um eine Dämpfung des Preisauftriebs zu unterstützen", [494] wird mit einem Steuerungsmodell zu erreichen versucht, das von einem empirisch hochgradig belegten Kausalzusammenhang zwischen relativen Inflationsraten und Wechselkursänderungen ausgeht. Die technischen Einzelheiten des „Referenzmodells" (Auswahl des „besten" Geldentwertungsindexes, Festlegung der Ländergewichte, Periodenwahl etc.) interessieren hier nicht, wohl aber daß auch in diesem ausgefeilten Ansatz im Grundsatz der wie auch immer statistischen bestimmbare „reale" Wert von Währungen als der entscheidende Faktor der Wechselkursentwicklung gesehen wird. Das heißt, wer wirklich feste Wechselkursrelationen als Endziel erreichen will, muß weiterhin alle wirtschaftspolitisch relevanten Steuerungsvariablen (Geld-, Haushalts-, Einkommenspolitik) in den an einem solchen Währungsverbund beteiligten Ländern innerhalb enger Spielräume stabilitätspolitisch gleichgerichtet eingesetzt wissen wollen. Sonst wird die ökonomische Logik erneut Enttäuschungen bescheren.

Das Maß der Priorisierung des Stabilitätsziels gegenüber anderen mit ihm in einem Spannungsverhältnis stehenden Zielen ist wiederum – so zeigt die Erfahrung – an institutionelle Festlegung eng gekoppelt, die generell zu den Hauptelementen ordnungspolitischer Modelle gehören.

Dies hat natürlich in der Debatte um das EWS ebenso intensiv wie in allen anderen bisher genannten europapolitischen Auseinandersetzungen stattgefunden. Man erkennt dabei, daß insbesondere in ihrem Selbstverständnis erfolgreiche Länder nicht nur aus banalem, ohnehin bei solchen langfristigen Strukturfragen schwerlich herleitbarem Eigeninteresse, ihre Vorstellungen mit viel Konsequenz vortragen. Man könnte sogar sagen, daß es ihre Pflicht ist, in dem neu zu schaffenden Gebilde, das die Identitäten der in ihm eingehenden alten Bezugssysteme erheblich verändert und z. T. aufhebt, dafür zu werben, daß alles auf positiven Erfahrungen Beruhende auf neuer, höherer Ebene eine Entsprechung findet. In diesem Sinne ist eine weitere ranghohe Stimme aus den deutschen Währungsinstanzen wohl zu interpretieren: „Die dauerhaften Bindungen, die ... unvermeidbar einzugehen sind, begründen den ordnungspolitischen Rang adäquater institutioneller Vorkehrungen und währungstechnischer Modalitäten. Das Urteil über die sich anbietenden Alternativen hat dem empirischen Befund Rechnung zu tragen, daß zwischen der stabilitätspolitischen Bilanz eines Landes und der Unabhängigkeit seiner Notenbank ein Zusammenhang besteht.

→ wird aber die Manipulierbarkeit der Variablen (Währungsreserven) und der mechanistische, ökonomietheoretisch nicht erklärbare Ansatz (Einjahresdurchschnitt der Kassakurse) als bedenklich bemängelt.
494 *Scharrer*, ibid., S. 157, als Mitglied der Expertengruppe.

Der Befund spricht gegen alle Lösungen, die zu einer Vermischung von Notenbank- und Regierungskompetenzen derart führen, daß es keine klare Abgrenzung der Zuständigkeiten und damit auch der jeweiligen politischen Verantwortung mehr gibt."[495]

Dies wird in anderen Mitgliedstaaten z.T. anders gesehen, so daß weiterhin Dissensbereiche bestehen werden. Insbesondere scheint mir der instrumentalen Sichtweise des gesamten Bankensystems in der neuen französischen Regierung, ihrer derzeitigen Wechselkurspolitik und den Äußerungen über Zielprioritäten das ordnungspolitische Konfliktpotential sich eher zu erweitern als zu verringern. Die Beweislastverteilung für neue gemeinsame Strukturfestlegungen muß jedoch so beschaffen sein, daß das Neue nach einer gewissen „Probezeit" an gemeinsamen Indikatoren gemessen eindeutig besser abschneidet als das, was als relativ bewährt gilt.

4. Die Gesamtsicht

Die Gewichtung der jeweiligen Komponente im Gesamtkonzept einer WWU gibt ihrerseits deutliche Hinweise auf ordnungspolitische „Vorverständnisse". Oates als Mitverfasser des Mac-Dougall-Berichts drückt dies so aus: „Hat jemand monetaristische Neigungen, wird er wahrscheinlich das Hauptgewicht auf die Währungsunion und die Entwicklung längerfristiger Leitlinien für das Geldmengenwachstum legen."[496] Unterschiedliche Ansichten über die Stabilisierungspolitik sind ganz offensichtlich von erheblicher Relevanz für die Konzipierung fiskalischer und monetärer Institutionen in der Europäischen Gemeinschaft.[497] Eine in diesem Sinne spezifische Perspektive muß auch einem Teil der BAG zugerechnet werden. Schon ein Blick in das Inhaltsverzeichnis offenbart Überraschendes. Unter dem unstreitig keynesianischen Konzeptbegriff „Globalsteuerung" findet sich – unkeynesianisch – eine nahezu ausschließliche Konzentration auf Währungstechnisches. Schon die Überschriften der Unterabschnitte indizieren dies,[498] aber auch die Detail-Lektüre bestätigt es; Einzelheiten des Bretton-Woods-Systems, Bandbreiten-Vereinbarungen im „Schlagen"-Modell der Vor-EWS-Phase werden mit ungleich höherer Differenziertheit behandelt als Einzelheiten konjunkturpolitischer Steuerungssysteme (also etwa Multiplikator-/Akzeleratorschätzungen für den europäischen Gesamtbereich u.ä.). Dazu wird lediglich von der Einrichtung diverser Gremien zur „Konsultation" über die kurz- und mittelfristige Wirtschaftspolitik berichtet. Dies könnte auf Grundeinstellungen hinweisen, die an die Vorbehalte der liberalen Schule gegenüber makroökonomischer Datenerfassung – siehe die genannten Darstellungen Euckens und Erhards – erinnern. Denn „Global"-Steuerung be-

---

495 So der Präsident der baden-württembergischen Landeszentralbank, *Kloten* („Endphase" des EWS), S. 21 – 30.
496 Oates (Fn. 483), S. 295.
497 ibid., S. 295.
498 (EU als Prozeß) 108 ff: (Abschnitt) 3.1 Die Aushöhlung des bei Abschluß des EWG-Vertrags geltenden Währungssystems, 3.2 Das Mißlingen von Ersatzlösungen, 3.3 Das gegenwärtige europäische Währungssystem, 3.4 Abschließende Bemerkungen.

darf globaler Wirtschaftsdaten und entsprechend ausgefeilter technischer Indikator- und Effizienzanalyse-Systeme, um überhaupt eine glaubhaft sachrationale Wirtschaftspolitik betreiben zu können. Politische Gremien ohne kompetenten, sachverständigen Unterbau sind sonst handlungsunfähig und – man sollte hinzufügen hoffentlich – nicht entscheidungsbereit.

Eine ähnlich interessante Perspektive findet sich in einem anläßlich der britischen Beitrittsdebatte vertretenen Vorschlag, eine Wirtschaftsunion ohne Währungsunion anzusteuern. Dieser „split-approach"[499] wurde von den Wirtschaftswissenschaftlern Harry G. Johnson und Brian Griffiths formuliert, die, obwohl sicherlich als überzeugte Markttheoretiker bekannt,[500] gegen Vereinbarungen im monetären Bereich argumentiert hatten. „An EEC monetary union is neither a logical economic consequence of an EEC customs union nor an essential facet of a fully integrated economic union".[501] Der nur vordergründige Widerspruch löst sich jedoch auf, wenn man dies aus damaliger britischer Sicht sieht. Eine vorzeitige Fixierung der Wechselkurse hätte bei den chronisch hohen Inflationsraten Großbritanniens zu Importsteigerungen bzw. Exportrückgängen führen müssen, die die ohnehin hohe Arbeitslosigkeit weiter hätten ansteigen lassen.

Die deutliche Präferenz für eine Steuerung durch Marktprozesse gegenüber denkbaren ausgleichenden Politikmaßnahmen kommt bei den Exponenten des „split-approach" zum Tragen, wenn über im Grundsatz mögliche Kompensationspolitiken nachgedacht wird. Eine Regionalpolitik, die zur Senkung der in produktivitätsschwachen Gebieten überhöhten „efficiency wages" (Geldlöhne dividiert durch Produktivität) z.B. durch wirtschaftsnahe Infrastrukturhilfen beitragen könnte, wird verworfen, denn „almost certainly [it] would involve a distortion of market prices and the rate of return to capital in various industries".[502] Die Last notwendiger Anpassungsprozesse bei unterschiedlich inflationierenden Volkswirtschaften wurde insofern konsequent dann wieder der Marktmechanik überantwortet: Griffiths/Johnson plädierten für flexible Wechselkurse.

Mit einem solchen Vorschlag erweist man allerdings auch heute der europäischen Wirtschaftsintegration – gerade dann, wenn man den unverzerrten Warenaustausch als einen der wichtigsten Konstituentien des Gemeinsamen Marktes versteht[503] – nur einen geringen Dienst. Denn Währungsschwankungen erzeugen Unsicherheit, und Unsicherheit ist für hart kalkulierende Unternehmen ein (z.B. durch Währungsversicherungen) abzudeckender Kostentak-

---

499 Bezeichnung nach einer Arbeit des Verfassers (EU without MU); erneut erwähnt als theoretisch mögliche Strategie der Wirtschaftsintegration bei *Scharrer* (18 Thesen), S. 63.
500 *Brian Griffiths* hat kürzlich als Sprecher einer als „monetaristisch" gekennzeichneten Gruppe von Ökonomen der City University, London, die Währungspolitik der *Thatcher*-Regierung als „noch nicht scharf genug" bezeichnet; nach Neue Zürcher Zeitung v. 1. 4. 1981.
501 *Griffiths* (Implications of MU), S. 107; ähnlich sein geistiger Mentor *Johnson* (Problems of MU), S. 195.
502 *Griffiths* (Fn. 501), S. 102.
503 So *Griffiths*, ibid., S. 98.

tor, der – so die Differentialanalyse – natürlich nur bei ausländischen Produkten anfällt. Damit wird ein indirekter Zollaufschlag erhoben, der Produkte aus den Nachbarstaaten gegenüber heimischen Erzeugnissen diskriminiert und somit den Warenhandel beeinträchtigt.

Die eigentümliche Dialektik, daß gerade Marktprozesse der staatlichen Politik bedürfen, zeigt interessanterweise ein in diese Debatte eingebrachter Beitrag von Nicholas Kaldor.[504] Er kommt im Ergebnis zwar auch zu einer skeptischen Beurteilung vorzeitiger währungs- und wirtschaftspolitischer Vereinbarungen in der Gemeinschaft, aber aus anderen Gründen. Unter Rückgriff auf Myrdals Wort von den zirkulierenden und kumulierenden Agglomerations- und Deteriorationsprozessen ungesteuerter Marktöffnungen, die wirtschaftlich schwächeren Regionen keine echte Anschlußmöglichkeit biete, hält er eine Beteiligung solcher Regionen bzw. Länder an einer WWU nur dann für sinnvoll, wenn eine kraftvolle und handlungsfähige Regierung einer echten politischen Union sich diesen Problemen widmet. Zu Beginn der 70er Jahre waren freilich – wie man im Rückblick voll bestätigen muß – die Zweifel Kaldors, daß eine solche zustande kommt, durchaus berechtigt. Sie sind es auch heute noch, allerdings hat im Unterschied zu damals die europaweite ungehinderte Marktausweitung stattgefunden. Sie sollte auch nicht durch protektionistische Renationalisierungsmaßnahmen zurückgedreht werden. Aber daher muß nach klassischer Schlußregel – argumentum a maiore ad minus – jetzt erst recht die Notwendigkeit für „a strong Community Government which would shield its inhabitants",[505] anerkannt werden.

Der „Schutz der Einwohner" von wirtschaftlich in eine Randlage geratenen Regionen muß gleichwohl nach Prinzipien erfolgen, die die Marktlogik beachten. Nicht jede Regionalpolitik ist per se als erfolgversprechend und angemessen zu qualifizieren. Insofern können auch skeptische Bemerkungen zur Erfolgsträchtigkeit, die auf vergangenen Erfahrungen beruhen, durchaus berechtigt sein.[506] Sie können freilich an dieser Stelle nicht systematisch überprüft werden. Vor allem müßten unterschiedliche Erfahrungen in den einzelnen Ländern mit unterschiedlichen Programmen berücksichtigt werden. Dabei wird man mit ordnungspolitischen Differenzen zu rechnen haben, die jedoch der Offenlegung bedürfen, um sie konsensorientiert ausdiskutieren zu können. Einiges davon wird noch im folgenden bei der weiteren analytischen Zerlegung von Gemeinschaftspolitiken aufzuzeigen sein.

---

504 *Kaldor* (Dynamic Effects), S. 64.
505 ibid., S. 78.
506 So *Griffiths* (Fn. 501), S. 102 über die britische Regierungspolitik: „post-war evidence in Britain on the success of regional policy is hardly an encouragement for an extension of its use".

III. Sektorpolitiken

1. Industriepolitik als eigenständer EG-Handlungsbereich

Der Begriff „Industriepolitik" kommt in der Nomenklatur des EWG-Vertrags nicht vor; [507] gleichwohl aber werden bezüglich spezieller Sektoren mit Agrar- (Art. 39) oder Verkehrspolitik (Art. 74) [508] wichtige EG-(Staats-)Kompetenzbereiche genannt. Darüber hinaus unterliegen rechtlich gesehen durch EGKS- und EURATOM-Vertrag bedeutsame Wirtschaftssektoren der staatlichen Verantwortung auf EG-Ebene.

Gerade Fragen der industriellen Entwicklung stehen allerdings heute unter erschwerten wirtschaftlichen Bedingungen im Zentrum der Überlegungen zur Überwindung der ökonomischen Schwierigkeiten der Gemeinschaft. Wer von Wirtschaftsunion redet, meint neben der global ansetzenden kurz- und mittelfristigen Wirtschaftspolitik eben nicht zuletzt Gemeinschaftspolitiken in diesem Bereich. Staatliches Handeln steht freilich in der Industrieförderung unter einem speziellen ordnungspolitischen Dilemma. Einerseits will Industriepolitik zur Realisierung der gesamtwirtschaftlichen Kostenvorteile industrieller Großproduktionen beitragen, andererseits steigt mit der zunehmenden Größe der Unternehmen auch das Risiko der Wettbewerbsbeeinträchtigung und der Machtkonzentration. Die wissenschaftliche Befassung mit der „Frage der Kompatibilität von nicht-konstanten Skalenerträgen und Wettbewerbsgleichgewicht", [509] die schon mehr als ein halbes Jahrhundert – streitig – andauert, konnte nur die Problemdimensionen präzisieren, das Abwägungsproblem im Einzelfall der Politik jedoch nicht abnehmen. Immerhin läßt sich jedoch konstatieren, daß die Vertreter einer solchen Dilemmathese mehr zur mittleren unserer drei entwickelten ordnungspolitischen Grundpositionen zu rechnen sind. Dies ergibt sich insbesondere aus Argument (c) der dort aufgeführten Liste [510] zur Rechtfertigung staatlicher Verantwortung im Wirtschaftsprozeß.

Eine darauf beziehbare Grundsatzdebatte zwischen den Vertretungen der Mitgliedstaaten fand Mitte 1978 statt. Auslöser war ein „Memorandum zur EG-Strukturpolitik in der gewerblichen Wirtschaft", das als Reaktion auf die Diskussion über sektorenspezifische Regelungen für einzelne Branchen der Gemeinschaft von der deutschen Delegation dem Rat vorgelegt wurde. Man befürchtete, daß „eine Häufung derartiger Brancheninterventionen die Wettbewerbsfähigkeit der Gesamtwirtschaft stark beeinträchtigen" [511] würde. Daher wurden für die Gemeinschaft und die Mitgliedstaaten Grundsätze für ihre Politik

---

507 Dazu grundlegend *Everling* (Rechtsfragen einer Industriepolitik); ebenso einführend das (Kommissionsmemorandum zur Industriepolitik) vom März 1970.
508 Beide Bereiche werden in diesen mit exemplarischen Belegen versehenen Arbeiten nicht vertieft behandelt, obwohl sie gleichermaßen für eine ordnungspolitische Analyse geeignet sind.
509 (Wettbewerbstheorie), S. 19; dieser Sammelband gibt einen hervorragenden Überblick aller Theorierichtungen zu diesem Thema.
510 Siehe oben S. 91.
511 (Strukturpolitik-Memorandum/BR Deutschland), S. 1.

im Bereich der gewerblichen Wirtschaft formuliert und zur Orientierung vorgeschlagen. Die wichtigsten Leitsätze [512] lauteten:
- die Bewältigung notwendigen Strukturwandels ist in erster Linie Aufgabe der Unternehmen
- Gemeinschaft und Mitgliedstaaten können den Unternehmen nicht vorgeben, welches die „richtigen" Strukturen sind
- die Aufgabe, die Märkte offenzuhalten und weiter zu öffnen, müsse im nationalen, im Gemeinschafts- und im internationalen Rahmen konsequent verfolgt werden
- die Entwicklung fortgeschrittener Technologien sollte auch in Zukunft durch die Gemeinschaft erfolgen
- regional- und sozialpolitische Maßnahmen der Gemeinschaft und der Mitgliedstaaten können den Strukturwandel „flankieren", wenn sie Infrastrukturverbesserungen, Ersatzarbeitsplätze sowie die Mobilität der Arbeitnehmer fördern
- der Einsatz knapper öffentlicher Mittel für strukturkonservierende Maßnahmen (es folgen Einzelhinweise für die Finanzinstrumente der Gemeinschaft: Regional-, Sozialfonds und Darlehen der EIB) müsse vermieden werden
- befristete Übergangsregelungen können wegen der z.Zt. großen Beschäftigungsprobleme in eng begrenzten Ausnahmefällen zugelassen werden, wenn sie als Hilfe zur Selbsthilfe dienen

Dies ist unschwer als im ordoliberalen Geiste Verfaßtes zu klassifizieren. Darüber hinaus bezog die deutsche Bundesregierung konkret Stellung zu den von der Kommission und anderen Mitgliedstaaten erwogenen Maßnahmen zur Krisenbekämpfung in den noch im folgenden detaillierter zu behandelnden Problemsektoren.

Sie kritisierte die immer häufigere Anwendung des Art. 115 EWGV, Absprachen zur Kapazitäts- und Produktionsplanung und zur Marktaufteilung, Eingriffe in die Preisbildung und als Anpassungshilfen deklarierte Erhaltungssubventionen. [513] Die Kommission wurde aufgefordert, „nachdrücklicher als bisher gegen derartige Beihilfen vor[zu]gehen." [514] Auch die im Grenzbereich zwischen unserer zweiten und dritten Konzeption liegende Forderung nach Institutionalisierung von „Gesprächsrunden für bestimmte Branchen ..., insbesondere Branchenausschüsse" wurden überaus skeptisch beurteilt. Statt dessen wurde die „notwendige Konzertierung der Sozialpartner auf Gemeinschaftsebene ... in sektorübergreifendem Rahmen, vor allem in der Dreierkonferenz im Wirtschafts- und Sozialausschuß" präferiert. [515] Die Reaktion aus den anderen Mitgliedstaaten war überaus zurückhaltend. Der britische Handelsminister übte gar „scharfe Kritik an den ‚Moralpredigten'... über die Vorzüge der freien Marktwirtschaft" [516] und warf der Bundesrepublik vor, selbst nicht nach den von ihr proklamierten Grundsätzen zu leben, wie ihre Landwirtschaftspolitik zeige. Das Memorandum wurde praktisch von allen Mitgliedstaaten außer Dänemark zu-

---

512 ibid., S. 2 ff. 513 ibid., S. 8 f.
514 ibid., S. 9. 515 beides ibid., S. 10.
516 Südd. Zeitung v. 12. 5. 1978, S. 25.

rückgewiesen. Selbst das den Prinzipien eines freien Welthandels verschriebene britische Wirtschaftsmagazin „The Economist" empfand den deutschen Vorstoß als überzogen. Unter der Überschrift „And protect us from anti-protectionists" hieß es: „Nobody likes protectionism, but the commission and most of the Nine, take the view that in chaotic world markets such as steel, textiles and shipbuilding some controls are inevitable to curb price-cutting, dumping and ever-rising state subsidies."[517]

Immerhin setzte die Kommission die wichtigsten Anregungen in eine „Beistandsphilosophie"[518] um, wobei kommissionsintern die Konfliktlinien des Basisdilemmas eine ressortspezifische Verstärkung erfuhren. Der für die Wettbewerbspolitik (Generaldirektion GD IV) zuständige Kommissar befürchtete, „daß ein grundsätzliches Anerkenntnis staatlicher Hilfsnotwendigkeiten in solchen bestimmten Industriesektoren auf andere Bereiche automatisch übertragen werden könnte." Das für die GD III (Binnenmarkt und gewerbliche Wirtschaft) zuständige Kommissionsmitglied hielt hingegen weitgehende Marktregulierungsmaßnahmen[519] für notwendig. Im Verein mit dem Grunddissens im Rat muß dies zur weitgehenden Wirkungslosigkeit sowohl der durchaus erwägenswerten Richtlinienbeschlüsse wie auch der möglicherweise sinnvollen Marktstabilisierungsmaßnahmen führen. Damit leidet natürlich auch die Autorität der EG-Organe und der Glaube an ihre Handlungsfähigkeit.

2. Stahlindustrie

Die EG-Stahlkrise des Jahres 1980 bietet umfängliches Anschauungsmaterial für das Aufeinanderstoßen unterschiedlicher ordnungspolitischer Betrachtungsweisen. Allerdings ist der Stahlbereich ein Sonderbereich, der insoweit einer differenzierten Betrachtung bedarf, als er Merkmale von Cobweb-Angebots-Nachfragestrukturmustern aufweist und auch produktionstechnische „economies of scale" eine erhebliche Rolle spielen. Nach unserer mittleren Position (Argumente b unc c)[520] indiziert dies Staatsverantwortung, die eine reine privatwirtschaftliche Lösung nicht zuläßt. Andere Positionen können dazu führen, daß man sich selbst in Widersprüche verwickelt.

Diesen Eindruck vermittelte das Vorgehen der deutschen Regierung im Oktober 1980, als sie sich im marktwirtschaftlichen Sinne konsequent gegen die nach Art. 58 EGKS-Vertrag vom EG-Ministerrat zu billigende Einführung eines (Produktions-)Quotensystems wandte. Ausgangspunkt war eine – unstreitig krisenhafte – Unterauslastung der Stahl-Kapazitäten in der gesamten Gemeinschaft.[521] Alle anderen Länder waren mit der Ausrufung der „offensichtlichen

---

517 The Economist v. 6. 5. 1978, S. 60.
518 Südd. Zeitung v. 16. 5. 1978, S. 19; daraus auch das Folgezitat.
519 Unter anderem wurde die Forderung des EG-Kommissars *Davignon* nach einem „europäischen Frühwarnsystem zur Erkennung von Strukturkrisen" gemeldet; vgl. Handelsblatt v. 24. 5. 1978, S. 2.
520 Siehe S. 51.
521 Die Kommission meldete einen Rückgang des Auslastungsgrads der Stahlunternehmen von 70 % im 2. Quartal auf 58 % im September 1980, kurz vor Verabschiedung der Entscheidung „zur Einführung eines Systems von Erzeugungsquoten für Stahl für die Unternehmen der Stahlindustrie"; ABl. Nr. L 291/1.

Krise" durch die Kommission einverstanden, die die in der Tat dirigistischen Rechtsfolgen des Art. 58 EGKS-Vertrag mit sich brachte.[522] Allerdings bestand die Alternative nicht in einer Wahl zwischen staatlicher Marktregulierung und freiem verbraucherfreundlichem (Leistungs-)Wettbewerb, sondern zwischen einem privaten Erzeugerkartell mit Produktions-, aber vor allem auch Preisabsprachen, und einer staatlichen Kontrolle, die – nach den Kriterien des „fiscal federalism" – auf höchster Ebene, der EG, anzusiedeln ist. Denn der Stahlmarkt hat unzweifelhaft eine europaweite Dimension; es müssen sogar mögliche Störungen aus dem weltweiten Handel berücksichtigt werden. Insofern scheidet eine nationale Problemlösungsperspektive von vornherein aus. Ausgehend von den beschriebenen wirtschaftspolitischen Präferenzen und Strukturbesonderheiten war es zweifellos nicht überraschend, daß Frankreich als Vorreiter der Forderung eines „Krisenmanagements bei Stahl"[523] auftrat. Schon unter der damaligen Regierung Barre war durch die weitgehend in Beteiligungen umgewandelten Darlehen an die Stahlkonzerne Usinor und Sacilor die Stahlindustrie voll unter staatlicher Kontrolle; ähnlich ist es in Großbritannien, und ähnlich war die Reaktion. Die staatliche British Steel Corporation „drohte der Branche mit Preiskrieg, falls die übrigen europäischen Stahlfirmen nicht den von Brüssel vorgeschlagenen Preis- und Produktionskontrollen zustimmen sollten."[524]

Die in Privathand befindliche deutsche Stahlindustrie sprach sich gegen den Brüsseler Krisenplan aus. Der größte private Stahlkonzern des Kontinents, die Thyssen-AG, erklärte: »Wir halten nach wie vor den Krisenartikel 58 nicht für geeignet, das Stahlproblem in Westeuropa zu lösen. Im Gegenteil, der Artikel 58 ist ohne die anderen Krisenartikel 61 (Mindestpreise) und 74 (Importbegrenzung) wirkungslos. Das gesamte Paket würde aber den Stahlmarkt in einen totalen Dirigismus und durch zu erwartende Gegenmaßnahmen anderer Länder den Welthandel in größte Spannungen bringen."[525] Daher votierte man für eine „freiwillige Lösung" der Stahlunternehmen, die allerdings wegen Streitigkeiten innerhalb der deutschen Stahlindustrie nicht zustande kam.[526]

Die Bundesregierung hatte sich auf europäischer Entscheidungsebene voll den Standpunkt der deutschen Stahlindustrie zu eigen gemacht, die überdies von den Sozialpartnern in völliger Einigkeit gestützt wurde. Im Beratenden EGKS-Ausschuß, der nach Art. 58 EGKSV ebenfalls angehört werden muß, stimmten auch die deutschen Arbeitnehmervertreter mit der (deutschen) Arbeitgeberseite und sahen sich einer erdrückenden Mehrheit aus allen anderen

---

522 Dazu erhellend die Einzelheiten der o. a. Entscheidung der Kommission v. 31. 10. 1981; z. B. die Ausdifferenzierung der Erzeugnisgruppen, die Zeitraumprobleme, die Berechnung von Abschlagsätzen, die Formen der internen Produktions- und der externen Einfuhrkontrolle etc.
523 Südd. Zeitung v. 7. 10. 1980, S. 25; der Staatssekretär im französischen Industrieministerium erklärte, daß für die Kommission jetzt die Stunde gekommen sei, „um aus der Unordnung des Marktes die notwendigen Lehren zu ziehen und alle Mittel einzusetzen, die ihr der Montanunion-Vertrag ermöglicht".
524 ibid., in einer weiteren Meldung.
525 Südd. Zeitung v. 8. 10. 1980, S. 31.
526 Die Klöckner-Werke schieden sogar aus der Deutschen Wirtschaftsvereinigung Eisen und Stahl zum 30. 9. 1980 aus.

EG-Mitgliedstaaten gegenüber.[527] Sie hatten dafür aus ihrer (Interessenten) Sicht gute Gründe.[528]
Im Ausland allerdings schwächte der doch so zu offensichtlich reine Interessenstandpunkt das Eintreten der Bundesrepublik für liberale Prinzipien. In einem Editorial einer bekannten Brüsseler Nachrichtenagentur hieß es etwas süffisant: „On peut être dirigiste et centralisateur par principe, ou par nécessité. On peut être ‚libériste' respectueux de l'économie de marché, et donner la primauté à la concurrence. Mais le choix le moins heureux serait de se dire libéral et de laisser que s'installe à nouveau (l'histoire de la sidérurgie européenne, nous la connaissons tous très bien) une politique de cartellisation. Un beau cartel européen de l'acier, organisé et géré par les producteurs, à l'abri de tout regard indiscret des autorités publiques – en l'occurence de la Commission Européenne – et des utilisateurs, assorti d'interventions ‚sociales' à la charge de ces mêmes autorités publiques, quoi de plus intéressant?"[529]
Dem unvoreingenommenen Beobachter scheint da doch ein Defizit an ordnungspolitischen Differenzierungen in der Gesamtkonzeption zu bestehen.[530] Es hat jedoch wenig Sinn, sie aus der Sicht eines Landes zu entwerfen, sondern es bedarf einer gemeinschaftsbezogenen Perspektive, da der Marktverbund auch gemeinschaftsweit existiert.

3. Energiesektor

Die Lösung der aktuellen Energieprobleme stellt eine weitere Herausforderung dar, die auf europäischer Ebene angegangen werden muß und auch angegangen wurde. An „Sachzwängen" für eine gemeinsame EG-Energiepolitik listete eine Studie von Michaelis 1975 folgende 9 Punkte auf:[531]
(a) die Notwendigkeit einer Abschirmung gegen ruinöse Ölpreissenkungen (die technischen Förderkosten in Nahost und Afrika machen nur einen geringen Teil der gegenwärtigen fob-Preise aus)
(b) Notwendigkeit der Entwicklung neuer Rohstofftechnologien (Forschung und Entwicklung auf diesen Gebieten sind überaus langwierig und zu kostspielig für einzelne Länder)
(c) Notwendigkeit der Anlage von Vorräten (stockpile) zur Sicherung gegen unvorhergesehene Versorgungsunterbrechungen
(d) Notwendigkeit, auf die internationalen Ölgesellschaften einwirken zu können
(e) Mitwirkung der hoheitlichen Instanzen bei internationalen Verhandlungen über Ölfragen

---

527 Handelsblatt v. 20. 10. 1980; das Abstimmungsergebnis 47 : 19 (alles deutsche Stimmen).
528 Die deutsche Stahlindustrie hatte durch erhebliche Investitionen und auch durch Personalabbau erhebliche Rationalisierungserfolge erzielt; diese unbestreitbare Leistung war sicher ein unbequemerer Weg als der, der in vielen anderen Ländern mit permanenten Milliarden-Subventionen gegangen worden war.
529 Europe-Agence International d'Information pour la Presse, v. 10. 10. 1980.
530 Siehe dazu auch den Diskussionsbericht *Zippel* über eine Tagung zu diesem Thema (Industrie- und Strukturpolitik in der EG), S. 28 ff.
531 *Michaelis* (Energiemarkt und Energiepolitik), S. 58 ff.

(f) Notwendigkeit der Absicherung gegen Dumpingpreise von Erzeugnissen, in die diskriminierend niedrige Energiekosten eingehen (z. B. Hüttenwerke)
(g) Schwierigkeiten bei der Erfüllung der Verpflichtungen aus bi- oder trilateralen Kooperationsabkommen (sog. Dreiecksgeschäfte)
(h) Ausführung von Beschlüssen innerhalb des „Nord-Süd-Dialogs"
(i) Probleme aus dem Zufluß von Petro-Dollars insbesondere im Hinblick auf die Zahlungsbilanzen und die Währungsschwankungen

Zu einer einheitlichen EG-Energiepolitik hat dieser Problemdruck freilich nicht geführt. Lösungen werden z. T. bilateral, z. T. außerhalb der EG-Institutionen gesucht. So in der Internationalen Energieagentur (IEA), an deren Programmen allerdings Frankreich nicht beteiligt ist.[532] Versuche, im (Energieminister-)Rat der EG zu einer gemeinsamen Strategie zu gelangen, scheiterten. So zuletzt Mitte 1979, als die französische Regierung vorschlug, die Ölpreise direkt zu regulieren und die EG-Länder zu verpflichten, Öl nicht zu einem über den offiziellen Abgabepreisen liegenden Satz zu importieren. Die BR Deutschland und Großbritannien sprachen sich jedoch klar gegen Preiskontrollen aus. Mit ihnen befürchtete die Mehrheit der EG-Länder bei derartigen Markteingriffen eine Ableitung der Ölmengen von den freien europäischen Märkten.[533] 6 Jahre zuvor waren bei genau gleicher Konstellation und aus gleichen Gründen Bemühungen um eine gemeinschaftliche Energiepolitik gescheitert. In den Beratungen des Ministerrats im Mai 1973 „zeigte sich, daß die dirigistische Konzeption der französischen Regierung nicht mit der liberalen Konzeption der übrigen Mitgliedstaaten zu vereinbaren war."[534]

Auch der Energiemarkt ist ein Sonderbereich; gebundene Leitungswege in der Elektrizitäts- und Gaswirtschaft, die aus technischen und wirtschaftlichen Gründen notwendigerweise großen Betriebseinheiten und Spezialprobleme, die bei der Nutzung von Kernenergie entstehen,[535] lassen im Bereich der Versorgungswirtschaft wegen der technischökonomischen und institutionellen Besonderheiten einen voll am Wettbewerb orientierten Ordnungsrahmen nicht möglich[536] erscheinen. In der Tat herrschen in allen Ländern mono- und oligopolisti-

---

532 Die IEA ist eine im Rahmen der OECD geschaffene Institution (Sitz Paris), die mit der Durchführung des Internationalen Energie-Programms (IEP) beauftragt ist. Das IEP ist 1974 mit einer Laufzeit von 10 Jahren von den wichtigsten Ölverbraucherländern (USA, Kanada, Japan, alle EG-Staaten außer Frankreich, Österreich, Schweden, Schweiz, Spanien, Türkei, Neuseeland, Norwegen als assoz. Mitglied) unterzeichnet worden. Vgl. *Schmitt* (Von der Konfrontation zur Kooperation), S. 248, auch *Michaelis* (Europapolitik und Energiepolitik), S. 27, der dort eine konkrete Entscheidungsblockierung – Mindesteinfuhrpreis für Öl – wegen der Nichtmitgliedschaft Frankreichs in der IEA anführt.
533 Vgl. Südd. Zeitung v. 19. 6. 1979, S. 15.
534 *Michaelis* (Fn. 531), S. 34.
535 Einzelheiten in (Kernenergie) insbesondere zur Proliferationsgefahr und allgemeinen Sicherheitsproblemen.
536 So auch im Grundsatz in der BR Deutschland voll anerkannt; siehe z. B. den Bericht der Bundesregierung über die Ausnahmebereiche des Gesetzes gegen Wettbewerbsbeschränkungen, Btdrs. 7/3206, S. 39 f (Ziff. 135).

sche Angebotsstrukturen vor, die aber – so Michaelis – in „von Land zu Land unterschiedlichen Ordnungssystemen" eingebunden sind und in der EG zu einem „Nebeneinander von Unternehmen, die auf privatwirtschaftlicher Grundlage betrieben wurden und von Unternehmen, die einem bestimmenden Einfluß des Staates unterliegen",[537] geführt hat.

Die Auswirkungen dieses Umstandes auf die Versuche der EG, zu einer einheitlichen Politik zu gelangen, scheinen eindeutig zu sein. Nehmen wir das Beispiel Kernenergie und die Möglichkeiten, die im Grundsatz der EURATOM-Vertrag bietet. Es könnte eine durchaus sinnvolle und wichtige Aufgabe der Gemeinschaft sein, den Kernbrennstoffkreislauf europaweit sicherzustellen, denn „die Gemeinschaft ist heute in einer Verteidigungsposition gegenüber den USA und den Uranlieferländern Kanada und Australien". Aber „hierzu braucht sie innere Einigkeit, die nicht vorhanden ist".[538] Die Gründe dafür liegen sicherlich mit in der Tatsache, daß Frankreich und Großbritannien Atomwaffenstaaten sind und die anderen acht Mitgliedstaaten nicht. Sie liegen aber auch darin, „daß Frankreich, England und Italien eine staatlich organisierte Energiewirtschaft haben, während wir [i. e. die BR Deutschland, d. Verf.], aber auch Holland und Belgien, auch auf dem Energiegebiet marktwirtschaftlich orientiert sind."[539]

Ganz generell hat dies bezüglich der im konkreten Entscheidungsprozeß relevanten Einzelheiten bestimmter Politikmaßnahmen wie Sicherheitsanforderungen, Mindest- oder Höchstpreise, Lagerbevorratungsmodelle u. dergl. unterschiedliche „Durchgriffsmöglichkeiten" der staatlichen Entscheidungsträger zur Folge.[540] Die Fähigkeit, verbindliche Beschlüsse im EG-Ministerrat herbeizuführen und glaubwürdig mitzutragen, ist somit unterschiedlich ausgeprägt.

Gerade im Bereich der Energieversorgung darf bei der Wahl des zu bevorzugenden Ordnungsmodells nicht dogmatisch vorgegangen werden. Der Staatsrechtler Krüger hat darauf Mitte der sechziger Jahre in einer ähnlichen Grundsatzdebatte für die BR Deutschland hingewiesen.[541] Diese Gedanken bedürfen lediglich der Übertragung auf ein jetzt größeres Gemeinwesen.

---

537 *Michaelis* (Fn. 532), S. 20.
538 So ein Vertreter der Kernenergieindustrie auf einer Tagung des AEI, siehe den Sammelband (Kernenergie), S. 49.
539 ibid., S. 49; ebenso in (EU als Prozeß), S. 97 f im Abschnitt über die Energiepolitik; „Daß es sich dabei bei den privatwirtschaftlichen Unternehmen meist um multinationale Unternehmen handelt, hätte an sich gemeinschaftliche Lösungen eher begünstigen müssen; dies wurde jedoch wiederum durch unterschiedliche Vorstellungen über das auf dem Energiesektor notwendige Maß an staatlicher Lenkung verhindert."
540 Bereits die zur Abwicklung des Krisenprogramms der IEA eingeführte Informationspflicht für die Mineralölwirtschaft hatte bei dieser „erhebliche Vorbehalte" ausgelöst; siehe *Schmitt* (Fn. 532), S. 251.
541 *Krüger* (Fn. 456), S. 26; dort finden sich Erwägungen, die „die Entscheidung für das Öffentliche Unternehmen erzwingen".

4. Chemiefaserindustrie

Ähnlich wie im Stahlsektor ist die Lage in der Chemiefaserindustrie seit mehreren Jahren durch erhebliche Überkapazitäten gekennzeichnet. Da der Chemiefasermarkt zweifelsohne mindestens europäische, wenn nicht gar schon weltweite Dimensionen aufweist, war auch statt der nationalen mindestens die europäische politische Handlungs- und Entscheidungsebene Adressat der von dieser Strukturkrise Betroffenen. Im Mai 1978 erklärte ein Sprecher der Branche, daß die deutsche Chemiefaserindustrie nicht imstande sei, aus eigener Kraft mit Überkapazitäten von rd. 30 % fertig zu werden. Sie sähe sich gezwungen, auf europäischer Ebene politische Lösungen auf Wegen zu suchen, die den eigenen Vorstellungen von Wirtschaft und Wettbewerb „eigentlich nicht entsprechen".[542] Dies hieß im Klartext, daß ein Kartell der Erzeuger für einen geordneten Kapazitätsabbau einzurichten war, und zwar möglichst mit Unterstützung der politischen Instanzen, hier also der EG. Am 20. Juni 1978 unterzeichneten auch tatsächlich die 11 größten Chemiefaserproduzenten der Gemeinschaft eine Vereinbarung über eine 15%ige Kapazitätsreduzierung. Obwohl dies auf Anregung des Industriekommissars Davignon und sogar in einem „meeting room provided for them [i. e. für die privaten Kartellbeteiligten; d.Verf.] by the European Commission" stattfand,[543] war später eine erhoffte Zustimmung der Kommission nicht erreichbar. Der interne Dissens[544] um die Auslegung des hier einschlägigen Art. 85 EWGV endete im November 1978 mit der Entscheidung der Kommission, daß die Kartellvereinbarung in der vorgelegten Form mit dem EWG-Vertrag nicht vereinbar ist.[545]

Dies wiederum war sicher auch auf die von den nationalen Regierungen indirekt ausgeübte Beeinflussung „ihrer" Kommissare zurückzuführen. Jedenfalls gab es „Bonner Vorbehalte gegen das Chemiefaser-Kartell",[546] und die deutschen Kommissare waren auch die konsequentesten Gegner[547] der vom Industriekommissar immerhin zunächst unterstützten Lösung. Ganz offensichtlich waren die wettbewerbsrechtlich wesentlich engeren Bestimmungen des deutschen GWB über die Zulässigkeit von Strukturkrisenkartellen orientierend für die Meinungsbildung gewesen.

Trotz der Erklärung, daß der Kartellvertrag nicht den Wettbewerbsregeln des EWGV entsprechen würde, entfaltete diese Vereinbarung eine gewisse Wirkung. Denn es war der Kommission andererseits nicht möglich, eine interne Einigung über die Einleitung rechtlicher Schritte gegen die 11 Vertragsunterzeichner herbeizuführen. So wurde Mitte 1979 eine bessere Auslastung der durch An-

---

542 Nach Südd. Zeitung v. 26. 5. 1978, S. 27.
543 Nach Multinational Service / European Publications, III The National and Regional Contexts, No. 37 v. 28. 6. 1978; dort auch die Einzelheiten des Kartellvertrags.
544 Der Economist v. 29. 7. 1978, S. 44 sprach von einer „rebellion inside the commission".
545 EG-Magazin, Heft 12/1978, S. 17.
546 Südd. Zeitung v. 23. 7. 1978, S. 23 und am 27. 7. 1978, S. 8.
547 Nach The Economist v. 29. 7. 1978, S. 44; wiederholt am 11. 11. 1978, S. 58, inzwischen hatte sich auch der „Wettbewerbskommissar" *Vouel* explizit gegen den *Davignon*-Plan ausgesprochen.

lagenabbau verringerten Kapazitäten gemeldet. ⁵⁴⁸ allerdings mußten wenig zuvor auch die der Marktlogik entsprechenden, weniger positiven Nebenwirkungen hingenommen werden, denn „Stricker und Wirker klag[t]en über [den] Chemiefaserpreis". ⁵⁴⁹

Eine nachhaltige Lösung der Gesamtproblematik ist freilich bis heute nicht in Sicht, da ein Gesamtkonzept nicht vorliegt und vor allem nicht durchsetzbar erscheint. Offensichtlich sind auf politischer Ebene zu viele Handlungsträger beteiligt, die eine mutige Entscheidung für den europäischen Gesamtmarkt mit begrenzter Nachfrage und begrenzter Anbieterzahl verunmöglichen. Im August 1981 jedenfalls war der Problemstand wie bei Stahl „overcapacity, ageing plant, glutted markets, weak prices, heavy losses and an endless outpouring of taxpayer's money". ⁵⁵⁰

Solange in einem Marktverbund von den Staaten unterschiedliche Krisenbekämpfungsrezepturen verordnet werden, d. h. die einen auf die Marktkräfte vertrauen, die den Ausgleich zwischen (zu hohem) Angebot und (zu geringer) Nachfrage herbeiführen sollen und die anderen auch erhebliche vom Staat zu tragende Verluste in Kauf nehmen, nur um Marktanteile zu halten, ist eine stabile Lösung nicht vorstellbar. Das Chemiefaser-Kartell ist nur ein weiteres, wenn auch vielsagendes Beispiel, wie „der Gemeinsame Markt durch die Unterschiede, die zwischen den Industriepolitiken der Gemeinschaft aufgrund ihrer ordnungspolitischen Vorstellungen bestehen, beeinträchtigt" wird. ⁵⁵¹

5. Textilindustrie

Der Textilsektor gehört ebenfalls zu den Problembranchen der Gemeinschaft mit unausgewogener Marktlage. Das Hauptaugenmerk liegt hier weniger auf der internen EG-Gesamtkapazitäts- und Produktionsstruktur, sondern auf dem externen Marktdruck der Anbieter aus Drittstaaten. Da die EG für die gemeinsame Handelspolitik vertragsgemäß voll zuständig ist, richten sich sowohl die Schutzwünsche der betroffenen Produzentenlobby als auch die entgegengesetzten Öffnungswünsche des Handels an die Gemeinschaft. Diese Interessentenforderungen sind zunächst unabhängig von der nationalen Zugehörigkeit gleichgerichtet. Dennoch ergeben sich interessante Abstufungen in der Binnenstruktur des Forderungsvortrags. Greifen wir hier nur die beiden deutschen (Markt-) Seiten mit ihren Stellungnahmen zum Protektionsproblem heraus. Konkreter Anlaß sind dabei die von der EG zu führenden Verhandlungen über die Einzelheiten des Welttextil-(auch Multifaser-)abkommens. Einerseits wird im Grundsatz die immer welthandelsoffene, antiprotektionistische Grundhaltung bundesdeutscher Regierungspolitik ihrem Eigeninteresse entsprechend voll vom Handel geteilt und möglicherweise Kritik an der Gemeinschaft in diesem Sinne überzeichnet. ⁵⁵² Auf der anderen Seite aber ist die aus Absatzgründen weitaus stär-

---

548 Südd. Zeitung v. 6. 6. 1979, S. 22 (Überschrift).
549 Südd. Zeitung v. 29. 3. 1979, S. 25.
550 The Economist v. 8. 8. 1981, S. 17.
551 So *Everling* (Die EG nach den Gipfelkonferenzen), S. 132
552 So etwa der Präsident der deutschen Außenhandelsvereinigung des deutschen Einzelhandels (AVE) im Vorfeld anstehender Welthandelskonferenzen mit der Bemer- →

ker an Schutzmauern gegenüber Drittstaaten interessierte deutsche Textilindustrie sehr vorsichtig in der Art der Formulierung ihrer Protektionsinteressen. So suche sie „keineswegs in der totalen Abschottung von Einfuhren ihr Heil", aber „gegen die weiter steigenden Wettbewerbsverzerrungen im textilen Welthandel müsse sie Protest einlegen".[553] Gemeint sind angebliche oder tatsächliche Dumpingpreise und Exportsubventionen, die diese ermöglichen. Ganz offensichtlich muß das Vorbringen eigener Interessen innerhalb der BR Deutschland immer innerhalb des vorherrschenden Paradigmas erfolgen. Während in anderen Ländern durchaus direkt Importschutz ganz gleich welcher Art gefordert werden kann, muß dies hierzulande indirekter und mit vergleichsweise höherer Beweislast für den Nachweis der Existenz von „Marktverzerrungen" erfolgen.

Diese sieht die (deutsche) „Gesamttextil" im übrigen auch innerhalb der EG als gegeben an und klagt daher regelmäßig gegen den „Subventionswettlauf",[554] den wir als klassische Interpretation des im ersten Kapitel dargestellten tip-toeing-Effekts interpretieren können. Denn auf Dauer wird der Kampf um nationale Beihilfen den Textilsektor insgesamt nicht grundsätzlich besserstellen, sondern lediglich die öffentlichen Haushalte erheblich belasten.

Gelöst werden kann allerdings dieses Problem nur aus der Gesamtperspektive der EG, sowohl was die Beihilfen als auch was den Schutz vor Dritteinfuhren anbetrifft. Selbst der grundsätzlich welthandelsorientierte Economist hält die Forderung nach einer kohärenten Brüsseler Politik in dieser Hinsicht für ein richtiges Argument zur Kompetenzübertragung, denn „agreed EEC trade barriers may be a lesser evil than piecemeal protection from governments which only look beyond their own frontiers".[555] Einen Schritt weiter geht eine neuere wissenschaftliche Untersuchung, in der im Ergebnis die Besorgnis ausgedrückt wird, daß ein zu hohes Maß an Liberalität nach außen die Märkte im Inneren nachhaltig erodieren kann.[556] Bei der öffentlichen Vorstellung der Studie äußerte der Sprecher der Forschergruppe „European Research Associates" die Befürchtung, daß der Freihandel Europas Wirtschaft zerstöre und daher (nur vorder-

---

→
    kung, insbesondere die EG in Brüssel sorge mit ihrem Verwaltungsdirigismus und ihrem versteckten Protektionismus dafür, daß vor allem die Textil- und Bekleidungseinfuhren aus Fernost nicht mehr wie bisher auf den Markt kommen. Der Verbraucher habe die Richtung dieser Politik in Form von ständig steigenden Preisen zu zahlen; nach Südd. Zeitung v. 15. 9. 1979, S. 36. Die Kritik wurde erneuert, als die von den Gewerkschaften dieser Branche unlängst vorgetragene These einer „bedrohlichen Importwelle" abgelehnt wurde; nach Südd. Zeitung v. 19. 7. 1981, S. 35.

553 Hier der Präsident des Gesamtverbands der Textilindustrie (Gesamttextil); nach Südd. Zeitung v. 30. 1. 1978, S. 18.

554 z. B. als die belgische Regierung Textilunternehmen des eigenen Landes mit Investitionshilfen und zinslosen Darlehen zu fördern beabsichtigte; nach Südd. Zeitung v. 9. 4. 1980, S. 22. Generell sind nach Art. 92 Abs. 1 EWGV wettbewerbsverfälschende staatliche Beihilfen grundsätzlich verboten; Ausnahmen werden allerdings in Abs. 2 und 3 genannt.

555 The Economist v. 14. 10. 1978, S. 119.

556 *Hager* (Protectionism in the 80ies), S. 54, seine Vorhersage: „a steady erosion of free markets domestically and in Europe, brought about by those who most firmly believe in the virtue of free enterprise and free trade".

gründig) paradoxerweise der Markt durch Abschirmung bewahrt werden müsse. Dies stehe sicherlich im Gegensatz zu der nach Hager in der Kommission vorherrschenden Grundauffassung, daß die Industrien – neben Textil wird Schiffbau, Elektronik und der Automobilsektor genannt – nach einer vorübergehenden Umstrukturierungs- und Anpassungsphase wieder voll konkurrenzfähig am Weltmarkt bestehen können. Hager führt diese Position primär auf den Einfluß der deutschen Regierung zurück.[557]

IV. Übergreifende Politikbereiche

1. Umweltschutzpolitik

Wir hatten im Kapitel über den denkmöglichen Erweiterungsspielraum Probleme der Effizienzverringerung einzelstaatlichen Handelns in interdependenten Volkswirtschaften kurz angesprochen und dabei unter „Nivellierungsprozesse staatlicher Regelungen bei unkontrollierter Marktintegration" beispielhaft auch Umweltschutznormen angeführt. Diese geraten bei hartem Wettbewerb und angespannter Wirtschaftslage ins Dispositionsfeld und somit außerhalb des Schutzes grundsätzlich unverrückbarer „Rahmenbedingungen", innerhalb derer sich der Wirtschaftsprozeß in geordneter Weise vollziehen soll. So besteht die Gefahr, daß eine vergleichsweise strenge Umweltpolitik eines Landes, die der eigenen Produktion entsprechende Kosten auferlegt, verwässert wird.[558] Denn wettbewerbspolitische Benachteiligungen führen regelmäßig zu heftigem Widerstand der Adressaten umweltpolitischer Auflagen. Bei gleichmäßiger Belastung aller Konkurrenten sind ökologisch notwendige Vorschriften jedoch leichter durchsetzbar. Die einzig adäquate politische Instanz für den europäischen Marktverbund sind natürlich die europäischen Gemeinschaften. Dies legt vor allem auch der Theorieansatz des Fiskalföderalismus – hier mit dem (negativen) Nutzeninzidenz-Kriterium – nahe. Sowohl der geoökologische wie auch der sozioökologische Verflechtungsgrad ist äußerst hoch,[559] so daß umweltbeeinträchtigende Handlungen/Produktionen in zunehmendem Maße grenzüberschreitende Auswirkungen für die Umweltmedien Boden, Wasser und Luft aufweisen.

Einen festen systematischen Ort für Umweltschutzpolitik gibt es in den EG-Verträgen nicht, allenfalls Anknüpfungspunkte im EGKS- und EURATOM-Vertrag.[560] Eine Ableitung kann immerhin aus dem übergeordneten Ziel des Gemeinsamen Marktes erfolgen,[561] der von jedweder unnötiger Verzerrung befreit werden soll. Um der erheblich gewachsenen Problemdimension gerecht zu werden, wurde darüber hinaus 1977 ein Vorschlag zur Ergänzung des EWG-

---

557 Nach Frankfurter Rundschau v. 30. 9. 1981 (Archivauszug ohne S.).
558 Darauf hat mit Nachdruck der Rat von Sachverständigen für Umweltfragen in seinem (Umweltgutachten 1978) Ziff. 1649/1651 hingewiesen.
559 Vgl. *Bungarten* (Umweltpolitische Aspekte), S. 166 ff.
560 Insbesondere Art. 3 und 55 EGKSV sowie das gesamte Kapitel III des EURATOMV("Der Gesundheitsschutz").
561 So im (Umweltgutachten 1978) Ziff. 1647.

Vertrags vorgelegt.[562] Neben Erweiterungen in Art. 3 und Art. 92 sollte im Dritten Teil („Die Politik der Gemeinschaft") zwischen der Wirtschaftspolitik und der Sozialpolitik ein neuer Titel III Umweltpolitik hinzugefügt werden. Ziel einer gemeinsamen Politik in diesem Bereich ist wieder zunächst das „Funktionieren des Gemeinsamen Marktes", dann die „Erhaltung und Förderung der natürlichen Umwelt" und die „Gewährleistung einer bestmöglichen Verwendung der natürlichen Hilfsquellen".[563]

Die prioritäre Inbezugsetzung von Umweltpolitik mit der Marktmechanik birgt allerdings erneut die Gefahr, daß die ökologische Zieleffizienz hinter der Förderung der rein ökonomischen Allokationseffizienz zurückbleibt. So wird oft auch frühzeitig vor der Gefahr gewarnt, daß der Umweltschutz als willkommener Anlaß zur Errichtung nichttarifärer Handelshemmnisse dient.[564] Zwar muß auf eine solche mögliche Zwecksetzung geachtet werden, aber leicht kann bei der Erstellung umweltschützender Produktnormen dieses Argument für andere Interessen instrumentiert werden.

Die Vereinheitlichung von Umweltschutz-Regeln durch die Gemeinschaft stößt freilich auf Grenzen. Die ökologische Belastung der einzelnen Mitgliedsländer ist unterschiedlich hoch. Während die BR Deutschland und Großbritannien Werte weit oberhalb der durchschnittlichen Belastungsdichte[565] aufweisen, liegt z. B. Frankreich weit unterhalb dieses Wertes. Bei Existenz ausreichender Reserven an Ausgleichsräumen wird ein Mitgliedstaat strenge Emissionsstandards nicht ohne weiteres mittragen.[566] Ein berücksichtigenswertes Argument kann im Einzelfall auch der erhebliche ökonomische Rückstand einzelner Regionen sein. In ihnen muß die politische Prioritätenstruktur naturgemäß und in nachvollziehbarer Weise anders gelagert sein als in den ökologisch hochbelasteten, aber prosperierenden Wirtschaftszentren. So stellte auch Italien den Antrag für einzelne Gebiete – vor allem den Mezzogiorno –, niedrigere Standards als die sonst geforderten festsetzen zu dürfen. Die Mehrkosten für Umweltschutzinvestitionen sollten zum Aufbauprogramm nicht erschwerend hinzukommen.

All dies erfordert Flexibilität in der Ausgestaltung der Regeln und auch den Verzicht auf allzu detailliertes Festschreiben überall gleichartig anzuwendender Umweltmaßnahmen. Aus Präventionsgründen und Vorsorgegesichtspunkten ergibt sich jedoch unzweifelhaft die Notwendigkeit, allgemeine Grundsätze und den wirtschaftlich Handelnden Grenzen aufzeigende Grobrichtwerte zentral

---

562 *Grabitz/Sasse* (Umweltkompetenzen der EG).
563 ibid., S. 79 (Art. 116 a).
564 Vgl. den Abschlußbericht der zweiten BAG (EU als Prozeß), S. 104; als Dilemma – für den Umweltschutz – auch erwähnt im (Umweltgutachten 1978) Ziff. 1649 mit Bezug auf das 1. Umweltaktionsprogramm der EG, in dem es heißt, umweltpolitische Fortschritte „müssen in einer Form verwirklicht werden, die das gute Funktionieren des Gemeinsamen Marktes nicht gefährdet" (ABl. der EG, Nr. C 112 v. 20. 12. 1973, S. 7).
565 Vgl. *Bungarten* (Fn. 559), S. 171; bei der Belastungsdichte handelt es sich um einen Kombinationswert aus Bruttosozialprodukt, Energiebedarf und Bevölkerungsdichte.
566 Aus diesem Grunde habe gerade Frankreich langfristige Qualitätsziele in den meisten Verhandlungen abgelehnt und nationale Lösungen vorgezogen, die regional und sogar lokal stark differieren; nach Bungarten, ibid., S. 170.

vorzugeben. Dabei ist zu berücksichtigen, daß die Europäische Gemeinschaft einen als Ganzes zu interpretierenden Wirtschafts- und Lebensraum darstellt, der in sich Arbeitsteilung und Nutzungsspezialisierung zuläßt. Damit wäre nicht ohne weiteres ein wenig belastetes Gebiet für emissionsträchtige Wirtschaftsaktivitäten freizugeben, wenn alternative Nutzungen – Fremdenverkehr u. ä. –, also komplementäre wirtschaftliche Lösungen denkbar sind.

Immerhin sind mit dem Vorsorgeprinzip, dem Prinzip der Vermeidung grenzüberschreitender Belastungen und dem Verursacherprinzip vom Umweltministerrat wichtige Grundsätze offiziell verabschiedet worden.[567] Bei der konkreten Ausgestaltung einzelner Programme ergaben sich bei selektiver Analyse keine ausgeprägten länderspezifischen Bevorzugungen marktnaher oder -ferner Umweltschutzinstrumente, die man entlang der Skala freiwillige Verhandlungslösungen (Coase-Theorem), Umweltnutzungslizenzen, Abgaben sowie direkte Auflagen gruppieren kann. In nahezu allen Ländern finden sich Beispiele für diese Maßnahmetypen oder wenigstens Mischformen aus ihnen.[568]

2. Regionalpolitik

Ebensowenig wie es bislang im EWG-Vertrag einen eigenständigen Abschnitt Umweltpolitik gibt, ist auch die Regionalpolitik in vertragssystematischer Hinsicht nicht hervorgehoben worden. Wohl liefert die Präambel mit der Zielformulierung, „den Abstand zwischen einzelnen Gebieten und den Rückstand weniger begünstigter Gebiete verringern" zu wollen, eine regionalpolitische Orientierung, ein ausdifferenziertes Instrumentarium wird damit indes nicht zur Verfügung gestellt. Für die Einrichtung eines Regionalfonds mußte daher Art. 235 EWGV bemüht werden.[569] Den entscheidenden politischen Anstoß gab die Pariser Gipfelkonferenz vom Oktober 1972, auf der die Einrichtung eines Fonds für Regionalentwicklung verbindlich vereinbart wurde.[570] Sowohl Italien wie Großbritannien als Länder mit den größten regionalen Disparitäten hatten die Forderung nach wirksamen Instrumenten der regionalen Solidarität vorgebracht. Insbesondere Großbritannien war erst aufgrund der Aussicht, erheblicher Nutznießer der neuen Mittel zu werden,[571] bereit, dem gleichzeitig bekräftigten Ziel zuzustimmen, eine Wirtschafts- und Währungsunion anzustreben.[572]

Dem lag die Überlegung zugrunde, daß ein für ungehinderte Markttransaktionen erweiterter Wirtschaftsraum nicht von selbst zum Ausgleich räumlicher Ungleichgewichte bezüglich ökonomischer Chancen und Leistungsergebnisse tendiert. Für die angelsächsische EG-Literatur stand außer Frage, „that once the process of integration [is] under way it [is] not difficult to see that it [is] likely to exacerbate the already existing problem of regional disparities."[573] Die Vor

---

567 (Umweltgutachten 1978), Ziff. 1654.
568 Siehe z. B. die Übersicht bei *Bungarten* (Umweltpolitik in Westeuropa), S. 297 ff.
569 Durch Verordnung (EWG) Nr. 724/75 des Rates vom 18. 3. 1975.
570 EA 21/1972, D 505.
571 Die derzeitige Mittelaufteilung sieht für Großbritannien mit 23,8 % und Italien mit 35,49 % die höchsten Sätze vor; vgl. Art. 2 der Verordnung (EWG) Nr. 214/79 des Rates vom 6. 2. 1979.
572 Neue Zürcher Zeitung v. 21. 10. 1972 [Archivauszug ohne S.].
573 Swann (Fn. 475), S. 166.

wendung der Fondsmittel muß nach bestimmten Kriterien erfolgen. Deren Festlegung war neben der Größenordnung der Finanzausstattung Kern langer Auseinandersetzungen,[574] die in dem gleichzeitig mit dem Fonds geschaffenen Ausschuß für Regionalpolitik[575] ausgetragen wurden.

Die potentiellen Nehmerländer neigten dazu, hohe Zuwendungsforderungen zu stellen, waren aber gleichzeitig wenig bereit, präzise, den eigenen Handlungsspielraum einengende Richtlinien und EG-zentrierte Überwachungsverfahren zu akzeptieren.[576] Im Wissenschaftsbereich wurde gleichwohl darauf hingewiesen, daß dies unumgänglich sei, um das sog. „Additionalitätsproblem"[577] zu umgehen. Damit ist das Risiko gemeint, daß die Mitgliedstaaten Zuweisungen aus diesem (und auch anderen, etwa den Sozial-) Fonds lediglich zur Deckung entstehender oder entstandener Defizite in ihren nationalen öffentlichen Haushalten verwenden und insoweit ein echter Steuerungseffekt aus der europäischen Gesamtperspektive nicht erkennbar würde. Insoweit wäre zwar die sicherlich angezeigte Umverteilungskomponente der EG-Regionalpolitik gestärkt; von echten EG-Förderungsprogrammen, die nach Maßgabe und Berücksichtigung anderer Politikbereiche im Rahmen einer kohärenten Gesamtkonzeption erstellt werden, könnte dann nicht die Rede sein.

Bislang ist eine solche Qualifizierung schon wegen der Quotenzuteilung von nur 5 % für „spezifische Gemeinschaftsmaßnahmen" zutreffend. Nur diese sind nach dem einschlägigen Verordnungstext Maßnahmen der oben bezeichneten Art, nämlich

„– Maßnahmen in Verbindung mit den Gemeinschaftspolitiken und den Maßnahmen, die die Gemeinschaft beschließt, um das regionale Ausmaß dieser Politiken besser berücksichtigen oder die regionalen Auswirkungen dieser Politiken abschwächen zu können;

– oder, in Ausnahmefällen, Maßnahmen, mit denen den strukturellen Auswirkungen besonders schwerwiegender Ereignisse in bestimmten Gebieten oder Gebietsteilen begegnet werden soll, um verlorengegangene Arbeitsplätze zu ersetzen und die hierfür notwendigen Infrastrukturen zu schaffen."[578]

Für „Gemeinschaftsmaßnahmen" zur Unterstützung der von den Mitgliedstaaten geplanten regionalpolitischen Aktivitäten sind die „restlichen" 95 % der Mittel vorgesehen. Zwar wird im Titel II der o. a. Verordnung eine Grenzziehung durch Benennung förderungswürdiger Kategorien versucht, die politische Realität läßt freilich deren Selektionseffekt gering erscheinen. Die Länder lassen sich in „ihre" Politik nicht hineinreden.

---

574 Vgl. den Abschlußbericht der BAG (EU als Prozess), S. 100.
575 Er besteht aus Vertretern der Mitgliedstaaten und einem Vertreter der Kommission, der den Vorsitz innehat. Die Stimmen der Ländervertreter werden nach Art. 148 EWGV gewichtet.
576 1975 wurde die Verabschiedung ausstehender Ausführungsverordnungen von Großbritannien blockiert, weil sich Großbritannien der Erfolgskontrolle über die von der Gemeinschaft geleisteten Entwicklungszuschüsse widersetzte; nach Südd. Zeitung v. 13. 2. 1975 [Archivauszug o. S.].
577 Vgl. *Denton* (Fn. 80), S. 14.
578 So definiert in Art. 13 Abs. (1) der o. a. Verordnung (EWG) Nr. 724/75; Quotierung ibid., Art. 2 Abs. 3 b.

Dies überrascht freilich nicht, wenn man die grundsätzlich unterschiedlich feste ordnungspolitische Grundausrichtung in den Ländern beobachtet. In der BR Deutschland bleibt „es den Unternehmen überlassen, ob sie auf die staatlichen Anreize reagieren",[579] andere Länder kennen echte räumlich differenzierte Ge- und Verbote für Investitionen und Industrieansiedlungen. Erinnert sei hier nur an die Vorschrift für die italienischen Staatsholdings IRI und ENI, mindestens 40 % ihrer Investitionen in Süditalien zu tätigen,[580] oder an die Investitionsberechtigungszertifikate in Großbritannien unter Labour-Regierungen.[581]

3. Entwicklungshilfepolitik

Ordnungspolitische Differenzen haben die Ausbildung eines einheitlichen Standpunkts der EG im Dialog der Industrieländer mit den Entwicklungsländern des öfteren behindert. Deutlich wurde der „Bremseffekt" im Umfeld der 4. UNCTAD-Konferenz in Nairobi 1976. Dort wurde ein integriertes Programm für 18 Rohstoffe vorgelegt sowie die Schaffung eines Gemeinsamen Fonds und der Abschluß internationaler Erzeugnisabkommen empfohlen, die Vereinbarungen über Preisspannen und Ausgleichslager vorsehen.[582]

Die BR Deutschland war strikt gegen solche Abmachungen, was im Ausland mit Verwunderung ob der Härte vermerkt[583] und im Inland ob der Ungeschicklichkeit kritisiert wurde.[584] Großbritannien hatte sich frühzeitig für Weltrohstoffabkommen ausgesprochen, und auch Frankreich war einem Mechanismus zur Stabilisierung der Rohstoffpreise gegenüber aufgeschlossen.[585] Die Auffassungsunterschiede, die zwischen Bonn und Paris vor einer Folgekonferenz im Rahmen des Nord-Süd-Dialogs erneut auftraten, führte das Bundeswirtschaftsministerium auf „ideologische Gründe" zurück.[586] Man wies außerdem darauf hin, daß der Abschluß von Rohstoffabkommen und die damit verbundene Einführung von Interventionspreisen in unerwünscht starkem Maße nur den rohstoffreichen Industrieländern zugutekomme.

Schweren innenpolitischen Streit gab es auch um den Entwurf eines Briefes der EG-Länder an den Präsidenten der UNCTAD, Gamani Corea, in dem die grundsätzliche Bereitschaft zur Einrichtung jenes Gemeinsamen Fonds erklärt

---

579 Vgl. den 10. Rahmenplan der Gemeinschaftsaufgabe „Verbesserung der regionalen Wirtschaftsstruktur", Btdrs. 9/697 v. 28. 7. 1981, S. 7.
580 Erwähnt bei *Swann* (Fn. 3), S. 167.
581 Erstmalig nach dem „Town and Country Planning Act" in der Form von „Industrial Development Certificates"; nach *Denton/Forsyth/MacLennan* (Fn. 278), S. 301.
582 Wortlaut der Resolution über das Integrierte Rohstoffprogramm in: EA 16/1976, D 412 ff.
583 Überschrift in der Times v. 20. 5. 1976: „W Germany opposes integrated commodities plan of Third World"; im Text wurde die Bundesrepublik als „the strongest defender of the traditional trade pattern" bezeichnet.
584 In der deutschen Presse hieß es überspitzt: „Deutsche Elefanten im Konferenzladen von Nairobi – Entschlossen marschierte die Bonner UNCTAD-Delegation vier Wochen in das diplomatische Abseits", Frankfurter Rundschau v. 1. 6. 1976, S. 3.
585 Südd. Zeitung v. 22. 5. 1975, S. 19: „Paris für internationale Rohstoffabkommen".
586 Nach Südd. Zeitung v. 14. 9. 1976, S. 17; es handelte sich um die Konferenz für Internationale Wirtschaftliche Zusammenarbeit (KIWZ).

werden sollte. Die Opposition warnte die Bundesregierung, finanzielle Zusagen für einen weltweiten Rohstoff-Fonds zu machen, „die Mehrheit der EG-Länder hingegen argumentierte für den Fonds". [587] Selbst die USA ließen eher Kompromißbereitschaft erkennen. [588]

Begibt man sich in die Einzelheiten der Rohstoffabkommens-Pläne, kann man allerdings sachliche Bedenken gegenüber manchen Elementen, die die eigentlichen Neuerungen der auch als „Neue Weltwirtschaftsordnung" (NWWO) [589] bezeichneten Konzeption ausmachen, nicht unterdrücken. Indexierungswünsche, die generell die Rohstoffpreise an einen naturgemäß schwierig festzulegenden Preisindex der Exportgüter der Industrieländer gekoppelt sehen wollen, erzeugen Vorbehalte, die auf wenig positive Erfahrungen mit Indexsystemen gleich welcher Art gegründet sind. Bei langandauerndem Einsatz wird die allokative Steuerungsfunktion des Marktmechanismus nachhaltig gestört. Auch jegliche Art von Preisfixierungen durch (Mindest-)Interventionspreise, die bei „buffer-stocks" notwendig sind, erinnern an eigene Fehlentwicklungen im Rahmen der EG-Agrarpolitik. Insoweit sollte man kritische Stellungnahmen durchaus auch als sachbezogen zur Kenntnis nehmen. [590]

.Andererseits ist bei dem gegebenen Wohlstandsgefälle das Anliegen der Entwicklungsländer nach realem Ressourcentransfer zweifellos berechtigt. Aber auch bei Akzeptanz dessen müssen Eingriffe in den ständig ablaufenden marktgesteuerten Allokationsprozeß behutsam und in Kenntnis möglicher Cobweb-Strukturen auf Einzelmärkten nach rein „markttechnischen", stabilisierungsbezogenen Gesichtspunkten vorgenommen werden. Die redistributive Komponente sollte besser über Direktzuweisungen nach Maßgabe globaler Erlösschwankungen der besonders gefährdeten Länder verstärkt werden. Dies erfüllt das im Rahmen des Lomé-Abkommens der EG eingeführte STABEX-System [591] in besonderem Maße. Die finanzielle Ausstattung mag zwar bemängelt werden, die Logik, daß nur umverteilt und „real transferiert" werden kann, was

---

587 Südd. Zeitung v. 18. 10. 1976, S. 1.
588 Erst nach vier Jahren mühseliger Verhandlungen wurde im Oktober 1980 der Stiftungsvertrag für den Gemeinsamen Rohstoff-Fonds zur Ratifizierung ausgelegt. Erst wenn 90 Staaten mit einem Anteil von zwei Dritteln an den geplanten Regierungsbeiträgen zu den Fonds-Mitteln durch Unterschrift ihren Beitritt vollzogen haben, tritt der Vertrag in Kraft. Anfang 1981 hat erst eine verschwindend kleine Minderheit von Ländern dies getan bzw. ihren Willen bekundet. Einzelheiten bei *Stecher* (Gemeinsame Rohstoff-Fonds), S. 60.
589 Vgl. dazu auch die Referate von *Stecher* (Eine Neue Weltwirtschaftsordnung?) und *Frisch* (Eine NWWO – Aus der Sicht der EWG) auf einer Tagung der Evangelischen Akademie Tutzing zum Thema „Eine neue Weltwirtschaftsordnung? – Wirtschaftspolitische Perspektiven – Fragen der Menschenrechte", v. 11.-13. März 1977.
590 Siehe dazu die bei *Stecher* (Fn. 558), S. 64 angeführten drei Gründe möglicher negativer weltwirtschaftlicher Wachstumsbeeinträchtigungen, die *beide* Seiten beträfen: (i) Risiken bürokratischer Ausuferungen, (ii) gesamtwirtschaftliche Kosten der Lagerhaltung, (iii) Fehlallokationen aufgrund überhöhter Preise.
591 In ähnlicher Weise wirkt auch die „kompensatorische Finanzierungsfazilität" des IWF, vgl. *Leroy* (Rohstoffproblem im Nord-Süd-Dialog), S. 2; dort auch der Hinweis auf ein neues System für Erze, SYSMIN, das im neuen Abkommen von Lomé (1979) den Erzeugern von mineralischen Rohstoffen innerhalb der AKP-Staaten helfen soll.

der Geber erstens erwirtschaftet und zweitens auch wirklich freiwillig geben will, kann freilich auch das komplizierteste Finanzierungssystem nicht aufheben.

Die Binnendifferenzierung des Gemeinsamen Rohstoff-Fonds selbst in zwei „Schalter" oder Konten (auch „Fenster")[592] zeigt Möglichkeiten, allokationstheoretisch bedenkliche Maßnahmen schwächer auszubringen und marktpositionsstärkende Unterstützungen zu fördern. Der „erste Schalter" soll der Finanzierung internationaler Ausgleichslager wie auch nationaler Rohstofflager, die auf internationaler Ebene im Rahmen einzelner Rohstoffabkommen koordiniert werden, dienen.[593] Der zweite soll andere rohstoffbezogene Maßnahmen, wie Forschung, Entwicklung, Erhöhung der Produktivität und Absatzförderung finanziell unterstützen. Dies könnte der geeignete Ansatzpunkt für „Hilfe zur Selbsthilfe" sein. Somit bietet die Beeinflussung der finanziellen Relation der beiden Schalter zueinander Möglichkeiten, gleichzeitig glaubwürdig für die Entwicklungshilfe als auch für die Marktwirtschaft als Prinzip unabhängig von einem vordergründigen Eigeninteresse einzutreten und danach zu handeln.

Ein Vertreter der EG hat daher auch in Kenntnis der Möglichkeiten, in der Sache selbst – gleichsam im „Expertenbereich" – Unvernünftiges abzuwenden, sich gegen einen „modernen Glaubenskrieg" ausgesprochen.[594] Die Bereitschaft zur konsequenten Anwendung marktwirtschaftlicher Prinzipien, zur Festlegung der dazugehörigen internationalen Rahmenbedingungen und auch zur Einrichtung sozialer Korrektive wäre ein faires Angebot an die Entwicklungsländer, „die doch bisher den Eindruck haben müssen, daß wir liberal da sind, wo es unserem Interesse entspricht (Fehlen einer internationalen Wettbewerbsordnung, d.h. marktmachteindämmender Korrektive; Protektionismus; Subventionierung nicht wettbewerbsfähiger Bereiche – Landwirtschaft!)".[595]

Noch haben die Institutionen der Europäischen Gemeinschaft keine ausreichenden Möglichkeiten, einheitlich in diesem Geiste verbindlich zu wirken. Der Dissens innerhalb der am Meinungsbildungsprozeß beteiligten nationalen Regierungen scheint sich derzeit nicht zu verringern.

---

592 ibid., S. 5.
593 Dies muß natürlich an die Erfahrungen mit der Abteilung Garantie des Ausrichtungs- und Garantiefonds für die Landwirtschaft (EAGFL) der EG erinnern.
594 *Frisch* (Fn. 589), S. 15.
595 ibid., S. 16.

Zusammenfassung und Ausblick

Die im Titel der Arbeit steckende These, daß Differenzen in den ordnungspolitischen Leitvorstellungen sich negativ auf den Einigungsprozeß in der Europäischen Gemeinschaft auswirken, wurde in einer in vier Kapitel gegliederten Gedankenabfolge zu untermauern versucht. Zunächst wurde aus rechtswissenschaftlicher, wirtschaftswissenschaftlicher und politikwissenschaftlicher Perspektive über den denkmöglichen Erweiterungsspielraum für Kompetenzübertragungen an die Organe der EG nachgedacht. Dabei ergab sich, daß dieser bei weitem nicht ausgeschöpft ist und mit Sicherheit bei Betrachtung der Gemeinschaft als Einheit sich ganz andere als die bestehenden Funktionszuordnungen zwischen den verschiedenen Ebenen staatlichen Handelns in diesem neuen Gebilde schon aus sachrationalen Überlegungen ergeben würden.

Zur Untersuchung der Frage, warum sich dies dennoch nicht mit der aus diesem Befund erwartbaren Zwangsläufigkeit in der Realität vollzieht, wurde im Folgekapitel zunächst das Spektrum ordnungspolitischer Grundpositionen entfaltet. Es gibt den Gesamtrahmen für den durch die Arbeitshypothese unterstellten Hemmfaktor „ordnungspolitischer Dissens" ab. Unter Einbeziehung der in den Ländern der Gemeinschaft zu dieser Frage geführten wissenschaftlichen und politischen Debatten wurde ein Kontinuum von Positionen entworfen, das an den Rändern Möglichkeiten gemeinschaftsweiter Ordnungsauffassungen sehr geringer Übereinstimmungswahrscheinlichkeiten enthält, in den mittleren Positionen aber langfristig Konsensfähiges aufzeigt.

Die (neo-)liberale Konzeption, die den Marktmechanismus per se als freiheitsverbürgendes und wohlfahrtsoptimierendes Grundprinzip sieht, das Konzept einer „mixed economy" mit einer ausgeprägten Staatsverantwortung in vielfältigen Bereichen unseres wirtschaftlichen und gesellschaftlichen Lebens und die zentralistisch-planwirtschaftliche Konzeption wurden jeweils nach einem einheitlichen fünfgliedrigen Schema betrachtet. Dabei wurde einerseits durch vielfältige Vorgriffe und Rückbezüge der Kontinuumscharakter des gesamten Konzeptionsspektrums verdeutlicht, andererseits aber auch die erheblichen Schwerpunktverlagerungen in Sichtweise und Ordnungsvorstellung des idealen Gesamtmodells für Wirtschaft und Gesellschaft zwischen Beginn und Abschluß der Präsentation des Spektrums herausgearbeitet.

Im dritten Kapitel wurden mit der Analyse der vier größten Länder der Gemeinschaft die „Mischformen der Realität" untersucht, die nur vorsichtige Verortungen der Länder zulassen. Selbst wenn man Großbritannien und – derzeit sogar abgeschwächter – die BR Deutschland auf der einen Seite des Kontinuums plaziert, Frankreich am entgegengesetzten Ende sieht und bei Italien eine glaubwürdige Festlegung generell als zu problematisch bezeichnet, so neigt man bereits im nächsten Gedanken zu Relativierungen; so etwa – um nur zwei Beispiele zu nennen – bezüglich Frankreich wegen der Dezentralisierungsabsichten der neuen Regierung und bezüglich Großbritannien wegen der Bewegungen im

Parteiengefüge, die einen langfristigen Bestand extremer Positionen unwahrscheinlich erscheinen lassen. Es empfiehlt sich daher, auch hier in den resumierenden Bemerkungen auf den Text selbst zu verweisen. Der Analyseprozeß muß als Ganzes nachvollzogen werden.

Im letzten Kapitel wurde der EG-Entscheidungs- und Diskussionsprozeß in den wichtigsten Politikbereichen, die hinsichtlich möglicher Aufgabenzuweisungen infragestehen, durchleuchtet. Streitigkeiten um die konkreten Inhalte des Projekts einer Wirtschafts- und Währungsunion, um angemessene Hilfsprogramme für krisengeschüttelte Wirtschaftssektoren, um die „richtige" Konzeption der Entwicklungspolitik der Gemeinschaft und dergl. boten vielfältiges Anschauungsmaterial für die Prüfung der Frage, wo und wie die handelnden Akteure, die aus den nationalen „Mischformen der Realität" entsandt bzw. rekrutiert wurden, ordnungspolitische Argumentationen einsetzen. Nicht immer geschieht deren Verwendung in konsistenter Weise, gelegentlich haben sie auch nur Hilfsfunktionen zu erfüllen. Gleichwohl ist die Relevanz der ordnungspolitischen Leitbilder nach den vorgelegten Analysen als erheblich zu bezeichnen. Insofern hat sich die Arbeitshypothese als fruchtbar erwiesen.

Die vorgenommenen Betrachtungen vergangener und aktueller Entwicklungen lassen für einen erfolgreichen zukünftigen Einigungsprozeß kurzgefaßt drei Kernvoraussetzungen notwendig erscheinen:

– In den Grundsatzfragen dürfen von keinem Integrationspartizipanten dogmatische Einseitigkeiten vorgetragen werden; dennoch muß eine Debatte zur Terminologievereinheitlichung geführt werden. (Langfristiges) Ziel muß ein einheitliches und insbesondere nicht allzu ausdifferenziertes „Europäisches Wirtschafts- und Gesellschaftsmodell" mit positiv besetzter Leitbildfunktion sein. Höchste Verwirklichungswahrscheinlichkeiten dürfte das von uns näher spezifizierte Konzept einer "mixed economy" mit gemäßigt liberalistischer Tendenz aufweisen. Im übrigen gilt: hyperkomplexe Systementwürfe sind weder vermittelbar noch konsensfähig, noch regen sie zur Identifikation mit einem Gemeinwesen an.
– In den einzelnen Sachfragen ist bei allen Beteiligten mehr Beweglichkeit vonnöten; gleichwohl muß Festigkeit in der Forderung nach geordnetem und systematischem Austausch von Erfahrungen mit einzelnen prozeduralen und institutionellen Ordnungselementen bestehen.
– Ein erhöhtes Maß von Abgrenzung nach „außen" scheint unvermeidbar; dies muß und darf nicht zu unfairem Verhalten gegenüber Drittstaaten (bzw. -staatengruppen) führen. Aber der Zwang der äußeren Umstände verstärkt die Notwendigkeit, eindeutiges Handeln mit klar erkenn- und damit auch für Dritte kalkulierbaren Loyalitäten zu ermöglichen.

Trotz derzeit nicht zu euphorischen Erwartungen Anlaß gebender Gesamtlage ist bei Erfüllung dieser Punkte langfristiger Optimismus für das europäische Einigungswerk angebracht. Europa braucht weiterhin den langen Atem seiner Förderer.

Literaturverzeichnis

I. Bücher, Einzelaufsätze

Albrecht, Karl: (Planwirtschaftliche und marktwirtschaftliche Elemente) Planwirtschaftliche und marktwirtschaftliche Elemente in der EWG, in: EA 17/1965, S. 663–676

v. Alemann, Ulrich: (Demokratisierung der Gesellschaft) Demokratisierung der Gesellschaft – Positionen und Begründungszusammenhänge, in: aus politik und zeitgeschichte – beilage zur wochenzeitung das parlament, B 7/75, S. 3–16

v. Arnim, Hans Herbert: (Volkswirtschaftspolitik) Volkswirtschaftspolitik – Eine Einführung, 3. überarb. Aufl., Frankfurt a. M. 1980

Badura, Peter: (Grundprobleme des Wirtschaftsverfassungsrechts) Grundprobleme des Wirtschaftsverfassungsrechts, in: JuS 1976, S. 205–212

Bator, Francis M.: (Anatomy of Market Failure) The Anatomy of Market Failure, in: QJE Vol. LXXII (1958), S. 351–379

Besters, Hans: (Regelmechanismen statt konjunkturverschärfender Staatseingriffe) Regelmechanismen statt konjunkturverschärfender Staatseingriffe, in: Wirtschaftstag der CDU/CSU, Protokolle, Bonn 1969, S. 124– 129

Beutler, Bengt, *Bieber*, Roland, *Pipkorn*, Jörn, *Streil*, Jochen: (Rechtsordnung und Politik) Die Europäische Gemeinschaft – Rechtsordnung und Politik, Baden-Baden 1979

Beyfuss, Jörg: (Regelmechanismen) Regelmechanismen – Konjunkturpolitisches Konzept der Zukunft?, in: Beiträge des Deutschen Industrieinstituts, Heft 3/1970

v. Beyme, Klaus: (Politische Theorien) Politische Theorien der Gegenwart, 4. überarb. u. erg. Aufl., München 1980

Biehl, Dieter: (Schätzung konjunktureller Effekte) Zum Problem der Schätzung konjunktureller Effekte öffentlicher Haushalte und ihrer wirtschaftspolitischen Beeinflußbarkeit: Der „konjunkturgerechte Haushalt" als Meßkonzept und als Planungskonzept, in: (Grundfragen der Stabilitätspolitik) S. 1–177

–: (Öffentliche Finanzen) Zur Rolle der öffentlichen Finanzen in der Europäischen Integration, in: integration 2/1978, S. 35–44

Bleckmann, Albert: (Europarecht) Europarecht: Das Recht der Europäischen Wirtschaftsgemeinschaft, Köln u. a., 2. Aufl., 1978

Böhm, Franz: (Wirtschaftsordnung und Staatsverfassung) Wirtschaftsordnung und Staatsverfassung, erstmals veröffentlicht 1950, in: Freiheit und Ordnung in der Marktwirtschaft, hrsg. v. Ernst Joachim Mestmäcker, Baden-Baden 1980, S. 53–103

v. Bonin, Konrad: (Zentralbanken) Zentralbanken zwischen funktioneller Unabhängigkeit und politischer Autonomie – dargestellt an der Bank von England, der Bank von Frankreich und der Deutschen Bundesbank, Baden-Baden 1979

Bowles, Samuel: (Servants of Power) Economists as Servants of Power, in: American Economic Review, Vol. 64 (1974), S. 129–132

Bungarten, Harald H.: (Umweltpolitische Aspekte) Umweltpolitische Aspekte einer europäischen Integration, in: (Verteilung der wirtschaftlichen Kräfte), S. 165–198

–: (Umweltpolitik in Westeuropa) Umweltpolitik in Westeuropa – EG, internationale Umweltpolitiken –, Bonn 1978

Claude, Ines jr.: (Swords into Plowshares) Swords into Plowshares, Erstauflage 1954, 3. Aufl., London 1965

Constantinesco, Leontin-Jean: (Recht der EG I) Das Recht der Europäischen Gemeinschaften I: Das institutionelle Recht, Baden-Baden 1977

Cooper, Richard N.: (Economics of Interdependence) The Economics of Interdependence, New York u. a. 1968
—: (Policy Adjustement) Macroeconomic Policy Adjustement in Interdependent Economies, in: QJE 1/1969, S. 1–24
—: (Economic Mobility) Economic Mobility and National Economic Policy, Wicksell Lectures, 1973
—: (Worldwide versus Regional Integration) Worldwide versus Regional Integration: Is there an Optimum Size of the Integrated Area?, in: (Economic Integration Worldwide), S. 41–53
Crosland, Anthony: (Social Democracy) Social Democracy in Europe, Fabian tract 438, London 1975
Daintith, Terence: (Wirtschaftsrecht im Vereinigten Königreich) Bericht über das Wirtschaftsrecht im Vereinigten Königreich, Bd. 5, Kollektion Studien, Reihe Wettbewerb – Rechtsangleichung, Nr. 20, Brüssel 1974
Denton, Geoffrey, *Forsyth*, Murray, *Mac Lennan*, Malcolm: (Economic Planning and Policies) Economic Planning and Policies in Britain, France and Germany, London 1968
—: (Reflections on Fiscal Federalism) Reflections on Fiscal Federalism, in: Journal of Common Market Studies, Vol. 16 (1978), S. 283 – 301
—: (Finanzföderalismus) Finanzföderalismus und der Haushalt der Europäischen Gemeinschaft, in: integration 1/1979, S. 10 – 18
Deutsch, Karl W.: (North Atlantic Area) Political Community and the North Atlantic Area, Princeton 1957
—: (Analysis of International Relations) The Analysis of International Relations. Englewood Cliffs, N.J. 1968
Dürr, Ernst: (Ordnungsvorstellungen) Ordnungsvorstellungen in der Wirtschaftspolitik der Gemeinschaft, in: (Wirtschafts- und gesellschaftspolitische Ordnungsprobleme), S. 107–127
Ehlermann, Claus-Dieter: (Europäischer Fonds für währungspolitische Zusammenarbeit) Die Errichtung des Europäischen Fonds für währungspolitische Zusammenarbeit, in: EuR 1973, S. 193–208
Elsner, Wolfgang: (EWG und Gewerkschaften) Die EWG – Herausforderung und Antwort der Gewerkschaften, Köln 1974
Emerson, Michael: (Embryonic Fiscal Federalism) The Finances of the European Community: A Case Study in Embryonic Fiscal Federalism, in: (Fiscal Federalism), S. 129–169
Euchner, Walter: (Demokratietheoretische Aspekte) Demokratietheoretische Aspekte der politischen Ideengeschichte, in: (Politikwissenschaft), S. 37–61
Eucken, Walter: (Grundsätze) Grundsätze der Wirtschaftspolitik, 5., unverand. Aufl., Tubingen 1975
Everling, Ulrich. (Rechtsfragen einer Industriepolitik) Die Rechtsfragen einer Industriepolitik, in: EuR 1968, S. 175–191
—: (Allgemeine Ermächtigung) Die allgemeine Ermächtigung der Europäischen Gemeinschaft zur Zielverwirklichung nach Art. 235 EWG-Vertrag, in: EuR-Sonderheft zum Jahrgang 1976, S. 2–26
—: (Die EG nach den Gipfelkonferenzen) Die Europäische Gemeinschaft nach den Gipfelkonferenzen, in: integration 4/1978, S. 131–139
Forte, Francesco: (Zuordnung öffentlicher Funktionen) Grundsätze der Zuordnung öffentlicher ökonomischer Funktionen im Rahmen von Gebietskörperschaften, in: (MacDougall-Report/II), S. 335–376

Franzmeyer, Fritz: (Industrielle Strukturprobleme) Industrielle Strukturprobleme und sektorale Strukturpolitik in der Europäischen Gemeinschaft, Berlin 1978

–: (Industriepolitik in der EG) Zur Industriepolitik in der Europäischen Gemeinschaft, in: EA 11/1980, S. 345–353

– und *Seidel*, Bernhard: (Wirtschaftspolitische Prioritätsunterschiede) Wirtschaftspolitische Prioritätsunterschiede in der EG als Hindernisse für die Errichtung der Wirtschafts- und Währungsunion und Instrumente zu ihrer Überwindung, DIW Sonderheft 96/1973

Frisch, Dieter: (Eine NWWO – Aus der Sicht der EWG) Eine Neue Weltwirtschaftsordnung – Aus der Sicht der EWG, in: Tutzinger Studien – Texte und Dokumente zur politischen Bildung, Heft 1/1977, S. 15–32

Fromont, Michel: (Französisches Wirtschaftsrecht) Bericht über das französische Wirtschaftsrecht, Band 2, Kollektion Studien, Reihe Wettbewerb – Rechtsangleichung, Nr. 20, Brüssel 1973

Galbraith, John Kenneth: (Economics and the Public Purpose) Economics and the Public Purpose, Hammondsworth 1974

van Gerven, Walter: (Observations) Quelques observations concernant les jugements de valeur et les principes d'organisation qui pourraient servir de base lors de l'établissement d'une constitution économique communautaire, in: (Wirtschaftsrecht in einer WWU), S. 59–63

Giersch, Herbert: (Wirtschaftspolitik) Allgemeine Wirtschaftspolitik – Grundlagen –, Wiesbaden 1961

Gill, Richard T.: (Economics) Economics – A Text with Included Readings, Pacific Palisades, 1973

Grabitz, Eberhard und *Sasse*, Christoph: (Umweltkompetenzen der EG) Umweltkompetenzen der Europäischen Gemeinschaften – Vorschlag zur Ergänzung des EWG-Vertrags, Berlin 1977

Griffiths, Brian: (Implications of EU) The Implications of an EEC Monetary Union, in: (Destiny or Delusion), S. 92–108

von der Groeben, Hans: (Wettbewerbsregeln und Wettbewerbspolitik) EG-Wettbewerbsregeln als Instrumente der Wirtschaftspolitik, in: Wettbewerbsordnung im Spannungsfeld von Wirtschafts- und Rechtswissenschaft, FS für Gunther Hartmann, Köln u. a., 1976, S. 105–122

Groom, A. J. R. und *Taylor*, Paul: (Functionalism) Functionalism, Theory and Practice, London 1975

Günter, Horst: (Problematik der Indexklauseln) Zur volkswirtschaftlichen Problematik der Indexklauseln bei Inflation, in: (Sozialwissenschaften im Recht/I), S. 41–50

Haas, Ernst B.: (Uniting of Europe) The Uniting of Europe, 2nd edition, Stanford 1968

Habermas, Jürgen: (Legitimationsprobleme) Legitimationsprobleme im Spätkapitalismus, Frankfurt 1973

Hager, Wolfgang: (Protectionism in the 80ies) Protectionism in the 80ies: The Managed Co-existence of Different Industrial Cultures, Einleitung einer Studie der European Research Associates „EC Protectionism: Present Practice and Future Trends", (noch) unveröff. Manuskript, Florenz 1980

v. Hayek, Friedrich A.: (Freiburger Studien) Freiburger Studien – Gesammelte Aufsätze, Tübingen 1969

–: (Entnationalisierung des Geldes) Entnationalisierung des Geldes. Eine Analyse der Theorie und Praxis konkurrierender Umlaufmittel, dt. Übersetzung, Tübingen 1977 (Erstveröffentlichung 1976)

Hellmann, Rainer: (EWS: Vorgeschichte und Motive) Das Europäische Währungssystem: Vorgeschichte und Motive, in: integration 4/1978, S. 140–147

Henderson, Nicholas: (Valedictory despatch) Britain's decline, its causes and consequences, in: The Economist v. 2.7.1979, S. 29–40

Herder-Dorneich, Philipp and *Groser*, Manfred: (Politischer Wettbewerb) Ökonomische Theorie des politischen Wettbewerbs, Göttingen 1977

Hiss, Dieter: (EWS: Gründe und Modalitäten) Das Europäische Währungssystem: Gründe und Modalitäten, in: integration 4/1978, S. 148–151

Hrbek, Rudolf: (Erklärungshilfe und politische Handlungsanleitung) Integrationstheorien als Erklärungshilfe und politische Handlungsanleitung – Voraussetzungen, Bedingungen und Kennzeichen von Integrationsprozessen, in: Der Bürger im Staat, 4/1972, S. 194–198

–: (Neue Politische Infrastruktur) Eine neue politische Infrastruktur? Zum Problem transnationaler Kooperation und Koalition politischer Parteien in der EG, in: (Zusammenarbeit der Parteien), S. 341–390

–: (Parteibünde) Parteibünde in der Europäischen Gemeinschaft auf dem Weg zu programmatischem Profil, in: EA 10/1978, S. 299–310

– und *Schneider*, Heinrich: (EU im Werden) Die Europäische Union im Werden, in: (EU als Prozeß), S. 209–472

Huffschmid, Jörg: (Politik des Kapitals) Die Politik des Kapitals – Konzentration und Wirtschaftspolitik in der Bundesrepublik Deutschland, 9. Aufl., Frankfurt/M. 1973

– und *Wirth*, Margaret: (Rätesystem) Das Rätesystem in der Wirtschaft, in: (Direkte Demokratie), S. 186–193

Ipsen, Hans Peter: (Gemeinschaftsrecht) Europäisches Gemeinschaftsrecht, Tübingen 1972

Jarchow, Hans-Joachim: (Geldtheorie) Theorie und Politik des Geldes – I. Geldtheorie, 4., veränd. u. erw. Aufl., Göttingen 1978

Jenkins, Roy: (Jean Monnet Vortrag 1977) Europas Herausforderung und Chance – Erster Jean Monnet-Vortrag, Europäisches Hochschulinstitut Florenz, o.O., o.J. (1977)

Johnson, Harry G.: (Problems of MU) Problems of European Monetary Union, in: (Economics of Integration), S. 188–200

Kaiser, Joseph H.: (EG-Zuständigkeit) Grenzen der EG-Zuständigkeit, in: EuR 1980, S. 97–118

Kaldor, Nicholas: (Dynamic Effects) The Dynamic Effects of the Common Market, in: (Destiny or Delusion), S. 59–91

Kapp, William K.: (Soziale Kosten der Marktwirtschaft) Soziale Kosten der Marktwirtschaft – Das klassische Werk der Umwelt-Ökonomie, Frankfurt a. Main 1979 [Erstauflage 1950]

Keynes, John Maynard: (End of Laissez-Faire) The End of Laissez-Faire, Third Impression, London 1927 (Erstauflage 1926)

–: (General Theory) The General Theory of Employment, Interest and Money, The Collected Writings of J.M. Keynes, Vol. VII, London and Basingstoke 1973 (Erstauflage 1936)

Kloten, Norbert: (Typenlehre) Zur Typenlehre der Wirtschafts- und Gesellschaftsordnungen, in: ORDO, Bd. 8 (1955), S. 123–143

–: (Utopie und Leitbild) Utopie und Leitbild im wirtschaftspolitischen Denken, in: Kyklos, Vol. XX (1967), S. 331–354

–: (Wirtschaftsdemokratie) Wirtschaftsdemokratie – eine ordnungspolitische Alternative?, in: (Demokratie), S. 323–356

–: (Europäisches Währungssystem) Das Europäische Währungssystem – Eine europapolitische Grundentscheidung im Rückblick, in: EA, 4/1980, S. 111–122

–: („Endphase" des EWS) Zur Endphase des Europäischen Währungssystems, in: EA, 1/1981, S. 21–30

Kromphardt, Jürgen: (Konzeptionen) Konzeptionen und Analysen des Kapitalismus, Göttingen 1980

Krüger, Herbert: (Gemischte Wirtschaftsverfassung) Von der Reinen Marktwirtschaft zur Gemischten Wirtschaftsverfassung, Hamburg 1966

–: (Allgemeine Staatslehre) Allgemeine Staatslehre, 2. Aufl., Stuttgart u. a. 1966

–: (Rechtsstaat – Sozialstaat – Staat) Rechtsstaat – Sozialstaat – Staat oder: Rechtsstaat + Sozialstaat ergeben noch keinen Staat, Hamburger Öffentlich-rechtliche Nebenstunden, Band 29, Hamburg 1975

Krüper, Manfred: (Sektorale Investitionslenkung) Sektorale Investitionslenkung in der Aluminium- und Chemiefaserindustrie, in: Gewerkschaftliche Monatshefte, Heft 12/1973, S. 774–780

Larenz, Karl: (Methodenlehre) Methodenlehre der Rechtswissenschaft, 3. Aufl., Berlin 1975

Lauwaars, R. H.: (Flankierende Politiken) Art. 235 als Grundlage für die flankierenden Politiken im Rahmen der Wirtschafts- und Währungsunion, in: EuR 1976, S. 100–129

Leipold, Helmut: (Wirtschafts- und Gesellschaftssysteme) Wirtschafts- und Gesellschaftssysteme im Vergleich, 2. überarb. u. erw. Aufl., Stuttgart 1980

Lenin, Wladimir Iljitsch: (Was tun?) Was tun?, in: Ausgewählte Werke, Band 1, (Dietz Verlag) Berlin 1970, S. 139–314 [Erstveröff. 1902]

Leroy, Olivier: (Rohstoffproblem im Nord-Süd-Dialog) Das Rohstoffproblem im Nord-Süd-Dialog, Europainformation – Entwicklung, Kommission der Europäischen Gemeinschaften, X/294/80, Brüssel 1980

Lindbeck, Assar: (Dependence and Interdependence) Economic Dependence and Interdependence in the Industrialized World, Seminar Paper No. 83, Institute for International Economic Studies, University of Stockholm, 1977

Lindberg, Leon N.: (Construction of a Model) The European Community as a Political System: Notes toward the Construction of a Model, in: Journal of Common Market Studies, June 1967, S. 344–387

– und *Scheingold*, Stuart A.: (Europe's Would-Be Polity) Europe's Would-Be Polity – Patterns of Change in the European Community, Englewood Cliffs, N. Y. 1970

Lorenz, Detlef: (Liberalisierungshandel) Zur Krise des Liberalisierungshandels, in: Wirtschaftsdienst 6/1978, S. 282–286

Lutz, Vera C.: (Zentrale Planung) Zentrale Planung für die Marktwirtschaft – Eine Untersuchung der französischen Theorie und Erfahrung, dt. Übersetzung von „Central Planning for the Market Economy" (1969), Tübingen 1973

Meißner, Werner: (Investitionslenkung) Investitionslenkung, Frankfurt 1974

Michaelis, Hans: (Energiemarkt und Energiepolitik) Energiemarkt und Energiepolitik in einer Europäischen Union, Reihe Planungsstudien, Bd. 12, hrsg. v. Joseph H. Kaiser, Frankfurt a. M. 1976

–: (Europapolitik und Energiepolitik) Europapolitik und Energiepolitik, in: (Kernenergie) S. 9–29

Mitrany, David: (Working Peace System) A Working Peace System, Erstauflage 1943, hier verwendete Auflage: Chicago 1966

Molitor, Bernhard: (Politique Industrielle et Planification) Politique Industrielle et Planification en France, in: Revue Economique, No. 5/1980 (Vol. 31). S. 837–852

Möller, Hans: (Untersuchungswege) Untersuchungswege, Methodenfragen, Ergebnisse, in: (EU als Prozeß), S. 143–208

Morris, Derek: (Introduction) Introduction in: (Economic System in the U.K.), S. 3–25

Morsiani, Gianguido Sacchi: (Italienisches Wirtschaftsrecht) Bericht über das italienische Wirtschaftsrecht, Band 3, Kollektion Studien, Reihe Wettbewerb – Rechtsangleichung, Nr. 20, Brüssel 1973

Mundell, Robert A.: (Uncommon Arguments) Uncommon Arguments for Common Currencies, in: (Common Currencies), S. 114–132

Musgrave, Richard A.: (Finanztheorie) Finanztheorie, ins Deutsche übertragen von Lore Kullmer, 2. erg. u. verb. Aufl., Tübingen 1969

– und *Musgrave*, Peggy B.: (Public Finance) Public Finance in Theory and Practice, New York u. a., 1973

–, *Musgrave*, Peggy B., *Kullmer*, Lore: (Die öffentlichen Finanzen/1) Die öffentlichen Finanzen in Theorie und Praxis, 1. Band, 2. durchges. Aufl., Tübingen 1978

–, *Musgrave*, Peggy B., *Kullmer*, Lore: (Die öffentlichen Finanzen/4) Die öffentlichen Finanzen in Theorie und Praxis, 4. Band, Tübingen 1978

Nicolaysen, Gert: (Implied Powers) Zur Theorie von den implied powers in den Europäischen Gemeinschaften, in: EuR 1966, S. 129–142

–: (Gemeinschaftsrecht) Europäisches Gemeinschaftsrecht, Stuttgart u. a. 1979

Oates, Wallace: (Finanz-Föderalismus) „Finanz-Föderalismus" (Fiscal Federalism) in Theorie und Praxis: Lehren für die Europäische Gemeinschaft, in (MacDougall-Report/II), S. 293–331

–: (Economist's Perspective) An Economist's Perspective on Fiscal Federalism, in: (Fiscal Federalism), S. 3–20

Offe, Claus: (Krisen des Krisenmanagements) Krisen des Krisenmanagements: Elemente einer politischen Krisentheorie, in: (Herrschaft und Krise), S. 197–223

Olson, Mancur jr.: (Kollektives Handeln) Die Logik des kollektiven Handelns – Kollektivgüter und die Theorie der Gruppen, dt. Übers., Tübingen 1968

–: (Fiscal Equivalence) The Principle of „Fiscal Equivalence": The Division of Responsibilities among different Levels of Government, in: American Economic Revien, S. 479–487

Ott, Alfred E.: (Preistheorie) Grundzüge der Preistheorie, Göttingen 1968

–: (Dynamische Wirtschaftstheorie) Einführung in die dynamische Wirtschaftstheorie, 2. durchges. u. erw. Aufl., Göttingen 1970

Pelkmans, Jacques: (Theorie der wirtschaftlichen Integration) Die Theorie der wirtschaftlichen Integration auf dem Prüfstein, in: integration, 3/1980, S. 108–127

Pentland, Charles: (Theory and European Integration) International Theory and European Integration, London 1973

Peters, Hans-Rudolf: (Theoretische Ansätze in der Wettbewerbspolitik) Theoretische Ansätze und Einflüsse in der Wettbewerbspolitik, in: Wirtschaftsdienst, 7/1973, S. 377–381

Piehl, Ernst: (MNKs und internationale Gewerkschaftsbewegung) Multinationale Konzerne und internationale Gewerkschaftsbewegung, Frankfurt a. Main, 1974

Pinder, John: (European Integration) Problems of European Integration, in: (Economic Integration in Europe) S. 143–170

Pryce, Roy: (Politics of the EC) The Politics of the European Community, London 1973

Rahmsdorf, Detlev W.: (EU without MU) Economic Union without Monetary Union – A feasible alternative for the European Community? –, unveröff. Manuskript, London/Brüssel 1976

–: (Zweite Euro-ORDO-Debatte) Eine Zweite Euro-ORDO-Debatte?, in: integration, 4/1980, S. 156–167

Rhein, Eberhard: (Europäische konzertierte Aktion) Europäische konzertierte Aktion – Ein Beitrag zur gemeinschaftlichen Wirtschaftspolitik, in: EA 15/1975, S. 497–504

Riese, Hajo: (Ordnungsidee und Ordnungspolitik) Ordnungsidee und Ordnungspolitik – Kritik einer ordnungspolitischen Konzeption, in: Kyklos, Vol. XXV (1972), S. 24–48

Robbins, Lionel: (Political Economy) Political Economy: Past and Present – A Review of Leading Theories of Economic Policy, London and Basingstoke 1977

Rose, Klaus: (Wachstumstheorie) Grundlagen der Wachstumstheorie – Eine Einführung –, 3. durchges. Aufl., Göttingen 1977

Rüssmann, Helmut: (Werturteile) Zur Einführung: Die Begründung von Werturteilen, in: JuS, 6/1975, S. 352–358

Samuelson, Paul A.: (Economics) Economics, Tenth Edition, New York u.a., 1976

Schachtschabel, Hans G.: (Wirtschaftspolitische Konzeptionen) Wirtschaftspolitische Konzeptionen, 3. völlig überarb. Aufl., Stuttgart u. a. 1976

Scharrer, Hans-Eckard: (Währungsintegration und Wechselkurssteuerung) Währungsintegration und Wechselkurssteuerung in der Gemeinschaft, in: integration, 4/1978, S. 152–162

–: (Abgestufte Integration) Abgestufte Integration – Eine Alternative zum herkömmlichen Integrationskonzept?, in: integration, 3/1981, S. 123–133

Scheele, Erwin: (Einkommensverteilung) Theorie der Einkommensverteilung, in: (Kompendium), S. 288–338

Scherer, Josef: (Wirtschaftsverfassung der EWG) Die Wirtschaftsverfassung der EWG, Baden-Baden 1970

Scheuner, Ulrich: (Optimale Wirtschaftsverfassung) Die optimale Wirtschaftsverfassung der Europäischen Gemeinschaften unter Berücksichtigung der Wirtschaftsverfassungen der Mitgliedstaaten, in: (Wirtschaftsrecht in einer WWU), S. 41–57

Schmitt, Dieter: (Von der Konfrontation zur Kooperation) Von der Konfrontation zur Kooperation?, in: Wirtschaftsdienst, 5/1975, 248–253

Schmitthoff, Clive M., *Page*, Alan: (Economic Law in the UK) The Development of Economic Law in the United Kingdom, in: (Wirtschaftsrecht in einer WWU), S. 111–130

Schneider, Heinrich: (Theorie der Gemeinschaft) Zur politischen Theorie der Gemeinschaft, in: Integration – Vierteljahreshefte zur Europaforschung, 1/1969, S. 23–44

–: (Leitbilder) Leitbilder der Europapolitik 1 – Der Weg zur Integration –, Bonn 1977

–: (Integration) Integration – gestern, heute und morgen, in: integration, 1/1978, S. 3–16

Seidel, Bernhard: (Tarifpolitik und europäische Integration) Tarifpolitik und europäische Integration – Bedeutung nationaler Unterschiede in Organisation und Verhalten der Tarifparteien für die wirtschaftspolitische Konvergenz, DIW-Beiträge zur Strukturforschung, Heft 67, Berlin 1981

Seidel, Martin: (Industriepolitik der EWG) Die Industriepolitik der Europäischen Wirtschaftsgemeinschaft – Die Diskussion über den Kommissionsvorschlag vom März 1970, in: EA 1/1971, S. 9–16

–: (Europäisches Währungssystem) Das Europäische Währungssystem – Rechtliche Grundlage und Ausgestaltung –, in: EuR 1979, S. 13–29

Senghaas-Knobloch, Eva: (Frieden durch Integration) Frieden durch Integration und Assoziation – Literaturbericht und Problemstudien, Stuttgart 1969

Shonfield, Andrew: (Modern Capitalism) Modern Capitalism – The Changing Balance of Public and Private Power, London 1965, Reprint 1976

Smith, Adam: (Wohlstand der Nationen) Der Wohlstand der Nationen – Eine Untersuchung seiner Natur und seiner Ursachen, [Erstausgabe 1776], übers. von Claus Recktenwald, München 1974

Statz, Albert: (Geschichte der westeuropäischen Integration) Zur Geschichte der westeuropäischen Integration bis zur Gründung der EWG, in: (EWG – Politische Ökonomie der westeuropäischen Integration), S. 110–174

Stecher, Bernd: (Eine Neue Weltwirtschaftsordnung?) Brauchen wir eine neue Weltwirtschaftsordnung?, in: Tutzinger Studien – Texte und Dokumente zur politischen Bildung, 1/1977, S. 5–14

–: (Gemeinsame Rohstoff-Fonds) Der „Gemeinsame Rohstoff-Fonds" – Gestärkte Entwicklungsländer-Position oder Pyrrhus-Sieg? –, in: EA 2/1981, S. 57–64

Steger, Ulrich: (Strukturpolitische Ineffizienz) Ordnungspolitik – Deckmantel für strukturpolitische Ineffizienz, in: WSI-Mitteilungen, Heft 1/1975, S. 43–49

Streit, Manfred E.: (Theorie der Wirtschaftspolitik) Theorie der Wirtschaftspolitik, Düsseldorf 1979

Swann, D. und *MacLachlan*, D. L.: (Concentration or Competition) Concentration or Competition: A European Dilemma – An Essay on Anti-trust and the Quest for a ‚European' Size of Company in the Common Market, Chatham House/PEP, European Series, No. 1, London 1967

Swann, Dennis: (Common Market) The Economics of the Common Market, Third Edition, Penguin Education, 1975

Taylor, Paul: (Concept of Community) The Concept of Community and the European Integration Process, in: Journal of Common Market Studies, 1968, S. 83–101

–: (International Cooperation Today) International Co-operation Today – the European and the Universal Pattern, London 1971

–: (Confederal Phase) The Politics of the European Communities: The Confederal Phase, in: World Politics, 1975, S. 336–360

Thane, John: (Gewerkschaften und Labour Party) Gewerkschaften und Labour Party in Großbritannien, in: Gewerkschaftliche Monatshefte, Heft 1/1981, S. 10–22

Timm, Herbert: (Entnationalisierung des Geldes?) Entnationalisierung des Geldes? – Einige kritische Bemerkungen zu einem revolutionären Vorschlag, in: (Wirtschaftswissenschaft als Grundlage staatlichen Handelns), S. 537–554

Tolksdorf, Michael: (Hoppmanns neoklassische Wettbewerbstheorie) Hoppmanns neoklassische Wettbewerbstheorie als Grundlage der Wettbewerbspolitik, in: Jahrbuch für Nationalökonomie und Statistik, Bd. 183 (1970), S. 61–72

Tomuschat, Christian: (Rechtsetzungsbefugnisse) Die Rechtsetzungsbefugnisse der EWG in Generalermächtigungen, insbesondere in Art. 235 EWGV, in: EuR-Sonderheft zum Jahrgang 1976, S. 45–67

Tönnies, Ferdinand: (Gemeinschaft und Gesellschaft) Gemeinschaft und Gesellschaft, 3. durchges. u. ber. reprografischer Nachdruck der Ausgabe 1963 (1. Aufl. 1887), Darmstadt 1972

Tullock, Gordon: (Private Wants – Public Means) Private Wants, Public Means, New York 1970

VerLoren van Themaat, Pieter: (Wirtschaftsrecht der Mitgliedstaaten) Das Wirtschaftsrecht der Mitgliedstaaten in einer Wirtschafts- und Währungsunion – Zwischenbericht –, Kollektion Studien-Reihe Wettbewerb – Rechtsangleichung, Nr. 20, Brüssel 1973

Vilmar, Fritz: (Strategien der Demokratisierung) Strategien der Demokratisierung, Band 1: Theorie der Praxis, Darmstadt und Neuwied 1973

–: (Wirtschaftsdemokratie – theoretische und praktische Ansätze) Wirtschaftsdemokratie – theoretische und praktische Ansätze, entwickelt auf der Basis des Gewerkschaftlichen Grundsatzprogramms in der BRD, in: (Industrielle Demokratie), S. 26–78

Waschke, Hildegard: (Tarifvertragwesen) Tarifvertragwesen in Großbritannien, Irland und Dänemark, in: Wirtschaftsdienst, 2/1975, S. 95–98

Wöhe, Günther: (Betriebswirtschaftslehre) Einführung in die Betriebswirtschaftslehre, 10. Aufl., München 1970

Zijlstra, J.: (Wirtschaftspolitik und Wettbewerbsproblematik) Wirtschaftspolitik und Wettbewerbsproblematik in der EWG und ihren Mitgliedstaaten, Kollektion Studien – Reihe Wettbewerb, Nr. 2, Brüssel 1966

Zinn, Karl Georg: (Investitionskontrollen) Investitionskontrollen und -planung, in: Wirtschaftsdienst, 6/1973, S. 301–307

–: (Allgemeine Wirtschaftspolitik) Allgemeine Wirtschaftspolitik als Grundlegung einer kritischen Ökonomie, 2. überarb. u. erw. Aufl., Stuttgart u. a. 1974

Zuleeg, Manfred: (Der Verfassungsgrundsatz der Demokratie) Der Verfassungsgrundsatz der Demokratie und die Europäischen Gemeinschaften, in: Der Staat, 1/1978, S. 27–47

–: (Wirtschaftsverfassung der EG) Die Wirtschaftsverfassung der Europäischen Gemeinschaften, in: (Wirtschafts- und gesellschaftspolitische Ordnungsprobleme), S. 73–100

II. Sammelbände, Gutachten, Dokumente

(Aufbruch zur WWU) Aufbruch zur Wirtschafts- und Währungsunion – eine Dokumentation zu den Beschlüssen des Ministerrats der Europäischen Gemeinschaften, hrsg. v. Referat Presse und Information des Bundesministeriums für Wirtschaft und Finanzen, o. O. , o. J. (1972)

(Common Currencies) The Economics of Common Currencies, edited by Harry G. Johnson and Alexander K. Swoboda, London 1973

(Demokratie) Demokratie im Spektrum der Wissenschaften, hrsg. v. Klaus Hartmann, Freiburg/München 1980

(Destiny or Delusion) Destiny or Delusion: Britain and the Common Market, edited by Douglas Evans, London 1971

(Direkte Demokratie) Theorie und Praxis der direkten Demokratie, hrsg. v. Udo Bermbach, Opladen 1973

(Economic Integration in Europe) Economic Integration in Europe, edited by G.R. Denton, London 1971

(Economic Integration Worldwide) Economic Integration Worldwide, Regional, Sectoral, edited by Fritz Machlup, London 1976

(Economics of Integration) The Economics of Integration, edited by Melvyn B. Krauss, London 1973

(Economic System in the U. K.) The Economic System in the U. K. , edited by Derek Morris, Oxford 1977

(EMU in Europe) Economic and Monetary Union in Europe, edited by Geoffrey Denton, London 1974

(EU als Prozeß) Möglichkeiten und Grenzen einer Europäischen Union, Band 1, Die Europäische Union als Prozeß, hrsg. v. Hans von der Groeben und Hans Möller, Baden-Baden 1980

(Europäische Parteien der Mitte) Die Europäischen Parteien der Mitte, hrsg. v. der Politischen Akademie Eichholz der Konrad-Adenauer-Stiftung, Bonn 1978
(EWG – Politische Ökonomie der westeuropäischen Integration) Europäische Wirtschaftsgemeinschaft (EWG) – Zur politischen Ökonomie der westeuropäischen Integration, hrsg. v. Frank Deppe, Reinbek 1975
(Fiscal Federalism) The Political Economy of Fiscal Federalism, edited by Wallace E. Oates, Lexington 1977
(Grundfragen der Stabilitätspolitik) Grundfragen der Stabilitätspolitik, Schriftenreihe des Wirtschaftswissenschaftlichen Seminars, Ottobeuren, Bd. 3, hrsg. v. Bernhard Gahlen und Hans Karl Schneider, Tübingen 1974
(Herrschaft und Krise) Herrschaft und Krise – Beiträge zur politikwissenschaftlichen Krisenforschung, hrsg. v. Martin Jänicke, Opladen 1973
(Industrielle Demokratie) Industrielle Demokratie in Westeuropa – Menschenwürde im Betrieb, II, hrsg. v. Fritz Vilmar, Hamburg 1975
(Industrie- und Strukturpolitik in der EG) Industrie- und Strukturpolitik in der Europäischen Gemeinschaft, Schriftenreihe des AEI, Band 13, Baden-Baden 1981
(Kernenergie) Die Kernenergie als Problem europäischer Politik, Schriftenreihe des AEI, Band 5, Baden-Baden 1980
(Kompendium) Kompendium der Volkswirtschaftslehre, hrsg. v. Werner Ehrlicher u. a., 4. durchges. Aufl., Göttingen 1973
(MacDougall-Report/I) Bericht der Sachverständigengruppe zur Untersuchung der Rolle der öffentlichen Finanzen bei der europäischen Integration, Band I: Generalbericht, hrsg. v. der Kommission der Europäischen Gemeinschaften, Brüssel 1977
(MacDougall-Report/II) Bericht der Sachverständigengruppe zur Untersuchung der Rolle der öffentlichen Finanzen bei der europäischen Integration, Band II: Einzelbeiträge und Arbeitsunterlagen, hrsg. v. der Kommission der Europäischen Gemeinschaften, Brüssel 1977
(Marjolin-Bericht) Report of the Study Group „Economic and Monetary Union 1980", edited by the European Communities-Commission/Directorate-General for economic and financial affairs, Brüssel 1975
(Monetary Policy in the Countries of the EEC) Monetary Policies in the Countries of the European Economic Community – Institutions and Instruments, hrsg. v. Währungsausschuß der EG, Brüssel 1972
(Monetary Policy in the Countries of the EEC/Supplement) Monetary Policies in the Countries of the European Economic Community – Institutions and Instruments – Supplement 1974, hrsg. v. Währungsausschuß der EG, Brüssel 1974
(OPTICA-Report) OPTICA Report – Inflation and Exchange Rates – Evidence and Policy Guidelines for the European Community, II/855/76-E, Brussels 1977
(OR '85) Orientierungsrahmen für die Jahre 1975–1985 (in der vom Mannheimer Parteitag der SPD am 14. Nov. 1975 beschlossenen Fassung), hrsg. v. Vorstand der SPD, Reihe Dokumente, Bonn 9-76-A5-30
(Politikwissenschaft) Politikwissenschaft – Eine Einführung in ihre Probleme –, hrsg. v. Gisela Kress und Dieter Senghaas, Frankfurt 1972
(Politische Planungssysteme) Politische Planungssysteme, hrsg. v. Frieder Naschold und Werner Väth, Opladen 1973
(Programme für Europa) Programme für Europa – Die Programme der Parteibünde zur Europa-Wahl 1979, hrsg. v. Martin Bangemann, Roland Bieber, Egon Klepsch, Horst Seefeld, Bonn 1978
(Sozialwissenschaften im Recht/I) Sozialwissenschaften im Studium des Rechts – Band I – Zivil- und Wirtschaftsrecht, hrsg. v. Norbert Horn und Reinhard Tietz, München 1977
(Strukturpolitik-Memorandum/BR Deutschland) Memorandum der deutschen Delega-

tion zur EG-Strukturpolitik in der gewerblichen Wirtschaft v. 3. 5. 1978, EG – Der Rat, R/1068/78

(Umweltgutachten 1978) Umweltgutachten 1978 des Rates von Sachverständigen für Umweltfragen, Btdrs. 8/1938 (19.9.1978)

(United Kingdom Economy) The United Kingdom Economy, edited by The National Institute of Economic and Social Research London, Studies – Economic and Financial Series, No. 9, Brüssel 1975

(Verfassung oder Technokratie für Europa) Verfassung oder Technokratie für Europa – Ziele und Methoden der europäischen Integration, Bericht über eine Arbeitsgemeinschaft im Zentrum für interdisziplinäre Forschung der Universität Bielefeld, hrsg. v. Hans von der Groeben und Ernst Joachim Mestmäcker, Frankfurt 1974

(Verteilung der wirtschaftlichen Kräfte) Verteilung der wirtschaftlichen Kräfte im Raum, Bd. 2 des Forschungsprojekts „Möglichkeiten und Grenzen einer Europäischen Union", Baden-Baden 1976

(Weg zur Europäischen Union?) Auf dem Weg zur Europäischen Union? – Diskussionsbeiträge zum Tindemans-Bericht, hrsg. v. Heinrich Schneider und Wolfgang Wessels, Bonn 1977

(Wettbewerbstheorie) Wettbewerbstheorie, hrsg. v. Klaus Herdzina, Köln 1975

(Wirtschaftsrecht in einer WWU) Das Wirtschaftsrecht der Mitgliedstaaten in einer Wirtschafts- und Währungsunion – Internationales Kolloquium in Utrecht 22. – 24. Mai 1975, hrsg. vom Europa Instituut der Rijksuniversiteit Utrecht, 1976

(Wirtschafts- und gesellschaftspolitische Ordnungsprobleme) Wirtschafts- und gesellschaftspolitische Ordnungsprobleme der Europäischen Gemeinschaften, Schriftenreihe des Arbeitskreises Europäische Integration e. V., Band 1, Baden-Baden 1978

(Wirtschaftswissenschaft als Grundlage staatlichen Handelns) Wirtschaftswissenschaft als Grundlage staatlichen Handelns, FS zum 65. Geburtstag Heinz Hallers, hrsg. v. Peter Bohley und Georg Tolkemitt, Tübingen 1979

(Zusammenarbeit der Parteien) Zusammenarbeit der Parteien in Westeuropa – Auf dem Weg zu einer neuen politischen Infrastruktur, Europäische Schriften des Instituts für Europäische Politik, Band 43/44, Bonn 1976

III. Hinweis zur Analyse der Tages- und Wochenzeitungen

Für Kapitel 3 / Abschnitt IV wurde das internationale Presse-Ausschnitt-Archiv des HWWA-Instituts für Wirtschaftsforschung Hamburg herangezogen. Die eigene Presse-Auswertung bezieht sich vornehmlich auf: Süddeutsche Zeitung, Frankfurter Allgemeine Zeitung, Handelsblatt, The Economist, Die Zeit, EG-Magazin.

Autorenregister

Albrecht	103
v. Alemann	37, 47, 56, 69
v. Arnim	74
Badura	10
Bator	51
Besters	47
Beutler	6, 9, 11
Beyfuss	46
v. Beyme	56, 58
Bieber	68
Biehl	26, 48
Bleckmann	6
Böhm	39
v. Bonin	85, 87
Bowles	105
Buchanan	25
Bungarten	127 f
Cassone	80
Claude	32
Constantinesco	7
Cooper	14, 16 ff, 20 ff
Crosland	59
Daintith	77, 79, 91
Denton	23, 26, 58, 72 f, 91 f, 130 f
Deutsch	26, 33
Ehlermann	8
Elsner	88 f
Emerson	25
Euchner	31
Eucken	37, 40, 44 f, 73, 92, 109, 114
Everling	6, 8 f, 117, 125
Franzmeyer	73 f, 76 f, 92
Frisch	132 f
Fromont	91, 97
Galbraith	53, 55, 105
van Gerven	11 f
Giersch	43
Gill	41
Goldschmidt	69
Grabitz	128
Gresch	49
Griffiths	115 f
Groom	31
von der Groeben	13
Günter	94
Haas	30 ff
Habermas	37 f, 48, 56, 61
Häckel	26
Hager	126 f
Hallstein	110
v. Hayek	45 f, 53
Hellmann	107
Henderson	90
Herder-Dorneich	14
Hicks	51
Hiss	112

Hofmann, St. 33
Hoppmann 45
Hrbek .... 13, 26, 30, 32 f, 49 f, 60
Huffschmid 53, 64
Ipsen 6, 8, 13, 31
Jarchow 43, 54
Jenkins .... 106 f
Johnson 115
Kaldor 116
Kalmbach 61
Kapp 52
Kullmer 23, 25
Keynes .... 37, 51, 53 f, 73, 99, 103, 105, 108, ff, 114
Kloten 9, 40, 65, 67, 103, 114
Kromphardt 38, 40, 62
Krüger .... 12 f, 17, 38, 103, 123
Krüper 65
Larenz 13
Lauwaars .... 8 f
Leipold 46
Lenel 105
Lenin 88
Leroy 132
Lindbeck 20
Lindberg .... 26 ff, 31 ff
Lorenz 17
Lutz 75
Meißner .... 62 f, 65
Michaelis .... 121 ff
Mitrany 30, 32
Molitor 77
Möller 2
Morsiani 80, 91
Mundell 107
Musgrave .... 23, 25, 51 f, 110
Naschold 61
Nicolaysen .... 5 ff, 13
Oates 23, 57, 110, 114
Offe .... 37 f, 61
Olson .... 14 f, 23
Ott 21, 51
Pelkmans 57
Pentland .... 26 f
Peters 55
Piehl .... 88 f
Pinder 109
Pryce 109
Rahmsdorf 51, 115
Rhein 67
Riese 37
Robbins 53
Rose 43
Rüssmann 56
Samuelson 41, 51
Schachtschabel 39, 66, 75
Scharrer .... 111 f, 115
Scheele 43
Scherer 12

Scheuner	12
Schmitt	122f
Schmitthoff	10
Schneider	13, 26, 32f
Seidel, B.	73f, 77, 90
Seidel, M.	8
Senghaans-Knobloch	26
Shonfield	72f, 75f, 78, 80f, 87
Skarpelis-Sperk	61
Spinelli	32
Statz	104
Stecher	132
Steger	105
Streit	51
Swann	5, 108f, 129, 131
Taylor	30ff
Thane	89
Timm	45
Tolksdorf	45
Tomuschat	6ff
Tönnies	30
Tullock	14
Väth	61
VerLoren van Themaat	12, 71f, 74, 77, 91
Vilmar	70
Waschke	89
Weinstock	31
Wöhe	45
Zijlstra	12, 72, 79, 82, 90
Zinn	63, 65
Zippel	121
Zuleeg	7, 9, 12f, 104

Verzeichnis häufig benutzter Abkürzungen

ABl	Amtsblatt der Europäischen Gemeinschaften
AEI	Arbeitskreis Europäische Integration e. V.
BAG	Bielefelder Arbeitsgemeinschaft
BDA	Bundesverband der Deutschen Arbeitgeberverbände
BDI	Bundesverband der Deutschen Industrie
BIP	Bruttoinlandsprodukt
BMWi	Bundesministerium für Wirtschaft
Btdrs.	Bundestagsdrucksache
CFDT	Confédération Française Démocratique du Travail
CGIL	Confederazione Generale Italiana del Lavoro
CGT	Confédération Générale du Travail
CISL	Confederazione Italiana Sindicati Lavoratori
COCCEE	Comité des Organisations Commerciales de pays de la CEE
COPA	Comité des Organisations Professionelles Agricoles
DIW	Deutsches Institut für Wirtschaftsforschung

EA	Europaarchiv
EGB	Europäischer Gewerkschaftsbund
EGKS	Europäische Gemeinschaft für Kohle und Stahl
EIB	Europäische Investitionsbank
ELD	Europäische Liberale Demokraten
EP	Europäisches Parlament
EuR	Europarecht
EURATOM	Europäische Atomgemeinschaft
EVP	Europäische Volkspartei
EWG	Europäische Wirtschaftsgemeinschaft
EWS	Europäisches Wirtschaftssystem
GWB	Gesetz gegen Wettbewerbsbeschränkungen
IBFG	Internationaler Bund der Freien Gewerkschaften
IWF	Internationaler Währungsfonds
KPF	Kommunistische Partei Frankreichs
KPI	Kommunistische Partei Italiens
NEB	National Enterprise Board
NJW	Neue Juristische Wochenzeitung
QJE	Quarterly Journal of Economics
StabWG	Gesetz zur Förderung der Stabilität und des Wachstums der Wirtschaft
SVR (JG)	(Jahresgutachten des deutschen) Sachverständigenrates zur Begutachtung der gesamtwirtschaftlichen Entwicklung
TUC	Trade Union Congress
UIL	Unione Italiana del Lavoro
UNICE	Union des Industries de la Communauté Européenne
WGB	Weltgewerkschaftsbund
WSA	Wirtschafts- und Sozialausschuß
WVA	Weltverband der Arbeit
WWU	Wirtschafts- und Währungsunion

Schriftenreihe EUROPA-FORSCHUNG

herausgegeben von
Dr. Eberhard Grabitz · Dr. Rudolf Hrbek · Dr. Josef Molsberger

Band 1   Thomas Grunert
Langzeitwirkungen von Städte-Partnerschaften
Ein Beitrag zur europäischen Integration
1981 · XVI, 364 Seiten · DM 42.– · ISBN 3-88357-005-2

Band 2   Reinhardt Rummel
Zusammengesetzte Außenpolitik: Westeuropa als internationaler Akteur
1982 · VIII, 176 Seiten · DM 29.80 · ISBN 3-88357-016-8

Band 4   Detlef Puhl
Mittelmeerpolitik der EG
Strukturschwächen des EG-Systems bei der Verwirklichung des Globalkonzepts
erscheint im November 1982 · ca. 300 Seiten · ISBN 3-88357-022-2

Band 5   Rudolf Steiert
Gewerkschaftsbewegung und europäische Integration
Vom Europa der Richtungsgewerkschaften zum Europäischen Gewerkschaftsbund (EGB)
erscheint im Januar 1983 · ca. 420 Seiten · ISBN 3-88357-009-5

Band 6   Eberhard Grabitz (Hrsg.)
Möglichkeiten und Grenzen abgestufter Integration
Ergebnisse eines Forschungsprojekts des Instituts für Integrationsforschung, Hamburg
erscheint im Frühjahr 1983 · ca. 400 Seiten · ISBN 3-88357-025-7

Band 7   Hans Platzer
Die Europapolitik deutscher Industrieverbände
erscheint im Frühjahr 1983 · ca. 500 Seiten · ISBN 3-88357-024-9

Band 8   Barbara Burkhardt-Reich / Wolfgang Schumann
Agrarverbände in der EG
Das agrarpolitische Entscheidungsgefüge in Brüssel und den EG-Mitgliedstaaten unter besonderer Berücksichtigung des Euro-Verbandes COPA und seiner nationalen Mitgliedsverbände
erscheint im Frühjahr 1983 · ca. 500 Seiten · ISBN 3-88357-023-0

N. P. Engel Verlag · Kehl am Rhein · Straßburg · Postfach 1670 · D-7640 Kehl am Rhein